"十二五"普通高等教育本科国家级规划教材

统计学

(第三版)

吴风庆　王艳明　主编

国家级特色专业"统计学"建设项目成果

山东省精品课程配套教材

科学出版社

北　京

内容简介

作为数据分析的一种有效的科学工具，统计方法与技术已被广泛应用于理论与实践的各个领域，是各领域理论研究者和实际工作者的必备知识与技能。本书在《统计学》（第二版）的基础上，充分听取专家与读者的意见之后重新编写，并对有关内容和体系进行了调整，对数据进行了更新。本书内容主要包括描述统计（数据的收集、数据整理与显示、数据分布特征的测度）、推断统计（抽样与参数估计、假设检验、方差分析）、社会经济中常用的统计方法与技术（列联表、相关与回归分析、时间序列分析与预测、统计指数、统计综合评价）三部分内容。

本书既可作为高等院校经济管理类各专业本（专）科生教材，也可作为广大实际工作者的参考书。

图书在版编目(CIP)数据

统计学 / 吴风庆，王艳明主编. —3 版. —北京：科学出版社，2016. 1
“十二五”普通高等教育本科国家级规划教材
ISBN 978-7-03-046591-7
I. ①统… II. ①吴… ②王… III. ①统计学–高等学校–教材 IV. ①C8
中国版本图书馆 CIP 数据核字（2015）第 289580 号

责任编辑：张　宁 / 责任校对：冯红彩
责任印制：霍　兵 / 封面设计：蓝正设计

科学出版社出版
北京东黄城根北街 16 号
邮政编码：100717
http://www.sciencep.com
三河市荣展印务有限公司印刷
科学出版社发行　各地新华书店经销
*
2008 年 7 月第　一　版　开本：787×1092　1/16
2011 年 6 月第　二　版　印张：17 1/4
2016 年 1 月第　三　版　字数：409 000
2019 年 6 月第十七次印刷
定价：39.00 元

第三版前言

《统计学》(第一版)于2008年7月出版发行、《统计学》(第二版)于2011年6月出版发行，先后十余次印刷，得到了广大读者的厚爱。令我们深感鼓舞的是，2011年《统计学》获得第二届山东省高等学校优秀教材，2014年《统计学》(第二版)入选"十二五"普通高等教育本科国家级规划教材。

尽管每次印刷之前，我们都做了一些修订，但仍存在不足之处。特别是随着知识体系的更新、教学方式与手段的变化，教学内容和教学重点也在发生着变化，这对统计学教学内容提出了新的要求。另外，几年来的教学实践、专家与读者的意见反馈，以及科学出版社的大力支持都为本书的再版提供了可能性与有利条件。

本书是在《统计学》(第二版)的基础上编写而成的，除保持了第二版内容体系与特点外，还增添和改进以下几方面内容。

第一，增添了新的内容，并对一些章节的内容进行了扩充。为了使每一章内容的表现形式更加活跃并具有趣味性，增添了"知识窗"和"想一想"栏目，将相关知识、人物、事件等展现在读者面前，对于知识要点则以启发式、疑问式等形式提出，引导读者进一步思考与实践。

第二，将统计计算完全与计算机结合。为了提高学生运用计算机处理数据与分析数据的能力，特组织编写了与本书相配套的《统计学学习与实验指导》，并已于2013年9月由科学出版社出版。

第三，案例的选择尽量贴近学生实际，引起其学习的兴趣，加深对问题的理解与方法的掌握，以使学生更直观地理解抽象的含义及方法。

第四，为进一步增强学生的课外练习，特组织编写了与本书相配套的《统计学习题与案例解析》，有望与《统计学》(第三版)由科学出版社一同出版。

《统计学》(第三版)仍由吴风庆、王艳明任主编，本次编写增加了新的成员，共十二章内容，各章编写分工如下：王艳明(第一章)、马丽(第二章)、刘经东(第三章)、吴风庆(第四章)、王忠辉和袁靖(第五章)、李丽(第六章)、戴金辉(第七章)、杨秀艳(第八章)、何琳(第九章)、李志强(第十章)、张首芳(第十一章)、贾小爱(第十二章)。吴风庆负责全书的设计、总纂和定稿工作。

本书能够再版得到了科学出版社张宁同志的大力支持与帮助，在编写过程中也凝聚了出版社编辑们的智慧和辛勤工作。

本书得以入选"十二五"普通高等教育本科国家级规划教材并出版，得到了山东工商学院统计学院全体教师的支持，在此表示诚挚的感谢!

我们为提高教材的质量一直在不断努力着，如有不足之处，恳请同行专家和读者不吝赐教，以便今后进一步修订与完善。

编　者

2016 年 1 月

目　录

第一章

导　　论

本章从整体上对统计学的发展与基本内容作简要介绍，初步获得关于统计领域的基本知识，为以后各章的学习奠定基础。具体要求：①了解统计基本思想、统计学科体系等；②了解统计研究的方法、掌握统计数据的类型及用法；③掌握统计总体、样本、参数、统计量、统计指标、统计指标体系、变量等基本概念；④了解几种常用的统计应用软件。

统计是解决实际问题的一种手段，懂得如何应用统计去解决问题非常重要。例如，家用电器的保修期是怎样决定的，如何比较不同教学方法效果的差异，如何看待大学排名，消费价格指数（consumer price index，CPI）是如何计算出来的，如何构建经济增长与就业率关系的模型，如何客观地得到某个电视节目的收视率，根据什么标准选拔运动员，等等，这些问题的解答都离不开统计学理论与方法。可以说，统计已经渗透到社会经济活动和科学研究的方方面面，统计无处不在。那么究竟何为统计、统计是如何开展研究的，统计的基本内容有哪些，本章将一一作答。

第一节　统计基本问题

本节主要从统计三论，即统计本质论、统计任务论、统计方法论的角度，探讨统计是什么、统计干什么、统计怎么干等基本问题。

一、统计是什么

提出这个问题，主要是阐述统计的本质，可以从统计活动和统计学两方面来阐述“统计是什么”。

（一）统计活动

统计活动也称统计实践、统计工作，是指根据统计目的及要求，运用科学的统计理论与方法，对客观事物或人类实践活动的数据资料进行调查、整理、分析的过程。统计调查、统计整理和统计分析是基本的统计活动，所提供的统计资料包括原始统计资料、整理结果和分析结论。进行这些基本活动之前的统计设计，以及之后的资料保存、利用等也是必要的统计活动。

统计活动一般按照统计设计、统计调查、统计整理、统计分析和统计资料的开发利用这几个阶段依次进行，如图 1-1 所示。

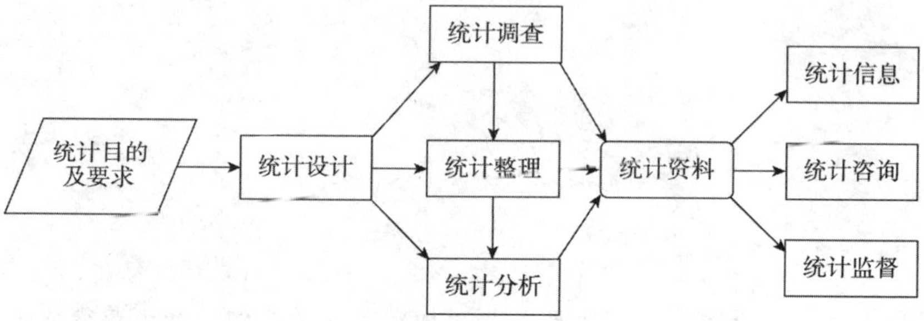

图 1-1 统计活动过程示意图

统计作为一项历史悠久的活动，在原始社会时期，人们通过结绳记事分配其劳动成果，就出现了早期的统计思想与方法。后来由于采集对象不同、大小不同，就在绳结的大小和形状上对采集对象进行了区别，这就形成了最早的统计分类（统计分组）思想。统计分类是统计的基础。例如，某国家或地区的人口统计，在反映人口总量的同时也应反映各类别人口数，如男性人口数、女性人口数、老年人口数、中青年人口数及儿童人口数等，这样人口统计才更全面、更有意义，才能真正为国家或地区制定与人口有关的各项方针政策提供依据。统计作为一项管理活动，中外历代统治者都不同程度地利用其来治理国家，在此就不一一列举。可以说，资本主义社会之前的统计活动，仅处于原始调查、登记和简单计数的初级阶段，没有涉及统计理论的探求。到 16 世纪，欧洲进入工场手工业时代，工业、商业、交通业、航海业等都得到了空前的发展，统计活动开始从国家管理领域扩大到社会经济及管理的许多方面。

（二）统计学

1. 统计学的含义

关于统计学的阐述，从已出版的国内外统计学教科书来看，没有本质差异，都主要是围绕数据的搜集、整理和分析等来描述的。关于统计学的阐述主要有以下六种代表性解释。

（1）统计学是收集、分析、表述和解释数据的科学①。

（2）统计学是收集、分析、表述和解释数据的艺术和科学②。

（3）统计学是收集、处理、分析、解释数据并从数据中得出结论的科学③。

（4）统计学是对数据收集、组织、展示、分析和解释，从而帮助做出更为有效的科学的决策④。

---

① 何德乐.大英百科全书（中文版）. 北京：中国大百科全书出版社，1999.

② Anderson D R，Sweeney D J，Thomas A. 商务与经济统计. 张建华，王健，冯燕奇，等译. 北京：机械工业出版社，2000.

③ 贾俊平. 统计学. 北京：中国人民大学出版社，2006.

④ Lind D A，Marchal W G，Mason R D，et al. 商务与经济统计技术. 易丹辉，陈立杰，宋丽，等译. 北京：中国人民大学出版社，2005.

（5）统计学是有关如何测定、收集、整理、归纳、分析反映客观现象总体数量的数据，以便给出正确认识的方法论科学①。

（6）统计学是用以收集数据，分析数据和由数据得出结论的一组概念、原则和方法②。

总结上述六种关于统计学的阐述，我们认为统计学是研究怎样有效地收集、整理和分析数据，以对所研究的问题做出推断和预测，为采取一定的决策和行动提供依据和建议的科学。可以简单地说，统计学就是关于数据的一门科学。

统计离不开数据，数据是统计的核心。统计认识的对象主要是客观世界的数量方面，统计活动的目的主要是以数据来表述客观世界的数量关系，统计分析的目标主要是依靠数据对客观事物的性质做出定性与定量的判断。统计数据的准确、及时、全面、方便是统计活动的基本要求。

统计分析客观现象数量方面主要包括三个方面：一是描述分析客观现象的数量多少，即现象的规模、大小和水平，如某国家或地区人口数、工业企业规模、原煤总产量等。二是描述分析客观现象之间的数量关系，即研究现象的内部结构、比例关系和相关关系，如性别比例、三大产业结构、收入与消费的关系等。三是分析研究现象质与量之间的关系，即研究现象质与量互变的界限，研究质与量的统一。例如，完成计划与未完成计划具有质的差异，计划完成程度为100%就是质与量互变的界限，对于劳动生产率这样的正指标，当计划完成程度等于或大于100%即为完成或超额完成计划，低于100%则为未完成计划，至于完成110%还是120%对完成计划来说只是量的差异，没有质的区别。质与量的统一，即要正确认识事物的量，必须以认识事物的质为前提，否则会得出错误的结论。例如，若要客观地认识我国居民收入状况，必须要正确认识我国国情及社会发展的阶段。

2. 统计学学科体系

进入20世纪后，随着数学、社会学、经济学等各个学科的发展，统计学无论是在理论方法上还是在应用上都得到迅速发展，统计学学科体系日趋完善。现代统计学已发展成一门多分支的科学，并且仍处于不断发展的过程中。根据研究的侧重点不同，通常将统计学划分为理论统计学和应用统计学两个大类。

理论统计学是指统计学的数学原理根植于纯数学的一个领域——概率论。从广义上说，统计理论可以认为是包括概率论的，此外还包括一些并不属于传统概率论的内容，如随机化原则的理论、各种估计的原理、假设检验的原理以及一般决策的原理，这些原理可以看做概率论公理的扩增。

与理论统计学相对应的是应用统计学。在统计实践中常常会遇到一些新问题，使原有的统计方法不适应，需要统计学家针对新问题去建立一个与实际情况相适合的统计模型，创造新的统计方法去分析。将统计学的基本原理应用于各个领域就形成各种各样的应用统计学。它包括一整套统计分析方法，有的是适用于各个领域的一般性统计方法，如数据收集与整理、参数估计、假设检验、方差分析、相关与回归等。有的则是某一专业领域中特

① 曾五一，肖红叶. 统计学导论. 北京：科学出版社，2006.

② 吴喜之. 统计学：从数据到结论. 北京：中国统计出版社，2004.

有的分析方法，如经济统计学中的指数分析法、统计决策及产品质量统计管理等。近几十年来，由于统计研究的范围越来越广，一些科学实验也日趋复杂，统计方法也相应地复杂化和专门化，在应用统计方法中必须对因模型和实际情况的不一致而引起的各种误差的性质和大小做出判断，或提出改进的措施。由于统计的工具更加专门化了，它们就缺少通用性，要求统计学家熟悉所有的专门工具已不可能。为了适应这种发展的需要，既熟悉统计知识又熟悉某一领域业务的应用统计学家就应运而生，同时也产生了相应的应用统计学。这类统计学的特点是不着重于统计数学原理的推导，而是侧重于阐明统计的思想，并将理论统计学的结论作为工具应用于各个具体领域。现代统计学的另一个显著特点是计算机技术、网络技术以及信息技术在统计中的广泛应用，使统计学的内容更加丰富。通用和专业统计软件的开发和应用成为统计学工作者的一项重要任务。统计学学科体系如图 1-2 所示。

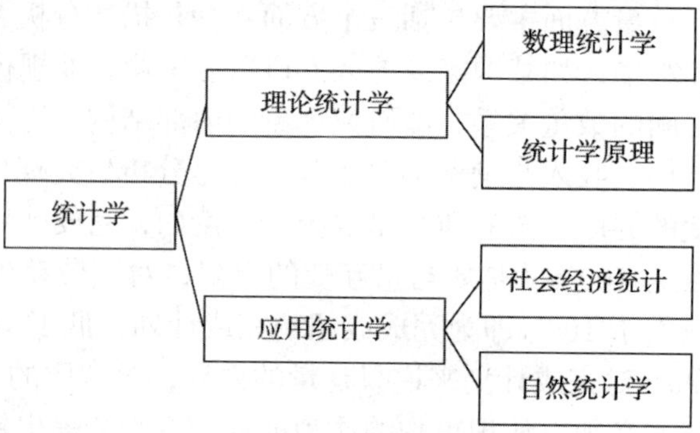

图 1-2 统计学学科体系简图

数理统计学是一门纯方法论的科学，为其他学科提供数学分析和推断的方法与技术。该学科从 19 世纪中叶创立以后发展迅速，先后由许多统计学家在此基础上建立了参数估计与假设检验理论、非参数统计理论等。

统计学原理是在统计实践的基础上，对统计理论方法的最一般概括，内容包括统计的对象和任务、统计的理论基础和方法论基础，以及关于统计活动各个环节的理论和方法。

社会经济统计学是将理论统计学应用于社会经济领域，以社会、经济、人口、科技和文化等人类自身及其活动为对象的统计方法论，为针对社会经济现象数量特征进行的调查研究提供原理、原则和方法。人口统计学、教育统计学、司法统计学、社会保障统计学、医药与卫生统计学等属于社会统计学的重要分支，国民经济统计学、工业统计学、农业统计学、贸易统计学等属于经济统计学的重要分支。社会经济统计学是应用最广泛的应用统计学。

自然统计学是将理论统计学应用于自然现象领域，是探索地理、地质、气候、天文、生物等非人类现象的数量关系和数量规律的统计方法论。其中较为重要的分支有生物统计学、气象统计学、天文统计学等。

以上多门统计学也不是完全互相割裂的，相互之间存在一定的联系。理论统计学和应用统计学之间是一种相互促进、共同发展的关系。

3. 统计学与其他学科的关系

统计学与数学、哲学、社会学、经济学等其他学科也有着不同程度的联系，统计学中广泛应用了数学方法，进行统计研究要遵循哲学的基本原理，对社会经济问题的数量特征进行统计分析必须以社会学、经济学理论为基础，统计研究的结果也丰富了社会学、经济学的内容。统计学与上述相关学科互相促进，共同发展。

（1）统计学和数学的关系。统计学着重于研究客观现象的数量特征。统计学中具有方法论性质的数理统计学是应用数学的一个分支，因此统计学与数学的关系十分密切，且与其他的应用数学有一定的共性。例如，和数学中的有关定理一样，统计学中的一些分布也是客观现象数量特征的一种抽象。统计学中也要使用很多数学方法，学好统计学，尤其是理论统计学需要有坚实的数学基础。但另一方面，统计学与其他的数学分支相比又有其特殊性。

第一，处理的数据不同。统计方法处理的数据必须是受到偶然性的影响而产生差异的数据。偶然现象在统计学中常称为随机现象，因此统计学及其理论基础概率论不同于其他数学分支的一个特点在于它是研究随机现象的一门学科。

第二，处理的方法不同。数学常常用演绎的方法，即数学中研究结论，通常从若干假设命题或已知的事实出发，按一定的规则通过逻辑推理得到。而统计学在本质上是用归纳的方法，它是根据观察到的大量个别情况，通过归纳去推断总体的情况，这一点与概率论的方法也有区别。因此目前国际上也有一种趋势，把统计学看做与数学独立的学科。

（2）统计学与其他专门学科的关系。统计方法有着广泛的实用性，其一般的数据分析方法适用于其他任何科学中的偶然现象，因此它与很多专门学科都有关系。但是统计方法只是从事物的外在数量表现去推断该事物可能的规律性，它本身不能说明为什么会有这个规律性，这是各专门学科的任务。例如，用统计方法分析一些资料得出吸烟与某些消化道疾病有关，这是通过对比吸烟者和不吸烟者的发病率数据得出的结论，它不能解释吸烟为什么会增加患这类疾病的概率，这是医学这一专门学科的任务。所以统计方法只是一种工具，应用它进行定量分析时必须和定性分析结合起来，尤其是将统计方法应用于社会经济领域更应如此，因为社会经济现象比自然现象更为错综复杂，而又不可能像自然科学那样在实验室内排除其他因素进行试验。

◎知识窗

统计学作为一门独立的学科至今只有300多年的历史，按其发展历程形成了以下学派。

政治算术学派的创始人是英国的威廉·配第（Willian Patty，1623—1687）和约翰·格朗特（John Craunt，1620—1674）。政治算术学派强调用数字、重量和尺度说话，所提出的数量对比分析法为统计学的建立奠定了方法论基础，是统计学的真正开端，威廉·配第被认为是统计学的创始人。由于未使用“统计学”这一学科命名，所以政治算术被称为有实无名的统计学。

国势学派的创始人是德国的康令（H. Conring，1606—1681）和阿亨瓦尔（G. Achenwall，1719—1772）。国势学派强调用文字记述，由于“国势”与“统计”在德文中词源相通，因此，国势学派一直以统计学命名。因其缺乏数量分析的方法和结论，与现代统计学相去甚远，所以人们将其称为有名无实的统计学。

数理统计学派的创始人是比利时的凯特勒（Adolphe Quetelet，1796—1874）。凯特勒首次将概率论原理引入统计学，大大丰富了统计学的内容，后经过多人的发展逐渐形成一门独立的应用数学分支。数理统计学以概率论作为理论基础，抽象掉统计学的社会经济现象内涵，变成了抽象的数学分析和推断技术，成为一门方法论学科。此外，凯特勒还倡导建立国家统计机构并担任领导人，倡议并积极推动召开国际统计会议。凯特勒对统计学的发展做出了巨大的贡献，被人们称为“近代统计学之父”。

社会统计学派的创始人是德国的克尼斯（K. G. A. Knies）、恩格尔（C. L. E. Engel，1821—1896）以及梅尔（G. V. Mayer）。恩格尔在他的研究中提出了著名的恩格尔定律，即随着家庭收入的增加，家庭收入中（或总支出中）用来购买食物的支出会下降。

二、统计干什么

“统计干什么”是从统计任务论的角度提出的问题。统计的主要任务可以概述为通过科学准确地反映客观实际，以认识和把握客观现象的规律与特征，为管理与决策服务。实践证明，统计学是一门应用性很强的学科，统计只有与其他实质性学科结合才能发挥其应有的作用。已故的陈希孺院士在就“统计学发展前景展望”答记者问时曾提到：“统计学研究应努力与其他实用学科结合而形成交叉或边缘学科。”著名统计学家 C. R. 拉奥（C. R. Rao）也提出，“统计学基本上是寄生的：靠研究其他领域内的工作而生存”。其将统计学与各实质性学科结合，并根据各自领域的特点和问题，开发和研究新的统计方法，这是统计学学科发展的主流与研究方向。

目前，统计方法已被应用到自然科学和社会科学的众多领域，统计学科也已发展成为由若干分支学科组成的学科体系。可以说统计方法是适用于所有学科领域的通用数据分析方法，只要有数据的地方就会用到统计方法。

（一）宏微观经济分析

在当今的经济生活中，判断和认识经济形势及未来的走向，是政府、企业和家庭进行决策的基础和前提。对经济形势的分析判断，需要掌握有关统计信息与统计方法。例如，微观经济领域的专家需要使用统计方法为决策者提供生产、销售和定价方面的预测；宏观经济领域的专家既可以利用统计方法描述居民家庭收入分布状况，也可以对经济变量（如通货膨胀率、国内生产总值、失业率等指标）的未来水平进行分析预测，还可以研究变量（如消费和可支配收入）之间的关系。

（二）农作物实验

在进行农作物实验时，如果其他实验条件相对固定，我们会发现某种粮食作物的产量会随某种施肥量的增加而增加。当开始增加施肥量时，产量增加较快；以后增加同样的施肥量，粮食产量的增加量会逐渐减少；当施肥量增加到一定数值量，产量不再增加；这时如果再增加肥料，产量反而减少。施肥量与粮食产量之间的数量关系就是我们要探索的规律性。当我们从大量实验数据中用统计方法探索到施肥量与粮食产量之间的数量关系时，就可以考虑肥料的费用并选择最佳的施肥效果了。

（三）财务会计与财务管理

财务会计主要以财务报表的形式来传达信息。上市公司必须由独立的外部审计机构来审计财务报表，以评价这些报表的合法性。统计抽样对选择合适的样本单位（如账目）进行审计有很重要的作用。例如，假设一家事务所想确定上市公司的资产负债表上的应收账款金额是否真实。由于事务所账目数量很大，查看和验证每一账户要花费太多的时间和费用，所以事务所一般的做法是由审计人员运用统计抽样技术，从所有账户中选择部分账户作为样本，在查看样本账户的准确性后，确定资产负债表上的应收账款金额是否有问题。

财务管理是企业的一种职能，主要处理企业在提供产品和服务时的财务决策问题。在企业，财务部门常常运用统计学方法在不同的投资组合中做出决策，并且追踪财务指标随时间的变化趋势。例如，在股票市场中，财务顾问结合市盈率和股息等方面的财务统计数据，通过对比单只股票和股票市场平均价格信息，就可以得出某只股票的价值被高估还是低估的结论。

（四）市场分析

营销部门运用统计学方法来估计偏爱某种产品的顾客的比例以及他们为什么喜欢这种产品，并由此做出决策，如决定采取何种广告战略能够最有效地扩大产品销量。目前许多超市结账柜台的电子扫描盘可用于收集各种市场调研应用的数据；数据供应商从超市零售商手里购买扫描数据，经过加工处理，将分析结果出售给制造商；制造商通过分析这些资料，掌握促销活动和销售额之间的关系。这类分析对制定各类产品未来市场营销战略大有裨益。

（五）质量管理

20 世纪初，大工业的发展对产品质量检验问题提出了新的要求，即只抽取少量产品作为样本对全部产品质量好坏做出判断。生产部门改进产品质量或服务质量常常运用统计学方法来进行，质量控制是统计学在生产中的一项重要应用。在质量管理体系中，过程控制、数据分析、纠正与预防措施等很多要求均与统计技术应用有关，无论在质量管理哪一个阶段，统计技术作为一种有效的质量控制和质量改进的工具，都发挥了巨大的作用。例如，质量管理中的控制图主要用于显示质量波动的形态，直观地传递有关过程质量状况的信息，确定在什么地方进行质量改进工作等。

另外，统计方法也被大量应用于其他领域。例如，美国总统大选往往需要统计调查来获知选民对于各种问题及候选人的看法，获悉将是谁以多大的优势赢得选举；生物医学领域也大量用到统计学方法进行遗传学研究、药品研发、病理研究等。古往今来，在战争中用统计方法设计作战方案效果也十分明显，第二次世界大战的“理智避开德军潜艇”的案例就给我们很多的启示。1943 年以前，大西洋上的英美运输船队常常受到德国潜艇的袭击。当时，英美两国由于实力有限，又无力增派更多的护航舰艇，一时间，德国的“潜艇战”搞得盟军焦头烂额。为此，一位美国海军将领专门请教了几位统计学家，他们经过统计计算分析发现，舰队与敌潜艇相遇具有一定的规律，即对于一定数量的船，编队规模越小，编次就越多，编次越多，与敌人相遇的可能性就大。美国海军接受了统计学家的建议，命令舰队在指定海域集合，集体通过危险海域，然后各自驶向预定港口，结果盟军舰队遭袭被击沉的比例由原来的 25%下降为 1%，大大减少了损失。

以上所介绍的只是统计学在部分领域的应用，一叶而知秋，由此我们可以看出，统计无处不在，统计大有可为。

三、统计怎么干

作为人类认识客观世界的一种活动，统计怎么干可以从统计活动的几个基本阶段加以认识。

（一）统计设计

统计设计是统计活动的第一阶段。根据统计目的及要求，统计设计是对统计调查、统计整理、统计分析和统计资料保存、利用、发布等统计活动进行通盘考虑和安排。统计设计的结果表现为各种标准、规定、制度、方案和办法，如统计分类标准、统计指标体系、统计调查方案、统计报表、调查方法等。搞好统计设计不仅要有统计学的一般理论和方法为指导，而且还要求设计者对所要研究的问题本身具有深刻的认识和相关的学科知识。例如，要设计一套反映国民经济运行情况的统计指标体系，仅有一般的统计知识是不够的，还必须具备经济学的知识和理论素养，要知道国民经济运行的含义、特征和环节等内容。

（二）统计资料收集

在统计设计明确了所需要的资料后，就可以开始收集统计资料了。资料的收集方法主要有实验法与调查法。实验法主要应用于自然科学和工程技术研究，统计学中的实验设计就是研究如何科学地设计实验方案，从而使通过实验采集的数据能够符合分析的目的和要求。而对于社会经济现象来说，一般无法进行重复实验，要取得有关数据就必须到社会总体中去选取足够多的单位进行调查，并加以综合研究，如居民消费行为调查、电视收视率调查等。如何科学地进行调查是统计学研究的重要内容。

（三）统计整理

统计资料收集上来之后，还必须经过整理、加工和分析才能发挥其作用。统计整理在统计活动过程中处于承上启下的位置。它一方面是收集资料工作的继续；另一方面又是统计分析的前提，能够为统计分析与研究准备系统的资料。

（四）统计分析

统计分析是利用统计调查整理所掌握的资料，运用统计特有的方法进行分析研究，透过客观现象的数量表现来认识事物的本质及其发展变化的规律性，从而揭示矛盾，找出原因，提出解决问题的措施。

统计分析方法可分为描述统计和推断统计。描述统计（descriptive statistics）是研究如何取得反映客观现象的数据，并通过图表等形式对所收集的数据进行加工处理和显示，进而通过综合、概括与分析得出反映客观现象的规律性数量特征。描述统计学的内容包括统计数据的收集方法、数据的加工处理与显示方法、数据分布特征的概括与分析方法等。描述统计也是对客观事物认识的不断深化过程，描述的过程也就是认识的过程，应该说统计对客观问题描述越全面，认识就越深刻。

推断统计（inferential statistics）是在对样本数据进行描述的基础上，利用一定的方法，根据样本数据特征去估计或推断总体的数量特征。在进行统计研究时，一般关心的是总体的数量特征，但由于各种原因，人们所掌握的数据只是样本数据，这时候就要用统计推断法根据样本的数量特征去估计总体数量特征。例如，市场分析员要了解广告对企业产品销售的影响，某企业生产某批电子元件的寿命，等等，都需要利用统计推断的方法来解决。

描述统计与推断统计的划分，还反映了统计方法发展的前后两个阶段和使用统计方法探索客观事物数量规律性的不同过程。统计研究过程的起点是统计数据，终点是探索出客观现象内在的数量规律性。在这一过程中，如果收集到的是总体数据（如普查数据），那么运用描述统计就可以达到认识总体数量规律性的目的；如果获得的只是研究总体的样本数据，那么要找到总体的数量规律性，就要运用概率论的理论，根据样本信息，对总体进行科学的推断。可见，描述统计是整个统计学的基础，而推断统计在现代统计学中的地位和作用越来越重要，并已成为统计学的核心内容。当然如果没有描述统计收集可靠的统计数据并提供有效的样本信息，再科学的统计推断方法也难以得出切合实际的结论。从描述统计发展到推断统计，既反映了统计学发展的巨大成就，也是统计学发展成熟的重要标志。

（五）统计发布

顾名思义，统计发布是对统计工作成果按照一定标准与程序对外公布的一项活动。随着世界经济一体化进程的加快，各国间的贸易、技术和资本等方面的交流与合作越来越频繁，为加强国际组织对各国经济运行状况的监督，减少贸易摩擦，国际货币基金组织（International Monetary Fund，IMF）制定了数据公布通用系统（general data dissemination system，GDDS）和数据公布特殊标准（special data dissemination standards，SDDS），统称为统计数据公布的国际标准。各成员国要按照统一程序提供全面、准确的国民经济运行数据，具体内容包括数据的范围、频率和及时性，公布数据的质量，公布数据的完整性和公众获取的方便性四个部分。为使公众方便地获取统计数据，SDDS 制定了两项规划，一是成员国要预先公布各项统计的发布日历表；二是统计发布必须同时发送所有有关各方，以体现公平的原则。2002 年 4 月 15 日，中国正式加入国际货币基金组织 GDDS，这标志着中国统计系统的发展迈出了重要的一步。加入 GDDS，既有益于中国民众了解经济发展态势，也有益于提升中国在国际组织中的地位，增强外商到中国投资的信心，从而推动中国对外开放的步伐。同时，加入该系统，对深化中国统计体制改革也有非常重要的促进作用。

（六）统计资料的积累、开发与应用

统计目的在于认识客观世界的规律。对于已经公布的统计资料需要加以积累，同时还可以进行进一步的加工，结合经济学、管理学、医学等相关学科的理论知识进行分析和利用。如何更好地将统计数据和统计方法应用于各自的研究领域是应用统计学研究的一个重

要方面。

◎想一想

在你的学习生活中，如何应用统计进行思考和解决问题。

第二节 统计研究方法与统计数据计量

一、统计研究的方法

统计学是一门方法论科学。人们在无数统计实践经验的基础上，经过逐步概括和总结，形成了一系列专门的统计方法，构成一个统计方法体系。图 1-3 按照统计工作的不同阶段和作用列出了常用的统计方法。

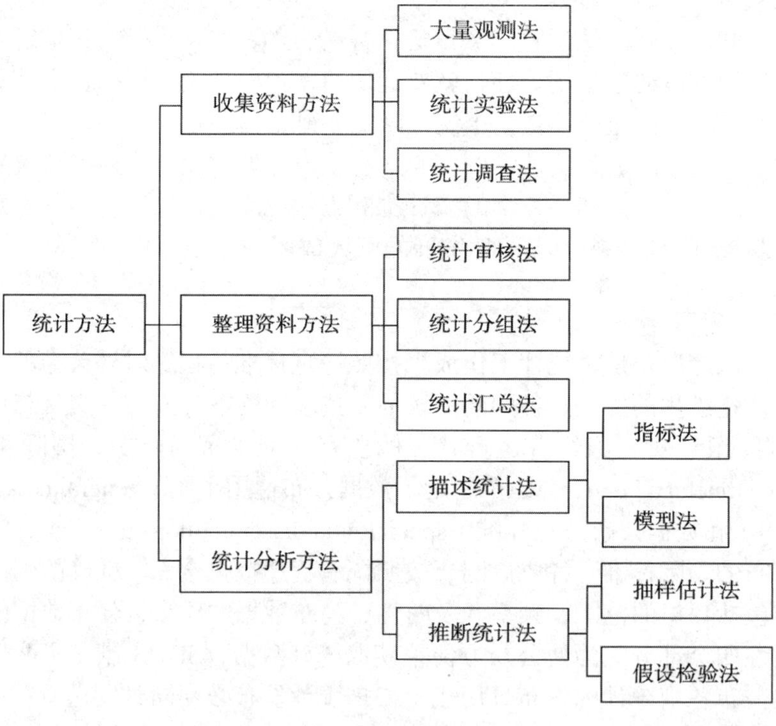

图 1-3 统计方法体系简图

1. 大量观测法

所谓大量观测法就是对所研究的客观现象总体中的全部或者足够多的个体进行观测以达到正确认识总体的目的。大量观测法不是一种具体的应用方法，而是研究客观现象总体数量特征的重要思想方法和原则，是统计研究的指导原则。大量观测法要求在通过实验法或者调查法收集原始资料时遵循大量实验和大量调查的原则。对于规模小、个体集中等总体进行的统计研究，有可能做到对所有个体进行观测。例如，对一个班组的职工或一个班级的学生这样的总体就有可能逐个观测。但是对于规模大、个体分散等复杂的总体进行统计研究时，通常不可能做到对所有个体进行观测。有时虽然能全部观测，但需要付出很高的代价，而且在大多数情况下往往不需要对所有个体进行观测。例如，对于在一个大城市里居住的全体居民或全国人口这样的总体，就不必对所有个体逐个进行观测。取而代之的是对选择足够多的个体进行非全面观测。观测的个体越多，对总体的认识就越准确，选择多少取决于统计和统计研究对象的特点、统计要求以及客观条件等多方面因素。采用大量观测法是由于统计研究对象具有复杂多变的特点，如果只选择个别或者少数个体进行观测，甚或挑选个体时带有某种倾向性，就难以得到关于事物总体数量特征的正确结论。

进一步延伸，在研究某个现象发展变化规律时，也需要收集足够多的时间点上的资料；在进行综合评价时，也要全面考虑影响评价值的因素，这也体现了大量观测法的思想和原则。

2. 统计实验法和统计调查法

统计实验法和统计调查法是统计实践中收集所需资料的两类具体方法，统计实验法是按照一个设定的实验程序，观测现象开始实验以后的数量特征，根据实验收集的资料进行整理、分析，得到对现象总的认识。例如，某种产品使用寿命指标是根据多次实验测试收集的资料分析而得到的，某种药品疗效需要大量的临床实验验证。统计实验法所收集的资料往往是现实中没有或者很难取得的，科学研究人员通常采用统计实验法进行科研创新活动。分析社会经济现象，更多的是通过统计调查法，主要依靠调查人员，通过各种途径收集所研究现象的数据资料，包括历史资料和现实资料。

3. 统计描述法和统计推断法

统计描述法和统计推断法是统计分析的两类方法。描述包括个别描述和综合描述。统计描述法是综合描述的方法，是通过对所收集的数据进行加工处理，计算综合性的统计指标，描述所研究现象总体数量特征和数量关系的方法。根据所描述问题的特点，可以具体使用综合指标法和数学模型法。综合指标法是指运用各种统计综合指标来反映和研究社会经济现象总体的一般特征和数量关系的研究方法。数学模型法是根据一定的经济理论和假定条件，用数学方程去模拟现实经济现象相互关系的一种研究方法。统计推断法是在对已知事物进行描述的基础上，对未知事物进行推断的方法。根据推断的内容不同，统计推断法可分为抽样估计法以及假设检验法等。抽样估计是用已知的样本信息推断未知的总体信息，假设检验是根据样本的信息验证对总体信息所作的假设是否成立。

统计描述法是统计推断法的基础。从描述方法到推断方法反映了统计学的发展，传统统计学以统计描述方法为主，现代统计学以统计推断方法为主。

统计分析方法是统计方法的核心，其特点是运用数学、概率论与数理统计学等理论与方法对客观现象进行数量分析。现代统计学研究的重点就是统计分析方法。

二、统计数据的计量

在收集数据之前我们需要了解所调查对象的计量和测度。对于不同的事物，我们能够予以计量或测量的程度是不同的，有些事物只能对其属性进行分类，如市场调研中的客户满意程度、绩效考核中的评分种类、贷款企业的信誉等级等；而有很多其他事物是可以用比较精确的数字来计量的，如某企业一季度的销售额、职工人数、产品价格等。显然，从对事物计量的精确程度来看，采用数字计量要比分类计量更精确。根据计量学的一般分类方法，按照对事物计量的精确程度，可将所采用的计量尺度由低级到高级、由粗略到精确分为四个层次，即定类尺度、定序尺度、定距尺度和定比尺度。

（1）定类尺度。定类尺度是测量尺度中层次最低的计量尺度。它按照某种属性对事物进行分类，如性别、国民经济行业分类、高校专业划分等，各类别之间没有优劣、大小、顺序之分。

（2）定序尺度。定序尺度具有定类尺度的一切特征，同时它还能反映出类别之间的等级，即不仅能把事物分成不同类别，而且不同类别之间还能进行排序，反映各类的优劣。例如，可以用定序尺度来度量产品质量等级、顾客满意度等。

（3）定距尺度和定比尺度。定距尺度和定比尺度一般不做严格区分，度量层次高于定序尺度和定类尺度，除了可以分类、比较大小，还可以进行加减乘除运算，计量测度值之间的差距和比值。可以用定距尺度、定比尺度度量的对象很多，如销售额、产品产量、人口数、企业数、国内生产总值等。

采用不同的计量尺度可以得到不同类型的统计数据，而不同类型的统计数据又适用于不同的统计分析方法。

三、数据的类型

（1）按照计量尺度不同，统计数据可分为定性数据和定量数据。

定性数据（qualitative data）是说明事物的品质特征，其结果表现为类别，包括分类数据和顺序数据。

分类数据（categorical data），表现为类别，但不区分顺序，是由定类尺度计量的。例如，学生的性别、民族、专业等，其数量表现是属性的描述，描述的结果用文字或符号表示，如女性、汉族、经济统计学专业等，这样的数据就是分类数据。

顺序数据（rank data），表现为类别，有顺序，是由定序尺度计量的。例如，大学生大学四年综合测评，其数值表现为优秀、良好、中等、及格、不及格，这样的度量结果可以排出高低顺序。顺序数据度量层次要高于分类数据。

定量数据（quantitativa data） 是说明事物的数量特征，能够用数值来表现，也称为数值型数据，其包括定距数据和定比数据。

定距数据和定比数据（fixed pitch data and ratio data），表现为数值，可进行加减乘除运算。可用其度量的指标有某企业某月工资总额、职工人数、产品产量等，通过上述指标还可计算出该企业职工月平均工资、劳动生产率、工资变化率等指标。

区分数据的类型是十分重要的，因为对不同类型的数据将采用不同的统计方法来处理和分析。例如，对分类数据，可以计算出各组的频数和频率、计算众数、进行列联分析和卡方检验等；对顺序数据，还可以计算中位数和四分位数、计算等级相关系数等；对定量数据，除了用上述方法外，还可以用更多的统计方法进行处理，如计算各种均值、方差等。

（2）按照数据的收集方法不同，统计数据可分为观测数据和实验数据。

观测数据（observational data）是通过调查和监测收集到的数据。这类数据是在没有对事物进行人为控制的条件下得到的，社会经济现象统计数据多为观测数据，如某路口每分钟的车流量监测与统计、电视收视率调查、群众满意度调查等。

实验数据（experimental data）是在实验中通过控制实验对象收集到的数据，如医学实验室药品研究实验数据、农作物新品种实验数据等。自然科学领域的大多数据都是实验数据。

（3）按照被描述的对象与时间的关系不同，统计数据可分为时间序列数据、截面数据和面板数据。

时间序列数据（time series data）又称为动态数据，是在不同时间或时点上收集到的数据，描述事物、现象随时间变化的状态或程度。表 1-1 为 2010~2014 年全国人口变化情况。

表 1-1 2010 ~ 2014 年全国人口统计表 单位：万人

年份	2010	2011	2012	2013	2014
人数	134 091	134 735	135 404	136 072	136 782

资料来源：国家统计局网站，http://www.stats.gov.cn/

截面数据（cross-sectional data）又称为静态数据，反映不同空间或主体在同一时间下的数量特征。表 1-2 为 2013 年我国部分地区价格总指数。

表 1-2 2013 年我国部分地区价格总指数（以上年为 100） 单位：%

地区	居民消费价格总指数	商品零售价格总指数
北京	103.3	99.8
天津	103.1	101.7
辽宁	102.4	101.6
上海	102.3	100.2
江苏	102.3	101.4
山东	102.2	101.4
河南	102.9	101.9

资料来源：《中国统计年鉴》（2014 年）

面板数据（panel data）是时间序列数据和截面数据的综合，具有空间和时间两个维度，综合反映不同时间和不同空间的数据分布情况。表 1-3 为 2009~2013 年我国部分地区生产总值。

表 1-3 2009 ~ 2013 年我国部分地区生产总值（按当年价格计算） 单位：亿元

地区	2009 年	2010 年	2011 年	2012 年	2013 年
北京	12 153.03	14 113.58	16 251.93	17 879.40	19 500.56
天津	7 521.85	9 224.46	11 307.28	12 893.88	14 370.16
辽宁	15 212.49	18 457.27	22 226.70	24 846.43	27 077.65
上海	15 046.45	17 165.98	19 195.69	20 181.72	21 602.12
江苏	34 457.30	41 425.48	49 110.27	54 058.22	59 161.75
山东	33 896.65	39 169.92	45 361.85	50 013.24	54 684.33
河南	19 480.46	23 092.36	26 931.03	29 599.31	32 155.86

资料来源：《中国统计年鉴》（2014 年）

第三节　统计学中的几个基本概念

一、总体和样本

（一）总体

统计学是研究客观现象总体的数量特征和数量关系。因此，首先对统计总体要有一个明确的认识。

所谓总体（population）就是根据一定目的确定的所要研究事物的全体。组成总体的各个单位称为个体。总体中个体的数目或所包含的个体数称为总体单位数，表明总体规模的大小，一般用 N 表示。例如，我们要研究全国城镇居民的收支情况，就以全国城镇居民作为总体，每个城镇居民为个体，全国城镇居民数为总体单位数。有了总体与个体的资料，我们就可以研究全国城镇居民收入消费的各种数量特征，如人均收入与消费、消费构成及特征、收入与消费的关系等。

总体可分为有限总体和无限总体。有限总体是指总体的范围能够明确确定，而且个体的个数有限。例如，我国城镇居民数、一批待检验的产品就是有限总体。无限总体是指总体所包含的个体是无限的。例如，在科学试验中，每一个试验数据可以看做总体中的一个个体，而试验可以无限地进行下去，因此这种试验数据构成的总体就是一个无限总体。

（二）样本

统计的目的是要研究或发现总体的数量规律及特征。但是，当总体单位数量很多甚至无限时，不必要或不可能对构成总体的所有单位都进行调查。这时，需要从总体中抽取一部分单位，作为总体的代表加以研究。这种由总体的部分单位组成的集合称为样本（sample）。样本也是由一定数量的单位构成的，样本所包含的单位数称为样本量，一般用 n 表示。

用样本推断总体，样本的选取非常重要。抽取样本时应注意以下问题。

（1）抽取样本的目的是推断总体，样本的单位必须取自同一总体。

（2）从一个总体中可以抽取多个样本，样本个数的多少和样本量与抽样方法有关。

（3）样本的抽取必须排除主观因素的影响，以确保样本的客观性与代表性。

（4）样本特征值是总体特征值的代表，由样本去推断总体的特征总是存在一定的误差。

如何科学地从总体中抽取样本，怎样控制样本的误差，是推断统计中研究的主要问题。例如，1936 年美国民主党候选人罗斯福与共和党候选人兰登的竞选结果与事先的民意调查结果大相径庭，主要是由于当时民意调查的样本更多地倾向于共和党拥护者，他们不能很好地代表整个选民总体。

二、总体参数和统计量

（一）总体参数

描述总体分布特征的概括性数字度量称为总体参数（parameter），如分布位置、分布离散程度等，可表示为总体均值 μ 、比例 π 、总体方差 σ^2 、标准差 σ 。总体参数是未知的，需要根据样本统计量去估计。

（二）统计量

描述样本分布特征的概括性数字度量称为统计量（statistic），如样本均值 $\bar{x}$ 、比例 p，样本方差 s^2 、标准差 s 。有了具体的样本，就可以计算统计量，并根据统计量估计总体参数，如用样本均值估计总体均值、用样本方差估计总体方差、用样本比例估计总体比例等。例如，从 2014 届某地区全日制会计专业本科毕业生中随机抽取 1 350 人进行就业薪酬状况调查，结果显示他们的平均起薪为 2 500 元，起薪为 3 500 元以上的占 6.3%。我们可以做出这样的推断：2014 届某地区全日制会计专业本科毕业生的平均起薪为 2 500 元，起薪为 3 500 元以上的学生占 6.3%。

三、统计指标和变量

（一）统计指标

统计指标（indicator）是说明现象总体数量特征的属性。例如，2013 年年底我国大陆总人口为 136 072 万人；全年粮食产量为 60 194 万吨，比上年增加 1 236 万吨，增产 2.1%；人均用水量为 453 立方米等，这些都是统计指标。

1. 指标的设计

（1）要素完整。一个完整的统计指标，应该包括指标名称、指标数值、指标的计量单位、指标的时间范围、指标的空间范围，以及指标的计算方法六方面的要素。例如，“2014 年国家统计局发布的统计公报表明，2013 年中国国内生产总值初步核算为 56.88 万亿元”，在这个例子中，“国内生产总值”是指标名称、“56.88”是指标数值、“万亿元”是指标的计量单位、“2013 年”是指标的时间范围、“中国”是指标的空间范围。显然，上述要素在说明总体数量特征方面都是不可缺少的，否则就失去了作为一个统计指标的意义，也就不称为统计指标了。

（2）指标名称必须有科学的理论依据。指标名称体现了客观现象的具体内容。如果指标的含义不明确或不正确，不仅得不到正确的数据，而且可能犯方向性错误。例如，在统计国内生产总值之前，必须首先认识经济学对其定义的质的规定性，然后才能正确界定其计算口径、范围，再收集有关资料，得出一定时期的较为准确的国内生产总值。

（3）要明确统计指标的计算口径和范围。指标口径是指指标的时间、空间、内容、隶属关系等，对上述内容必须清楚具体，使从事具体统计工作的人能够准确判断现象的数值应该记在哪个统计指标上。

（4）要有科学的计算方法。指标的含义与计算的口径范围确定之后，还要制定科学的计算方法。例如，国内生产总值的计算方法主要有三种，即生产法、收入法、支出法。生产法是从货物和服务活动在生产过程中形成的总产品入手，剔除生产过程中投入的中间产品价值，得到新增价值的方法，即 增加值=总产出−中间投入；收入法也称分配法，是从生产过程创造的收入角度对 常住单位的生产活动成果进行核算，即 增加值=劳动者报酬+固定资产折旧+生产税净额+营业盈余；支出法是从最终使用角度来反映 国内生产总值最终去向的一种方法，即增加值=总消费+总投资+出口−进口。国内生产总值的三种计算方法，需根据资料的来源情况来选用，一般来说，生产型企业多采用生产法，而其他类型企业、单位多采用收入法，当然这三种方法可以同时并用，相互验证。

2. 统计指标分类

统计指标按其所反映的内容或其数值表现形式，可以分为总量指标、相对指标和平均指标。总量指标又称为数量指标，相对指标和平均指标又称为质量指标。

总量指标是反映总体规模的统计指标，通常以绝对数形式表示，故又称其为绝对数，如国内生产总值、销售收入、期末人口数、企业固定资产原值等。总量指标按指标所反映的时间状况不同，可分为时期指标和时点指标。时期指标是指反映现象在一段时间内达到的总规模或总水平的总量指标，如国内生产总值、销售收入。时点指标是指反映总体在某一时点（瞬间）上所处状况的总量指标，如期末人口数、固定资产原值。

相对指标是两个指标之比，亦称为相对数，如计划完成程度、经济增长率、人口密度、股票价格指数、师生比等。

平均指标又称为平均数或均值，它所反映的是现象在某一空间或时间上的平均数量状况，如职工平均工资、某种股票一周平均价格等。

（二）统计指标体系

反映和描述客观现象，通常一个统计指标只反映总体某一个数量特征，说明总体某一侧面情况。但是客观现象是错综复杂，具有多方面联系的。要反映客观现象的全貌，描述现象发展的全过程，只靠单个统计指标是不够的，需要设立统计指标体系。

统计指标体系是指由若干个相互联系的统计指标构成的有机整体，用以反映所研究现象各方面相互依存、相互制约的关系。例如，工业企业是在一定生产经营主体的组织下，由资本、劳动力、技术、设备、生产、供应、销售等相互联系的整体活动。为了反映企业生产经营全貌，就需设计产量、产值、品种、质量、职工人数、劳动生产率、工资水平、资金、成本、利润等指标群，组成工业企业统计指标体系。其中，产量、产值、品种、质量等指标又构成企业生产指标体系，而资金、成本、利润等指标又构成企业财务指标体系 等。

（三）变量

在统计中，变量（variable）是指现象的某种特征，变量的具体取值是变量值。变量可以分为以下几种类型。

（1）根据反映的数量特征不同，变量可分为分类变量、顺序变量和数值型变量。

说明事物类别的名称为分类变量；说明事物有序类别的名称为顺序变量；说明事物数字特征的名称为数值型变量。

（2）根据变量值连续与否，变量可分为连续型变量和离散型变量。

连续型变量是指变量的取值在数轴上连续不断，无法一一列举，在一个区间内可以取无数实数值，如人的身高、体重等。离散型变量是指变量的数值只能用计数的方法取得，其取值是整数值，有限可数，如企业数、职工人数、设备台数等。

（3）根据取值确定与否，变量可分为确定性变量和不确定性变量（又称随机变量）。

确定性变量是受确定性因素影响的变量，即影响变量值变化的因素是明确的，是可解释和可控制的。不确定性变量（随机变量）则是指在相同条件下重复进行的实验，每次结果未必相同的变量；或是知道它过去的状况，但未来的发展事前不能完全确定的变量。例如，一笔资金如果存入银行，在利率一定的情况下，预期年收益是固定的，为确定性变量；而相同的资金如果购买股票，预期收益则很难确定，为不确定性变量。又如，某种新产品投放市场后消费者对其欢迎的程度、对某个房地产项目投资后的获利情况等通常也是不确定的变量。

第四节　常用统计分析软件

大数据时代，统计数据浩如烟海，统计运算非常复杂，如何从复杂的计算解脱出来，以便有足够的时间去理解统计方法的机理，把握统计思想，最终达到能够利用统计这一工具解决实际问题的目的，需要我们掌握一些重要的统计分析及计算软件。如果能将统计方法与统计分析软件结合起来，定会收到事半功倍的效果。

一、本教材所用统计软件——Excel

Excel 是 Windows 环境下运行的电子表格系统，集数据的编辑整理、统计分析、图表绘制于一身。计算机只要安装了 Office 软件，就能使用 Excel 进行各种运算与绘制图表。

Excel 具有四大特征，即 19 个数据分析工具、80 个统计功能、智能制表和趋势线。其优势在于：强大的数据与公式自动填充功能；方便的数据编辑与透视分析功能；灵活的单元格绝对引用与相对引用功能；完美的图形绘制系统与丰富的内置函数功能。

目前各高校都开设了“计算机文化基础”课程，大学生已经具备了 Excel 的操作基础，加之 Excel 的统计功能能够满足现有统计学的学习要求，故本教材选择了易获得、普及率较高、操作简单的 Excel 应用软件。

我们使用 Excel 处理数据主要涉及两方面，一是 Excel 的公式与函数，二是 Excel 的数据分析工具。

公式和函数是 Excel 工作表的核心，公式是连续的一组数据和运算符组成的序列；函数只要我们输入相应的参数，就会自动地计算出需要的函数值。

数据分析工具实际上是一个外部宏（程序）模块，它提供了 19 种专门用于数据分析的实用工具。在进行数据分析前，打开“工具”菜单，查看一下此菜单上有没有“数据分析”命令。如果没有，表明数据分析工具库尚未安装到正在运行的 Excel 中，这时需要选择“工具”菜单中的“加载宏”，打开“加载宏”对话框，从其中的宏列表中选定“分析工具库”和“分析工具库——VBA 函数”宏。安装了数据分析工具库后，每次启动 Excel 时，“分析工具库”宏就被自动加载。

二、其他主要统计软件

（一）SAS[①]

SAS（statistical analysis system）是由美国北卡罗来纳州州立大学 1966 年开发的统计分析软件。SAS 早期的主要功能是统计分析，如今 SAS 打出的标牌是“Superior soft ware that gives you the power to know（卓越的软件带给你获取知识的力量）”，其产品与解决方案除统计分析外，新增了数据整合、企业智能等功能，统计分析功能也在不断增强。SAS 用户遍及金融、医药卫生、生产、运输、通信、政府和教育科研等领域。在英国、美国等国家，能熟练使用 SAS 进行统计分析是许多公司和科研机构选才的条件之一。在数据处理和统计分析领域，SAS 系统被誉为国际标准软件系统。SAS 统计系统是由多个功能模块组合的，其基本部分是 BASE SAS 模块，它是 SAS 统计分析系统的核心，承担着主要的数据管理任务，并管理用户使用环境，进行用户语言的处理，还能调用其他 SAS 模块和产品。在 SAS BASE 的基础上，可以增加模块而增强数据分析功能，如 SAS/STAT（统计分析模块）、SAS/GRAPH（绘图模块）、SAS/QC（质量控制模块）、SAS/ETS（经济计量学和时间序列分析模块）、SAS/OR（运筹学模块）、SAS/IML（交互式矩阵程序设计语言模块）、SAS/FSP（快速数据处理的交互式菜单系统模块）、SAS/AF（交互式全屏幕软件应用系统模块）等。一般认为使用 SAS 需要编写程序，比较适合统计专业人员，而对非统计专业人员而言则比较困难。事实上，SAS 的很多功能也可以通过菜单操作实现，如 Insight 就是菜单操作的一个界面。

（二）SPSS[②]

SPSS（statistical package for the social sciences）原意为“社会科学统计软件包”。随着 SPSS 产品服务领域的扩大和服务深度的增加，SPSS 公司于 2000 年正式将英文全称更改为 Statistical Product and Service Solutions，意为“统计产品与服务解决方案”，这标志着 SPSS 公司的战略方向正在做出重大调整。

SPSS 是由美国斯坦福大学的三位研究生于 20 世纪 60 年代末研制出的，同时他们成立了 SPSS 公司，并于 1975 年在芝加哥组建了 SPSS 总部。1984 年 SPSS 总部首先推出了世界上第一个统计分析软件微机版本 SPSS/PC+，开创了 SPSS 微机系列产品的开发方向，极大地扩充了它的应用范围，并使其能很快地应用于自然科学、技术科学、社会科学的各个领域，世界上许多有影响的报刊纷纷就 SPSS 的自动统计绘图、数据的深入分析、使用

① 网络链接：http://www.sas.com。

② 网络链接：http://www.spss.com。

方便、功能齐全等方面给予了高度的评价与称赞。迄今为止，SPSS 软件已有近 50 年的成长历史，产品用户分布于通信、医疗、银行、证券、保险、制造、商业、市场研究、科研教育等多个领域和行业，成为世界上应用最广泛的专业统计软件。1994~1998 年，SPSS 公司陆续购并了 SYSTAT 公司、BMDP 软件公司、Quantime 公司、ISL 公司等，从而使 SPSS 公司由原来的单一统计产品开发与销售转向为企业、教育科研及政府机构提供全面信息统计决策支持服务，成为走在最新流行的“数据仓库”和“数据挖掘”领域前沿的一家综合统计软件公司。

与 SAS 相同，SPSS 也由多个模块构成，在 SPSS 11.0 版中，SPSS 一共由 10 个模块组成，其中 SPSS Base 为基本模块，其余九个模块为 Advanced Models、Regression Models、Tables、Trends、Categories、Conjoint、Exact Tests、Missing Value Analysis 和 Maps，分别用于完成某一方面的统计分析功能，它们均需要挂接在 BASE 上运行。除此之外，SPSS 11.0 完全版还包括 SPSS Smart Viewer 和 SPSS Report Writer 两个软件，它们并未整合进来，但功能上完全是 SPSS 的辅助软件。

SPSS 最突出的特点就是操作界面极为友好，输出结果美观漂亮，它使用 Windows 的窗口方式展示各种管理和分析数据方法的功能，使用对话框展示出各种功能选择项，只要掌握一定的 Windows 操作技能，粗通统计分析原理，就可以使用该软件为特定的科研工作服务。

（三）Statistica①

Statistica 是由美国俄克拉荷马州的 StatSoft 公司研制的大型、完整的统计资料分析、图表、资料管理、应用程序系统。Statistica 能够在图表视窗中显示各种分析，其功能包括基本统计分析、非参数性统计分析、方差分析、多元回归分析、非线性估计、时间序列及预测、聚类分析、因子分析、典型分析、多维比例分析、可靠性／项目分析、判别分析、逻辑线性分析和生存分析。Statistica 的图形功能很完备，显示输出的图形细腻美观，有 13 个主命令，80 多个子命令，主要包括快速统计图、二维统计图、三维序列统计图、三维 XYZ 统计图和统计矩阵图等。

（四）Minitab②

Minitab是由 美国的宾夕法尼亚大学在 1972 年研制的统计分析软件包，它以无与伦比的易学性、可靠性，以及完善的功能而著称于世，是教授统计学，实施六西格玛和其他质量改进项目的理想选择。它拥有与人类学习和工作方式相适应的逻辑界面；包含完整的数据管理功能、强大的文件导入和导出、数据操作和电子表格式的数据窗口；配备详尽的文档，如帮助解释输出结果的Stat Guide，以及 500 多个图文并茂的术语。Minitab包括统计分析模块和绘制图形模块，统计分析模块有 13 个主命令，即基本统计分析、回归分析、方差分析、实验设计、控制图、质量编制计划工具、可靠性／生存分析、多变量分析、时

---

① 网络链接：http://www.statsoft.com。

② 网络链接：http://www.minitab.com。

间序列分析、统计报表和列联表检验、非参数检验、探索性数据分析、效能与样本量分析。Minitab与六西格玛解决方案紧密结合，包括通用电气、福特汽车等在内的上千家杰出跨国公司以及4 000多所高等院校都在使用该统计分析软件包。

（五）Eviews

Eviews软件是在大型计算机的TSP（times series processor）软件包基础上发展起来的，Eviews是econometrics views的缩写，直译为计量经济学观察，通常称为计量经济学 软件包。Eviews在Windows环境下运行，它具有革新的图表使用界面和精密的分析引擎工具，操作接口容易上手，使本来复杂的数据分析过程变得易学易用。正是基于Eviews功能强大，具有灵活性和便于使用的功能，其在科学数据分析与评价、金融分析、经济预测、销售预测和成本分析等领域应用非常广泛。

（六）R①

R是一个用于统计计算和统计制图的优秀工具，是一套完整的数据处理、计算和制图软件系统。其功能包括：数据存储和处理系统；数组运算工具（其在向量、矩阵运算方面功能尤其强大）；完整连贯的统计分析工具；优秀的统计制图功能；简便而强大的编程语言；可操纵数据的输入和输出，可实现分支、循环，用户可自定义功能。R不仅仅提供若干统计程序，使用者只需指定数据库和若干参数便可进行一个统计分析。R的思想可以提供一些集成的统计工具，以及大量的各种数学计算、统计计算的函数，从而使使用者能够灵活机动地进行数据分析，甚至创造出符合需要的新的统计计算方法。

➤知识拓展

统计学的再认识

（1）美国杜邦公司的总经理理查德曾指出："现代公司在许多方面是根据统计来行事的。"②100多年以前，美国作家、历史学家魏尔士（H. G. Well）曾经说过："终有一日，统计学的思维方式对高效地行使公民的职责和权利来说，将如阅读能力一样必不可少。"

（2）据统计，在诺贝尔经济学获奖者中，三分之二以上的研究成果与统计和定量分析有关。因此，著名经济学家萨缪尔森在其经典的教科书——《经济学》（第12版）中特别提到："在许多与经济学有关的学科中，统计学是特别重要的。"

（3）1981年，首届国际《红楼梦》研讨会在美国召开，威斯康星大学讲师陈炳藻独树一帜，宣读了题为"从词汇上的统计论《红楼梦》作者的问题"的论文。他从字、词出现频率入手，通过计算机进行统计、处理、分析，对《红楼梦》后40回系高鹗所作这一流行看法提出异议，认为120回均系曹雪芹所作。

（4）著名的统计学家、质量控制专家W. 爱德华·戴明（W. Edwards Deming）认为在高中之前就应该开展统计学教育。他很喜欢提到这样一件事：一个11岁大的孩子设计

① 网络链接：http://www.r-project.org。

② 廖启发. 特谈统计学家的重要作用. 统计教育，1994，(3)：3.

了一种质量控制表，用以追踪、记录校车准时到达的情况。对此，戴明评论说："他的生活有一个好的开端。"相信通过这门课程的学习会为你的职业生涯奠定坚实的统计学基础[①]。

（5）统计学家设计的作战方案，即利用统计学方法算准深水炸弹的爆炸深度。第二次世界大战期间，英军船队在大西洋航行时经常受到德军潜艇的攻击。为此，英国空军经常派出轰炸机对德军潜艇实施火力打击，但轰炸效果十分不理想，对德军潜艇几乎构不成威胁。英军将领请来一些统计学家与数学家专门研究这一问题，结果发现，德军潜艇从发现英军飞机开始下潜，到深水炸弹爆炸时，只下潜了 7.62 米，而炸弹却已下沉到 22.86 米处爆炸，从而导致效果低下。经过科学验证，英军果断调整了深水炸弹的引信，使爆炸深度从水下 21.34 米减为水下 9.14 米，轰炸效果较过去提高了 4 倍，德军还以为英军发明了新式炸弹。

（6）概率的威力。概率论是现代统计赖以建立的基础。不懂得统计知识的寻常百姓，往往从"公平"的角度来理解随机性。例如，发行一种福利彩票，是从数字 01、02、…、35 中，投注 7 个数字。摇奖时，7 个数字全对的，为特等奖，可得到好几百万元奖金。某人花了数百元投注了几次，觉得还算不错，因为每次都投中了一个数字，但与中奖无缘，他不禁有些纳闷。实际上，不考虑顺序的不重复纯随机抽样的可能样本数目为 6 724 520。这就是说，要中特等奖，只有六百七十二万四千五百二十分之一的偶然机会。通过计算概率，就可以知道中特等奖的不易。

（7）缺乏应有的统计知识，导致理财损失。这是发生在 20 世纪 80 年代中期的一件事。有一位女同志，很精明，善于盘算，可称得上治家能手。那时，银行发行一种以千元为单位、叫做"大面额存款"的业务。优惠条件是在同期利率（当时的年利率为 9%）的基础上提高 5%计息。这位女同志考虑再三，把只差两个月到期的定期存款 5 000 元取出，转为"大面额存款"。到期取款时，银行不是按 14%，而是按 9%×（1+5%）=9.45%计息的。事后，她非常气愤。这位女同志是把都可用百分数表示的既有联系又有区别的百分率和百分点这两个独立概念混淆了。银行承诺的优惠条件是按"百分率"，而不是她错误理解的"百分点"。一般地，为了防止误用，对于百分点，都必须附加文字说明。像本例，如果银行承诺的优惠条件是"在同期利率的基础上提高 5 百分点计息"，那么，这位女同志就应得到 14%的利息。把快要到期的定期存款改为"大面额存款"，是得还是失呢？请读者判定[②]。

本 章 小 结

（1）统计是对变量观测值产生变异性的研究，"统计"一词可以有不同的理解，如统计活动、统计资料、统计学。统计学是关于统计理论和方法的科学，是研究如何对社会总

---

③ Lind D A，Marchals W G，Mason R D. 商务与经济统计技术. 易丹辉，陈立杰，宋丽，等译. 北京：中国人民大学出版社，2005.

② 杨俊才. 人人都来学点统计知识. 中国统计，2001，137：51.

体的数量特征和规律进行描述、推断、认识的一门学科。

（2）根据研究的侧重点不同，通常将统计学划分为理论统计学和应用统计学。理论统计学是指统计学的数学原理，它根植于纯数学的一个领域——概率论。与理论统计学相对应的是应用统计学，将统计学的基本原理应用于各个领域就形成各种各样的应用统计学。

（3）统计方法包括：收集资料的方法；整理资料的方法，即准确地概括这些资料；统计分析方法，即导出并表现有用的结论；等等。统计分析方法是统计方法的核心，统计分析方法可以分为描述性统计和推断性统计。描述性统计是通过对所搜集的数据进行加工处理，计算综合性统计指标，描述所研究现象总体数量特征和数量关系的方法；推断性统计阐明如何利用样本数据来推断被抽样总体的性质，并按规定的置信度来实现这种推断。统计方法应用得是否适当，取决于许多因素，其中包括所收集数据的类型。

（4）统计数据是统计变量的具体表现，分为分类数据、顺序数据和数值型数据；观测数据和实验数据；截面数据、时间序列数据和面板数据。

（5）统计学中的几个基本概念。统计总体就是根据一定目的确定的所要研究的事物的全体；样本是由总体的部分单位组成的集合，是总体的代表；参数是用来描述总体特征的概括性数字度量；统计量用来描述样本特征的概括性数字度量；统计指标是说明现象总体数量特征的属性；统计指标体系是指由若干个相互联系的统计指标构成的有机整体，用以反映所研究现象各方面相互依存、相互制约的关系；变量是说明现象的某一数量特征的概念，变量的具体取值是变量值，根据变量取值的不同，其可分为连续型变量和离散型变量。

（6）常用的统计分析软件包括 Excel、SAS、SPSS、Statistica、Minitab、Eviews、R 等，需要熟练掌握其中一种统计分析软件，才能达到对海量数据处理、实现复杂统计运算实现之目的。本书所使用软件为 Excel。

第二章

数据的收集

本章是统计活动的第一阶段，着重介绍了数据的来源，为以后各章的学习奠定基础。具体要求：①了解统计数据的间接来源；②掌握调查方案的设计；③掌握数据直接来源的各种方法；④了解数据误差的类型。

2014 年，城乡居民收入继续增加，全年全国居民人均可支配收入为 20 167 元，比上年增长 10.1%。研究生招生 62.1 万人，在学研究生 184.8 万人，毕业生 53.6 万人；普通本（专）科招生 721.4 万人，在校生 2 547.7 万人，毕业生 659.4 万人。2015 年 8 月，社会消费品零售总额同比增速为 10.8%，比上月提高 0.3 百分点；环比增速为 0.86%，比上月提高 0.07 百分点。这些数据准确可靠吗？如何得到这些数据呢？收集数据的方法有哪些呢？通过本章的学习，你就可以找到答案。

第一节　数据的来源

从统计数据来源看，主要有两个渠道：一是通过直接的调查或实验取得的数据，对使用者来说，这是数据的直接来源，称为直接数据；二是来源于别人调查或实验的数据，对使用者来说，这是数据的间接来源，称为间接数据。

一、统计数据的直接来源

统计数据的直接来源主要有调查和实验。调查是取得数据的重要手段，其中有统计部门进行的统计调查，也有其他部门或机构为特定目的而进行的调查；实验是取得自然科学数据的主要手段。

（一）统计调查方式

实际中常用的统计调查方式主要有普查、统计报表和抽样调查等。

1. 普查

普查（sensus）是为某一特定目的而专门组织的一次性全面调查，如人口普查、经济普查和农业普查等。世界各国一般都定期进行各种普查，主要用于收集处于某一时间状态下的社会经济现象的数量，目的是掌握特定社会经济现象的基本全貌，以及有关国情、国力的基本统计数据，为国家制定有关政策或措施提供依据。

普查作为适合于特定目的、特定对象的调查方式，具有以下几个特点。

（1）普查是一次性的，具有周期性。由于普查涉及面广、调查单位多，需要耗费大量的人力、物力和财力，因此，不宜经常进行。在我国，普查已规范化、制度化，即每逢末尾数字为“0”的年份进行人口普查，每逢“6”的年份进行农业普查，每逢“3”和“8”的年份进行经济普查。

（2）普查一般需要规定统一的标准调查时间，以避免调查数据的重复或遗漏，保证普查结果的准确性。例如，我国前四次人口普查的标准时间定为普查年份的 7 月 1 日零时；第五次人口普查的标准时间为 2000 年 11 月 1 日零时；第六次人口普查的标准时间为 2010 年 11 月 1 日零时；农业普查的标准时间定为普查年份的 1 月 1 日零时。

（3）普查的数据规范化程度较高，因此它可以为抽样调查或其他调查提供基本依据。

（4）普查的使用范围比较窄，只能调查一些最基本及特定的现象。

◎想一想

目前我国组织过几次大规模的普查？

2. 统计报表

统计报表（statistical report forms）是以国家有关法规为准则，按照统一的表式、统一的内容、统一的报送时间和报送程序，自上而下地统一布置、自下而上地逐级提供统计数据的一种调查方式。其可以分为日报、月报、季报、半年报和年报等。统计报表是收集统计数据的一种重要方式，在我国几十年的政府统计工作中，已形成了比较完备的统计报表制度，它已成为国家和地方政府部门统计数据的主要来源。

3. 抽样调查

抽样调查（sample survey）是从总体中抽取部分个体作为样本进行调查，根据样本数据对总体数量特征做出推断的一种手段或方法。

抽样调查是实践中应用最广泛的一种调查方式和方法，它具有以下几个特点。

（1）经济性。这是抽样调查最显著的一个优点。由于调查的样本单位通常是总体单位的很小一部分，调查工作量小，因而可以节省大量的人力、物力、财力和时间，调查费用较低。

（2）时效性强。抽样调查可以迅速、及时地获得所需要的信息。由于工作量小，调查的准备时间、调查时间、数据处理时间等都可以大大缩减，从而提高数据的时效性。与普查相比，抽样调查可以频繁地进行，并随事物的发生和发展及时取得相关信息，以弥补普查的不足。例如，在两次人口普查之间各年份的人口数据主要是通过抽样调查取得的。

（3）适用面广。抽样调查可以获得更广泛的信息，它适用于对各个领域、各种问题的调查。从适用的范围和问题来看，抽样调查可以调查全面调查能够调查的现象，也能够调查全面调查所不能调查的现象。抽样调查特别适合对一些特殊现象的调查，如产品质量检验、农产品实验、医药的临床实验等。

（4）准确性高。抽样调查的数据质量有时比全面调查更高，因为全面调查的工作量大、环节多，登记性误差往往很大；而抽样调查由于工作量小，各环节的工作做得更细致，登记性误差往往很小。当然，概率抽样中用样本数据去推断总体时，不可避免地会有推断误差，但这种误差的大小是可以计算并加以控制的，因此推断的结果通常是可靠的。

具体来讲，抽样调查可以分为概率抽样和非概率抽样。

1）概率抽样

概率抽样（probability sampling）是实际中应用最广泛的一种调查方法，它是使总体中的每一个单位都有一个已知的、不为零的概率进入样本的抽样方法。

概率抽样方法主要有简单随机抽样、分层随机抽样、系统抽样、整群抽样和多阶段抽样。

（1）简单随机抽样（simple random sampling）也称纯随机抽样，是从总体单位中随机抽取一部分单位组成样本，在每次抽取中，所有待入选的单位具有相同的中选机会。具体抽取时，可以是一个一个地抽取，也可以是一次同时抽取。最常用的抽取方法有抽签法、随机数字表法和利用计算机程序产生随机数字。简单随机抽样是最基本的抽样方法，简单直观，参数估计及抽样误差的计算比较容易，是其他抽样方法的基础。因此，以后章节讨论的有关内容都是以这种简单随机抽样为前提的。但抽样时要有比较完善的抽样框，当总体各单位间差异较大时，抽样误差也较大，估计的精度比较差。

（2）分层随机抽样（stratified random sampling）也称类型抽样，是首先将总体分为若干个不同的层或类型，然后在每一层独立地进行随机抽样，并将各层所抽取的单位组成样本。这种抽样方法所得到的样本的结构与总体的结构比较相近，可以有效提高估计的精度；如果各层的划分是按行业或行政区划进行的，可以为调查组织工作提供方便。分层随机抽样既可以对总体参数进行估计，也可以对总体各层的参数进行估计。因此，这种抽样方法在实际调查工作中运用比较广泛，但需要事先掌握总体各单位的分层标准资料。

（3）系统抽样（systematic sampling）是指将总体中的所有单位按一定顺序排列，在规定的范围内随机地抽取一个单位作为初始单位，然后按事先确定好的规则确定其他样本单位的一种抽样方法。比较常用的抽取样本单位的规则是每间隔相等的距离抽取一个单位，因此，系统抽样又称为等距抽样。该方法操作简单，可以提高估计的精度。若抽选间隔为小数时，须采用环形系统抽样方法。

（4）整群抽样（cluster sampling）是指将总体划分为若干个群，每群包含若干个单位，然后以群为单位进行随机抽样，对抽中的群的所有单位都进行调查的一种抽样方法。与简单随机抽样相比，整群抽样的抽样框比较简单，只需要总体每个群的抽样框，而不需要总体所有基本单位的抽样框；同时，由于群通常是地理上比较集中的单位所组成，调查地点比较集中，从而节约了调查费用，方便调查的实施。其主要缺点是在相同的样本量的情况下，其抽样误差比较大。

（5）多阶段抽样（multi-stage sampling）是指采用类似整群抽样的方法，首先从所有群中抽取一部分群，但并不对抽中群中的所有单位进行调查，而是进一步从中抽取若干基本单位进行调查。这样的样本是通过两个阶段抽出的，因此，称为二阶段抽样。以此类推，可以形成三个阶段或更多个阶段抽样。采用这种方法样本相对集中、节约调查费用，适用于大范围和大规模的抽样调查。

2）非概率抽样

非概率抽样（nonprobability sampling）是相对于概率抽样而言的，是指用非随机的方法从总体中抽取部分个体作为样本，进行调查的一种方法。其具有快速、简单和节省费用等特点。但由于其统计量的分布是不确切的，无法用样本的结果对总体参数做出推断。该方法适合于探索性数据的调查，调查结果用于发现问题，特别适合于市场调查。非概率抽样的方式主要有以下几种。

（1）方便抽样（convenience sampling）是指根据调查的方便性，以无目标、随意的方式自行确定调查单位进行的调查活动。例如，在街头、商店等公共场所进行拦截式的访问，调查者随意对居民户的入户访问，等等。

（2）志愿者抽样（voluntary sampling）是指被调查者自愿参加并向调查者提供有关信息的调查活动，如参与网络问卷调查活动、参与电视节目中的热线电话或短信等。

（3）滚雪球抽样（snowball sampling）是指先对随机选择的一些被调查者实施访问，然后再请他们推荐具有研究目标总体特征的调查单位，这个过程持续下去，就会形成滚雪球效应。例如，对某品牌化妆品的调查，就可以先找到一些使用该品牌的消费者，再通过他们得到更多喜欢和使用该品牌的消费者。

（4）配额抽样（quota sampling）是指根据一定标准对总体分层或分类后，从各层或各类中主观地选取一定比例的调查单位。例如，调查消费者在服装品牌和款式的选择上，男性和女性对此的要求就不同，就可以在调查服装品牌时调查更多的男性，而在款式的调查中确定更多的女性。

（5）判断抽样（judgment sampling）是指根据经验、判断和了解的基本情况，有目的地选择一些单位进行调查。在判断抽样中，可以选择重点调查和典型调查。

重点调查（major investigation）。从全部单位中选择少数重点单位进行调查。重点单位是指在所调查现象的数量特征中占有绝大比重的少数几个单位。例如，要了解全国钢铁企业的生产情况，可以只选择宝钢、首钢、武钢和鞍钢等几个大型钢铁企业进行调查，就可以大概掌握全国钢铁企业的生产情况。这里，宝钢、首钢、武钢、鞍钢就是重点单位。

典型调查（survey of typical cases）。从全部单位中有目的地选择若干有代表性或典型单位进行调查。例如，研究青少年沉迷于网络问题，可以选择一些沉迷于上网的青少年，对其进行深入的调查，进而分析青少年沉迷于网络的原因等问题。

表 2-1 是几种非概率抽样方法的比较。

表 2-1 几种非概率抽样方法的比较

抽样方式	特点	缺陷
方便抽样	容易调查，成本低	调查单位具有随意性，不易推断总体
志愿者抽样	样本是有偏的	不能对总体做出估计
滚雪球抽样	调查费用大大减少	成本的节约是以调查质量的降低为代价的，样本可能不能很好地代表总体
配额抽样	加强了对样本结构与总体结构在量方面的质量控制	不能对总体做出估计
判断抽样	操作简单，有意识地选择样本，样本结构与总体结构类似	不能对总体做出估计
重点调查	对重点单位的调查，是极少数几个	只能对总体作大概的了解，不能推断
典型调查	主观选择样本，样本好坏取决于调查者，成本较低，易操作	具有一定的主观性，因此调查结果不能推断总体

◎想一想

（1）某商场床上用品展柜销售员小张，想要了解顾客对新款按摩枕的喜好程度，为此他想在商场进行一次调查活动，对展柜的顾客进行调查。

（2）北京统计局想要了解海淀区的人均收入状况。

以上两种情况应该采用概率抽样还是非概率抽样。

（二）数据的收集方法

无论采用何种方式进行调查，在取得统计数据时，都有一些具体的数据收集方法。数据收集方法归纳起来可分为调查法和实验法两种。

1．调查法

调查法是调查者直接向调查对象提出问题以获得信息的一种调查方法。根据调查者与被调查者接触方式的不同，又可分为访问调查、邮寄调查、电话调查、座谈会、个别深度访问等。

1）访问调查

访问调查又称派员调查，是调查者与受访者通过面对面地交谈从而取得数据的调查方法。访问调查的方式有标准式访问和非标准式访问两种。标准式访问又称结构式访问，是按照调查人员事先设计好的、有固定格式的标准化问卷或表格，有顺序地依次提问，并由受访者做出回答。其优点是能够对调查过程加以控制，从而获得比较可靠的调查结果。非标准式访问又称非结构式访问，是事先不制作统一的问卷或表格，没有统一的提问顺序，调查人员只是给一个题目或提纲，由调查人员和受访者自由交谈，以获得所需的数据。

2）邮寄调查

邮寄调查是通过邮寄或宣传媒介传送等方式将调查表或调查问卷送至被调查者手中，由被调查者填写，然后将调查表或问卷寄回或投放到指定收集点的一种调查方法。邮寄调查是一种标准化调查，具有调查人员和被调查者没有直接的语言交流，信息的传递完全依赖于调查表的特点。邮寄调查的问卷或表格发放方式有邮寄、宣传媒介传送、专门场所分发等。

3）电话调查

电话调查是调查人员利用电话同受访者进行语言交流，从而获得数据的一种调查方式。电话调查具有时效快、费用低等特点。随着电话的普及，电话调查的应用也越来越广泛。电话调查可以按照事先设计好的问卷进行，也可以针对某一专门问题进行电话采访。电话调查所提问题要明确，问题数量不宜过多。

特别是，随着现代通信技术的发展，电脑广泛应用于数据的收集中，不仅调查的数据处理可由计算机来完成，甚至整个调查的过程，包括问卷的设计和显示、样本设计、具体的调查、数据处理等也都可以由电脑来控制和完成，即电脑辅助调查，也称为电脑辅助电话调查。目前，电脑辅助调查已在很多国家和地区得到广泛应用，并已开发出了各种电脑辅助电话调查系统（compute-assisted telephone interviewing system，CATIS），该系统使电话调查更加便利和快捷，也使调查的质量大大提高。

4）座谈会

座谈会也称为集体访谈法，是将一组受访者集中在调查现场，让他们对调查的主题（如一种产品、一项服务或其他话题等）发表意见，从而获取调查数据的方法。为获得此类数据，研究人员通过严格的甄别程序选取少数与研究主题有关系的受访者，围绕研究主题以一种非正式的、比较自由的方式进行讨论。这种方法适用于收集与研究课题有密切关系的少数人员的倾向和意见。

参加座谈会的人数不宜太多，通常为 6 ~ 10 人，并且是所调查问题的专家或有经验的人员。讨论方式主要取决于主持人的习惯和爱好。通过小组讨论，能获取访问调查无法取得的数据，而且，在彼此交流的环境里，各个受访者之间相互影响、相互启发、互相补充，并在座谈过程中不断修正自己的观点，从而有利于取得较为广泛、深入的想法和意见。座谈会的另一个优点是不会因为问卷过长而遭到拒访。

5）个别深度访问

个别深度访问是一次只有一名受访者参加的特殊的调查方式，也称深访。深访暗示着要不断深入受访者的思想当中，努力发掘其行为的真实动机。深访是一种无结构的个人访问，调查人员运用大量的追问技巧，尽可能让受访者自由阐述其想法和感受。这一方法最宜于研究较隐秘的问题，如个人隐私问题，或较敏感的问题，或政治性的问题。对于一些不同人之间观点差异极大的问题，用小组讨论只会把问题弄糟，这时可采用深度访问法。

表 2-2 是各种调查法的主要特点。

表 2-2 各种调查法的主要特点

特点	访问调查	邮寄调查	电话调查	座谈会	个别深度访问
调查时间	中等	慢	快	较快	较快
调查费用	高	低	低	中	中
问卷难度	复杂	中等	容易	复杂	复杂
调查工具的使用	充分利用	充分利用	充分利用	充分利用	充分利用
调查过程控制	能	不能	完全能够	完全能够	完全能够
调查员作用的发挥	充分发挥	不能发挥	能发挥	充分发挥	充分发挥
回答率	较高	较低	一般	较高	较高

2．实验法

实验法是在所设定的特殊实验场所对研究现象进行实验以取得所需数据的一种调查方法。根据场所的不同，实验法可分为在室内进行的室内实验法和在市场或外部进行的市场实验法。室内实验法可用于广告认知的实验等。例如，在同日的同种报纸上，版面大小相同，分别刊登 A、B 两种广告，然后将其散发给读者，以测定其反应结果。市场实验法可用于消费者需求调查。例如，企业让消费者免费使用一种新产品，以得到其对新产品的看法。

◎知识窗

最初的实验例子发生在 17 世纪初，当时英国海军面临一种疾病的威胁，在海上长期航行的水手的皮肤上有青灰斑点，牙龈大量出血。英国海军部怀疑这是由于缺乏柑橘类水果导致的。当这个想法被提出时，恰好有四艘海军军舰正要离开英国本土做长期航行，为调查这种疾病是不是由于缺乏柑橘类水果而产生的，海军部安排其中一艘军舰上的水手每天喝柑橘汁，而其他三艘军舰上的水手则没有柑橘汁可喝。航行还未结束，没有喝柑橘汁的水手便开始成批地生病，以至于不得不把每天喝柑橘汁的水手分配到这三艘军舰上以帮助这些军舰进港。尽管这项实验计划现在看来还可以改进，但该实验本身已成功地证实了海军部最初的想法。

◎想一想

实验法中什么是实验组，什么是对照组？以人为实验对象，在取得数据的过程中会产生哪些问题？

二、统计数据的间接来源

如果能通过直接的调查或实验取得所需的数据当然是最好的，但对大多数使用者来说，亲自去做调查往往是不可能的，这时还可以通过其他渠道获取别人调查或实验的数据。

（一）外部资料

1. 传统来源

统计数据的传统来源主要指公开出版的或公开报道的数据。在我国，公开出版或报道的统计数据主要来自国家和地方的统计部门以及各种报刊媒介。例如，公开的出版物有《中国统计年鉴》《中国统计摘要》《中国社会统计年鉴》《中国工业经济统计年鉴》等，以及各省、市、地区的统计年鉴等；提供世界各国社会和经济数据的出版物也有许多，如《世界经济年鉴》《对外经济统计资料》，以及世界银行各年度的《世界发展报告》等；联合国的有关部门及世界各国也定期出版各种统计数据；还有各种报纸、杂志、图书、广播、电视传媒中的数据资料；等等。

2. 电子数据产品

电子数据产品主要指通过互联网取得的数据。尽管目前互联网在我国还未全面普及，但其用户的数量增长迅速。互联网已成为收集外部数据不可或缺的重要来源。例如，搜狐、新浪、雅虎、政府机构网络等已成为众多用户在互联网上查询、收集信息的首选网站。表 2-3 是一些可供选择的政府机构的网址及可获取的数据。

表 2-3 一些可供选择的政府机构的网址及可获取的数据

政府机构	可获得的数据
国家统计局http://www.stats.gov.cn 中国统计信息网http://www.tjcn.org	月度数据、季度数据、年度数据、普查数据、专题数据、部门数据、国际数据等
商务部http://www.mofcom.gov.cn/tongjiziliao 国务院发展研究中心信息网http://www.drcnet.com.cn	进出口、技术引进、国外经济合作、汽车市场、茧丝绸行业等
财政部http://www.mof.gov.cn/1527.htm	财政预算决算收入、财政预算决算支出、国家财政债务还本付息支出等
教育部 http://www.moe.edu.cn	历年教育发展统计、基础教育、高等教育、民族教育、教育考试、教材建设等

（二）内部资料

内部资料主要来源于数据库、信息管理系统、决策支持系统、数据仓储等。

总之，利用间接数据对使用者来说既经济又方便，但使用时应注意统计数据的含义、计算口径和计算方法，此外，还应注意统计数据是由谁收集的、通过什么方法收集的、什么时候收集的、为何收集的等，以避免误用或滥用。同时，在引用间接数据时，一定要注明数据的来源，以尊重他人的劳动成果。

◎想一想

使用间接数据时需要注意哪些问题？

第二节 调查方案设计

在收集统计数据之前，需要制订出一个周密、完整的调查方案，以指导整个调查工作，使调查得以顺利地实施和完成。调查方案设计的好坏直接影响到调查数据的质量，调查方案是指导整个调查过程的纲领性文件。一个完整的调查方案至少包括调查目的、调查对象和调查单位、调查项目、调查时间和调查方法、调查工作的组织实施等内容。

一、明确调查目的

在调查方案中首先应明确调查目的。调查目的是调查所要达到的具体目标，它所回答的是为什么调查、调查具有什么意义等。确定调查目的是调查方案设计中应首先解决的问题，只有这样，才能确定向谁调查、调查什么以及采用什么方法进行调查。例如，第六次人口普查的目的是，查清 2000 年以来我国人口数量、结构、分布和居住环境等方面的变化情况，为科学制定国民经济和社会发展规划，统筹安排人民的物质和文化生活，实现可持续发展战略，构建社会主义和谐社会，提供真实准确、完整及时的人口统计信息支持。

二、确定调查对象和调查单位

调查对象是根据调查目的确定的调查研究的总体或范围。调查单位是需要调查的每一个单位，它是调查项目和内容的承担者或载体。调查对象所解决的是在什么范围内进行调查，调查单位所解决的是由谁来提供所需数据，即向谁调查的问题。例如，第六次人口普查对象是指普查标准时点在中国境内的自然人以及在中国境外但未定居的中国公民，不包括在中国境内短期停留的境外人员。

调查单位可以是调查对象的每一个个体，也可以是部分个体。如果采取全面调查方式，如普查，调查对象中的每一个个体都是调查单位，二者是一致的；若采用非全面调查，如抽样调查，调查单位只是调查对象中的一部分个体，二者就是不一致的。

三、确定调查项目

调查项目的具体内容是调查单位所具有的特征，所要回答的是调查什么的问题。例如，第六次人口普查以户为单位进行登记，户分为家庭户和集体户。人口普查登记的主要内容包括姓名、性别、年龄、民族、国籍、受教育程度、行业、职业、迁移流动、社会保障、婚姻、生育、死亡、住房情况等。人口普查表分为《第六次全国人口普查表短表》和《第六次全国人口普查表长表》。

在统计调查中，调查项目通常是以表格的形式来表现，称为调查表。它是用于登记调查数据的一种表格，一般由表头、表体和表外附加三部分组成。表头是调查表的名称，用来说明调查的内容、被调查单位的名称、性质、隶属关系等；表体是调查表的主要部分，包括调查的具体项目；表外附加通常由填表人签备填报日期、填表说明等内容。调查表可以表现为单一表、一览表或问卷。

四、确定调查时间和调查方法

调查时间应包括三个方面：①调查资料所属的时间。如果所调查的是时期现象，就要明确调查资料的起止时间；如果所要调查的是时点现象，就要明确规定统一的标准时点。第六次人口普查规定标准调查时间为 2010 年 11 月 1 日 0 时。②调查工作的期限。第六次人口普查规定，人口普查的现场登记工作从 2010 年 11 月 1 日开始到 11 月 10 日以前结束，包括收集资料及报送资料的整个工作所需要的时间。③调查期限内，具体调查的时间。

调查方法包括调查的组织形式和收集资料的具体方法。第六次人口普查登记，采用普查员入户查点询问、当场填报的方式进行。

五、调查工作的组织实施

为了保证整个统计调查工作顺利进行，在调查方案中还应该有一个考虑周密的组织实施计划。其主要内容包括调查工作的领导机构和办事机构；调查人员的组织；调查资料报送方法；调查前的准备工作包括宣传教育、调查人员的选拔和培训、调查文件的准备，调查经费的预算和开支办法；调查方案的传达布置、试点及其他工作；等等。例如，第六次人口普查规定，各级宣传部门和新闻媒体，在人口普查登记前，应当积极做好人口普查的宣传工作，动员群众参与人口普查。

◎想一想

你所在的大学想要收集同学们对目前上网资费的意见，但不可能去询问每一名同学。假如你是相关部门领导，设计一个调查方案并列举在抽样过程中可能遇到的问题。

第三节　调查问卷设计

一、问卷的概念与结构

问卷是依据统计研究的目的和要求，按照一定的理论设计出来的，是由一系列问题、项目、备选答案及填表说明所组成的，向被调查者收集资料的一种调查工具。通过问卷收集统计数据，可以使调查内容标准化、系统化，便于统计处理与分析。

问卷一般由引言、被调查者的基本情况、问题和答案、结语四个部分组成。

引言一般作为问卷的开头或说明，用以说明调查的目的和意义、调查组织者的身份和调查内容等，力求引起被调查者的重视与兴趣，取得支持与合作。引言要态度诚恳、口吻亲切，并对被调查者表示真诚的感谢。有时还要向被调查者说明问卷填写的方法和要求以及需要注意的有关事项。

被调查者的基本情况用以了解个人或企事业单位的有关基本特征，如个人的性别、年龄、婚姻、文化程度、职业、工作单位、职务或技术职称、民族等，企事业单位的行业类别、经济类型、单位规模、所在地区等。掌握这些情况，便于进行各种构成分析。

问题和答案是问卷的主要组成部分，包括所要了解的各个问题和相对应的备选答案。这一部分设计的如何，直接关系到问卷调查能否取得有研究价值的资料。

结语是在问卷末尾对被调查者再次表示感谢，用以征询其对问卷设计和问卷调查的意见和感受。有的问卷也可以没有结语。

此外，如果利用计算机进行数据处理，问卷中还应该有便于计算机处理的编码。若是访问问卷，还应有工作证明的记载，即填写访问人员姓名、访问日期和被调查者合作情况等。

二、问题的设计

（一）问题的类型

通常，问卷中使用的问题主要有两类：一类是开放式问题，另一类是封闭式问题。

1. 开放式问题

开放式问题是指被调查者根据提出的问题用自己的语言来回答。它允许被调查者提供他所愿意提供的任何答案。开放式问题必须在问题之后留有充分的空白来记录回答。

用文字回答开放式问题的优点是：被调查者有机会进行自我表达或详细描述。其缺点是：对被调查者来说，开放式问题的要求更高，因为被调查者必须在没有选项帮助的情况下确定问题的意图；对调查机构来说，记录回答的过程（即数据录入）比较困难，一般要求调查员逐字记录答案且要对它进行数字编码，这种数字编码意味着将相似的答案归并在一起，使分析更为方便，而分类有差错会对最终结果产生编码误差，因此，相对于封闭式问题而言，开放式问题的费用更高。

2．封闭式问题

封闭式问题是从问卷提供的答案中选定适当的答案来回答。与问题一起列出来的可能答案被称为选项。

封闭式问题的优点是：由于答案是已经设计好的，被调查者只需简单地选择合适的选项，而不需要用自己的语言来陈述答案，这样他们就能更快、更容易地回答问题；被调查者更可能按设计者希望的意图来回答问题，因为选项表明了问题的核心所在。用封闭式问题收集起来的数据更容易分析；与开放式问题相比，封闭式问题的编码和数据录入也更容易，花费也更省；而且，如果一个问题被用于多项调查之中，运用相同的回答选项将有助于对调查结果进行比较。

（二）问题答案的设计

问题答案的设计是针对封闭式问题而言，是问卷设计的另一个主要内容。答案的设计应互斥和穷举。常用的问题答案设计形式有以下几种。

1. 二项选择问题

二项选择问题是封闭式问题中最简单的一种。通常它是一个判断“是”或“否”的问题。适用范围是互相排斥的必居其一的定类问题。例如：

本学期您是否参加过篮球比赛？

A. 是　　　　B. 否

这种询问方法的特点是，回答简单、明确，可以严格地把被调查者分成两类不同的群体。但其缺点是信息量比较小，只有两种回答，不能反映被调查者中客观存在的不同层次。

2. 多项选择问题

若提供给被调查者选择的选项多于两个即是多项选择问题，包括只能从这些选项中选择一个答案和允许被调查者选择两个或多个答案。注意，在多项选择中的“其他”选项，需要注明具体答案，通常加上“［请注明］”。例如：

假期中，您最理想的外出旅游交通工具是哪种？［只选一项］

A. 自行车

B. 私家车

C. 飞机

D. 火车

E. 船只

F. 其他［请注明］

您认为影响学习成绩的主要因素有哪些？［可多选］

A. 出勤率
B. 听课效率
C. 学习基础
D. 讲课效果
E. 学习环境
F. 其他［请注明］

3. 等级评定问题

对于等级评定问题，一般要求被调查者对选项进行评级，或者对某个问题或陈述发表意见。在构造等级评定问题时，尽量要全面，即包括各种不同程度的等级。例如：

您对现有的教学条件的满意程度如何？
A. 非常满意
B. 满意
C. 一般
D. 不满意
E. 非常不满意

4. 双向列联表

双向列联表是以表格形式表现的调查项目，这种方法将表格分成纵横两栏，其形式也是多样的。

例如，某市场调查机构对家庭使用牙膏情况的调查问卷中使用了一个双向列联表，见表 2-4（请在评分栏中打钩：最不喜欢的打 1 分，最喜欢的打 10 分，其他在 1~10 中确定）。

表 2-4 家庭使用牙膏情况的双向列联表

品牌	曾经用过	正在使用	准备使用	评分
高露洁				
佳洁士				
中华				
六必治				
洁银				
其他				

双向列联表的优点是信息量比较大，但不要设计得太复杂，否则就会容易引起被调查者的厌烦和反感。

（三）应注意的问题

1. 措辞要简单、明确

与被调查者清楚地进行沟通的最佳途径是使用简单的日常用词，确保所使用的术语适合于被调查者。如果需要使用专业术语，应该向被调查者澄清或解释这些术语的定义，以使所有的被调查者对问题有一致的理解。

2. 确保问题适用

尽量减轻被调查者的负担是很重要的。确保只提与被调查者有关的问题。这样既能缩短调查时间，还能降低调查费用。

当调查的组织者仅对某一类群体的信息感兴趣，而又没有该群体的调查框时，就需要对调查对象先进行甄别，筛选掉不需要的部分，然后针对特定的群体进行提问，这时需要两个或两个以上的问题相连接，第一个问题起甄别作用，甄别符合条件后，再提出具体的调查内容。例如，某广告公司要做一项调查，了解广告的作用，调查对象就应该是通常对广告有兴趣的人，但事先并不知道哪些人对广告感兴趣，所以需要运用甄别的方法。

您对广告感兴趣吗？

A. 感兴趣　　　　B. 不感兴趣

如果选择 A，请回答下面的问题；如果选择 B，请停止回答。

您对广告感兴趣的原因是什么？［选择主要的两项］

A. 广告能带来商品信息

B. 广告能带来许多新的生活观念

C. 广告有较高的欣赏价值

D. 广告能增加商品知识

E. 其他［请注明］

3. 要避免意义双关的问题

一个问题只表达一个意思。例如，您打算明年把车留在家里，乘公共汽车上班吗？有些被调查者可能会感到这个问题很难回答，因为这里包含了两个问题，一个是“您打算明年把车留在家里吗”，另一个是“您打算明年乘公共汽车上班吗”。这样，被调查者个人情况可能无法用简单的“是”或“不是”来回答。

4. 避免引导性问题

引导性问题是指建议或引导被调查者选择某一特定答案时具有倾向性。换句话说，问题措辞方法对问题的回答产生了影响。

引导性问题会导致两个不良后果：一是被调查者不加思考就同意暗示的结论；二是由于引导性问题大多是引用权威或大多数人的态度，被调查者考虑到这个结论已经得到普遍的认可，就会产生心理上的趋同反映。在调查问卷中应该使用“中性”词。

5. 语句表述要通顺，避免使用双重否定句

调查的问题应以友善的第二人称（你或您）来称呼被调查者，并遵守基本的语法规则。问题应该听起来自然，像谈话一样，且容易被对方理解。

另外，应避免使用双重否定句子。因为在这种情况下，被调查者往往不清楚他们是应该回答同意，还是回答不同意。

6. 敏感性问题的处理

所谓敏感性问题是指所要调查的问题涉及被调查者的隐私或不愿意公开回答的问题。对于这类问题，被调查者往往出于本能的自卫心理，容易产生种种顾虑，不愿意回答，而

且还会引起被调查者的反感。因此，问卷中可采取以下措施。

（1）释疑法。在问题的前面写一段消除顾虑的功能性文字，或在问卷引言中写明严格替被调查者保密，并将采取保密的措施。

（2）假定法。用一个假定条件句作为问句的前提，然后再询问被调查者的看法。例如，有的人不愿意暴露自己想调动工作的意向，在问卷中可以这样提问："假如允许各类人员自由调动工作的话，您会调动工作吗？"

（3）转移法。把本应由被调查者根据自己的实际情况填答的问题，转移到由被调查者根据他人的情况来阐述自己的想法。例如，调查工人的劳动定额是否合理，如果直接向每个人提问，则可能得不到真实的信息。为得到较为客观的资料，可以采用这样的提问方式："您觉得对于大多数工人来说，劳动定额制定的是否合理？"

（4）随机化回答方法。该方法是建立在不暴露被调查者对问题的直接回答的基础上，对于某个要调查的敏感性问题，列出正反两个问题，由被调查者从中随机抽取一个来回答。被调查者抽选到哪个问题来回答，并不告诉调查人员，回答的内容是把抽到的问题与被调查者的实际情况相对照，只回答"是"或"否"。这样调查人员就不知道被调查者在回答哪一个问题，从而为被调查者提供真实情况起到了保密的作用。

◎想一想

怎样调查有多少大学生在考试中作弊？

第四节　数据质量

在统计数据的收集过程中，无论采用哪种调查方法，会由于种种原因导致我们收集的数据与未知的真实数据之间存在着差距，这种差距被称作统计数据的误差，简称误差。如果误差过大，就必然影响统计分析的质量和效果。因此，有必要按照统计数据的质量要求，对误差进行有效的控制。

一、数据误差的分类

误差的类型主要有抽样误差和非抽样误差两类。

（一）抽样误差

抽样误差是由抽样的随机性所带来的误差。其产生的主要原因有抽取样本时没有遵循随机原则、样本结构与总体结构的差异、样本量不足等。这类误差通常是无法消除的，但事先可以进行控制或计算。

（二）非抽样误差

非抽样误差是指在调查过程中由于调查者或被调查者的人为因素而造成的误差。调查者所造成的误差主要有调查方案中有关规定或解释不明确导致的填报错误、抄录错误、汇总错误等；被调查者造成的误差主要是因人为因素干扰而形成的有意虚报或瞒报，这种误差在统计调查中应予以特别重视。从理论上讲，非抽样误差是可以消除的。

◎**知识窗**

这是一个关于一次著名失败统计调查的故事，它一直是一个统计逸事。在1936年美国总统选举前，一份名为《读者文摘》（*Literary Digest*）的颇受人尊重的杂志进行了一次民意调查。调查的焦点当然是谁将成为下一届总统——是挑战者，堪萨斯州州长阿尔夫·兰登（Alf Landon），还是现任总统富兰克林·德拉诺·罗斯福（Franklin Delano Roosevelt）。为了解选民意向，民意调查专家根据电话簿和车辆登记簿上的名单给一大批人发了简单的调查表。尽管发出的调查表大约有1 000万份，但收回的比例并不高。在收回的调查表中，兰登非常受欢迎。于是，该杂志预测兰登将赢得选举。事实表明，最终是罗斯福而不是兰登赢得了这次选举。

◎**想一想**

（1）上述调查失败的原因是什么？

（2）假如你是一名入户调查员，调查内容是居民收入状况。当你面对拒访情况时，你会采用什么方式让受访者积极配合你回答问题呢？

二、数据的质量要求

数据的质量包括多方面的含义，它不仅仅是指数据本身的准确性或误差的大小。就一般的统计数据而言，可将其质量评价标准概括为六个方面：一是精度，即最小的抽样误差或随机误差；二是准确性，即最小的非抽样误差或偏差；三是关联性，即满足用户决策、管理和研究的需要；四是及时性，即在最短的时间取得并公布数据；五是一致性，即保持时间序列的可比性；六是经济性，即在满足以上标准的前提下，以最经济的方式取得数据。可见，统计数据的质量是多方面要求的综合体现。现在，人们对统计数据的质量提出了越来越高的要求，客观上要求我们在调查方案的设计、数据的收集、数据的处理与分析等各个环节中，都应注意保证数据的质量，以便得出切合实际的客观结论。

三、数据质量的控制

数据质量的控制实际上就是对数据误差的控制。提高数据的质量，就是将误差控制在一定水平下。不同的误差产生的原因不同，采取的对策也有所不同。

抽样误差是由抽样的随机性带来的，理论上，抽样误差的大小是可以计算的。要想缩小抽样误差，可以通过改进抽样方法、保证样本结构与总体结构一致、扩大样本量等措施来实现。

非抽样误差与抽取样本的随机性无关，是由多种原因造成的，因此控制起来比较困难。

一个好的调查问卷，可以有效地减少调查误差。问卷中题目的类型、提问的方式、使用的词汇和问题的组合等，都可能对被调查者产生某种微小的影响。而大量微小影响的累加是不可忽视的。搞好问卷设计是减小非抽样误差的一个方面。

非抽样误差控制的另一个重要方面是调查过程的质量控制，包括调查员的挑选、调查员的培训、督导员的调查专业水平、对调查过程进行控制的具体措施、对调查结果进行检验和评估、对现场调查人员进行奖惩制度等。目前在规范的专业性市场调查咨询公司，都有一些进行质量控制的规章制度和经验。

本章小结

（1）数据的来源有直接来源和间接来源，对于直接来源主要有普查、抽样调查、统计报表及各种调查方式。这些方法具有不同的特点、作用及局限性。因此，必须根据研究问题的特点及需要，正确地选择恰当的方式，才能搜集到所需数据。

（2）正确设计调查方案是顺利调查的保证，同时问卷的科学设计也是极为重要的。这样，可以使调查研究规范化、科学化、程序化。

（3）掌握统计数据的质量要求，在实际操作中能很好地控制抽样误差和非抽样误差这两种误差。

第三章

数据整理与显示

本章主要介绍了数据的预处理、整理及显示，包括数据的筛选、分组、频数分布和统计图表等。具体要求：①了解数据预处理的内容；②掌握数据整理的一般方法；③熟练掌握统计图表的绘制和使用。

我们调查收集来的数据往往是零散和不系统的。想要得到总体的特征规律，就需要对数据进行整理。例如，某市为了改进工作中的不足，更好地为百姓服务，希望了解当地居民对居住地社会治安状况的感受，同时分析社会治安中存在的问题，仅靠调查来的原始数据是难以对社会治安状况进行度量的，需要对所有数据进行整理，并将整理结果以表格和图形显示出来。

第一节　数据的预处理

数据的预处理是数据整理的前期工作，主要是在对数据分类或分组之前对原始数据所作的必要处理，包括数据的审核、筛选和排序等。

一、数据审核

在对统计数据进行整理时，首先需要进行审核，以保证数据的质量。数据审核一般包括完整性审核和准确性审核。

完整性审核主要是检查调查单位是否有遗漏，所有的调查项目是否填写齐全等。准确性审核主要包括逻辑性检查和计算性检查。逻辑性检查主要是从定性角度审核数据是否符合逻辑，内容是否合理，以及各项目或数字之间有无相互矛盾。例如，一个“年龄”为“28岁”的被访者其“职业”选项为“退休”就属于逻辑性错误。计算性检查就是审核调查表中各项数据的计算方法和结果有无错误。

二、数据筛选

数据筛选主要有两方面内容：一是将某些不符合要求的数据或有明显错误的数据予以剔除；二是将符合某种特定条件的数据筛选出来。

【例 3-1】11 名学生 5 门课程的测试成绩数据如表 3-1 所示。试筛选在英语测试中成绩等于 85 分的学生；筛选出在语文测试中成绩前三名的学生；筛选出 5 门课程成绩都高于 70 分的学生。

表 3-1　11 名学生 5 门课程测试成绩数据表　　单位：分

姓名	英语	数学	语文	历史	地理	总成绩
戴慧	93	63	79	80	60	375
张山	76	65	93	74	68	376
苏志	70	78	66	90	73	377
魏伟	81	75	78	70	75	379
高强	85	71	86	74	68	384
王海	97	60	76	85	70	388
刘永	85	74	88	69	84	400
武书	78	75	78	91	88	410
郝伟	83	82	92	84	81	422
王美	86	91	83	81	87	428
李明	90	95	81	87	80	433

经过筛选，英语成绩等于 85 分的学生共有两人，分别是高强、刘永，如表 3-2 所示。

表 3-2　英语成绩为 85 分的学生课程测试成绩数据表　　单位：分

姓名	英语	数学	语文	历史	地理	总成绩
高强	85	71	86	74	68	384
刘永	85	74	88	69	84	400

语文成绩前三名的学生分别为张山、刘永、郝伟。筛选结果如表 3-3 所示。

表 3-3　语文成绩前三名的学生课程测试成绩数据表　　单位：分

姓名	英语	数学	语文	历史	地理	总成绩
张山	76	65	93	74	68	376
刘永	85	74	88	69	84	400
郝伟	83	82	92	84	81	422

筛选 5 门课程成绩都高于 70 分的学生。筛选结果如表 3-4 所示。

表 3-4　5 门课程成绩都高于 70 分的学生课程测试成绩数据表　单位：分

姓名	英语	数学	语文	历史	地理	总成绩
武书	78	75	78	91	88	410
郝伟	83	82	92	84	81	422
王美	86	91	83	81	87	428
李明	90	95	81	87	80	433

三、数据的排序

数据排序的目的是便于研究者通过浏览数据发现其特征或趋势，找到解决问题的线索。排序有升序与降序之分，有助于对数据检查、纠错，为分组或归类提供依据。

第二节　非数值型数据的整理

数据经过预处理后，便可以进一步做分类或分组整理。数据整理时，首先要明白我们所面对的数据类型。不同的数据类型，其处理方法是不同的。非数值型数据也叫定性数据，包括分类数据和顺序数据，主要进行分类整理。

一、分类数据的整理

分类数据本身就是对事物的一种分类，其规律是通过各组的频数或频率来体现的。

频数（absolute frequency）是落在某一特定类别（组）中的数据个数。把各个类别及其相应的频数全部列出，并用表格形式表现出来，就是频数分布（frequency distribution）。

频率（relative frequency）是各类别的频数与总频数之比，常用%表示。各类别频率之和等于 100%。

【例 3-2】为研究某专业毕业生就业去向，学校对该专业 30 名毕业生的就业类型记录如下：

企业	事业单位	研究生	企业	事业单位
研究生	企业	企业	研究生	企业
企业	事业单位	研究生	公务员	企业
事业单位	企业	企业	企业	企业
企业	研究生	企业	研究生	事业单位
研究生	企业	研究生	企业	研究生

观测上面的原始数据，我们很难直观得出不同就业类型的特征。但整理之后，通过绘制频数分布表，如表 3-5 所示，不同就业类型的情况就一目了然了。

表 3-5 某专业 30 名毕业生就业类型的频数分布

就业类型	人数/人	频率/%
研究生	9	30
企业	15	50
事业单位	5	16.67
公务员	1	3.33
合计	30	100

从表 3-5 所示的频数分布表中，可以很直观地看出，在记录的 30 名毕业生的就业类型中，企业所占比重最高，占总毕业生人数的 50%，公务员所占比重最低，占总毕业生人数的 3.33%。

二、顺序数据的整理

分类数据的整理方法同样适用于顺序数据。但需要注意的是，在整理顺序数据时，有时还需要计算累积频数(cumulative frequencies)或累积频率(cumulative percentages)。

累计频数是将各个类别的频数按顺序逐级累加起来得到的频数。频数的累积方法有向上累积和向下累积。向上累积是从变量值最小的一组频数开始，向变量值最大的一组进行频数累加。向下累积是从变量值最大的一组频数开始，向变量值最小的一组进行频数累加。

相应的累积频率也分为向上累积频率和向下累积频率。

【例 3-3】在对某市进行群众满意度调查时，随机选取了 50 名被调查者，他们针对居住地的社会治安状况的评价的原始记录如下：

满意	基本不满意	基本满意	一般	满意
满意	满意	一般	满意	一般
基本满意	一般	基本满意	一般	满意
一般	满意	满意	一般	不满意
不满意	满意	一般	基本满意	基本不满意
满意	满意	满意	基本满意	满意
基本不满意	满意	基本满意	不满意	满意
满意	基本满意	一般	满意	基本满意
基本满意	不满意	不满意	基本满意	一般
满意	一般	基本满意	满意	不满意

对上述数据进行整理，可以得到如表 3-6 所示的频数分布表。从分组汇总的结果上，我们很容易看到，50 名被调查者中认为“基本满意及以上”的人数为 30 人，占总人数的 60%，“一般及以下”人数为 20 人，占总人数的 40%。

表 3-6 50 名被调查者对居住地的社会治安状况的评价分组统计表

评价	频数/人	频率/%	累积频数（率）			
			向上累积		向下累积	
			频数/人	频率/%	频数/人	频率/%
不满意	6	12	6	12	50	100
基本不满意	3	6	9	18	44	88
一般	11	22	20	40	41	82
基本满意	11	22	31	62	30	60
满意	19	38	50	100	19	38
合计	50	100	—	—	—	—

第三节 数值型数据的整理

数值型数据还有一些特定的整理方法，这些方法并不适用于分类数据和顺序数据。

在整理数值型数据时通常用分组的方法。分组是根据统计研究的需要，将原始数据按照某种标准划分成不同的组别，形成分组数据（grouped data）。分组后再计算出各组的频数，就形成了频数分布表。数据分组的方法有单变量值分组和组距分组两种。

一、单变量值分组

单变量值分组是把每个变量值作为一组进行的分组，如表 3-7 所示。

表 3-7 某班级学生按年龄分组频数分布表

年龄/岁	人数/人	频率/%
18	6	20.00
19	20	66.67
20	4	13.33
合计	30	100.00

这种分组方法一般适合于离散型变量且变量值较少的情况。当变量值较多时，就应采用组距分组。

二、组距分组

组距分组是把全部变量值依次划分成若干区间，并将每一区间的变量值作为一组。在组距分组中，表示各组界限的数值称为组限，一个组的最小值称为下限（low limit），最大值称为上限（upper limit），如表 3-8 所示。

表 3-8 某公司 150 名员工月收入分组表

收入	人数/人	频率/%
3 000 元以下	17	11.33
3 000 ~ 4 000 元	32	21.33
4 000 ~ 5 000 元	48	32.00
5 000 ~ 6 000 元	25	16.67
6 000 ~ 7 000 元	15	10.00
7 000 ~ 8 000 元	9	6.00
8 000 元以上	4	2.67
合计	150	100.00

1. 组距分组的步骤

（1）确定组数。将一组数据分成多少组，这与数据本身特点及数据多少有关。组数太多或太少都会因分布过于分散或者过于集中而不利于观察数据的特征和规律，因此说组数的确定应以客观反映数据的分布特征和规律为目的。实际分组时，组数的确定可参考美国学者斯特杰斯（Sturges）的经验公式。

$$K = 1 + \frac{\lg N}{\lg 2} \approx 1 + 3.3 \lg N \tag{3-1}$$

式中，N 为数据个数；K 为组数，多取四舍五入的整数。

（2）确定各组的组距。当我们知道组数 K 时，组距是很容易测算出来的。

$$\text{组距} = \frac{\text{最大变量值} - \text{最小变量值}}{\text{组数}} \tag{3-2}$$

为了观察方便和便于计算，实际中组距多使用 5 或 10 的倍数。若出现小数取整时，数值只入不舍。表 3-8 中的 4 000 ~ 5 000 组中，4 000 和 5 000 分别为该组的下限和上限，组距是 1 000。各组上限与下限的中点称为组中值（class midpoint）。

$$\text{组中值} = \frac{\text{本组上限} + \text{本组下限}}{2} \tag{3-3}$$

如表 3-8 的第三组组中值 $= \frac{4\,000 + 5\,000}{2} = 4\,500$。用组中值代表各组的一般水平具有一定的假定性，即假定次数在各组内的分布是均匀的。

（3）整理汇总。各组的排列顺序通常是由小到大进行的。表 3-8 就是组距分组的结果。

◎知识窗

Sturges 公式不是通过严格的数学推导得到的结论，而是在实践过程中经过总结，得到的一个近似的结果，因此称为经验公式。实际应用时不可盲目按照此公式确定组数，还要根据组距多为 5 或者 10 的整数倍，来确定合适的组数。

2. 组距分组注意的问题

（1）穷举与互斥原则，又称“不重不漏”原则。穷举，即全部，一个不能漏。互斥，即没有交叉，不重复。

（2）上组限不在内原则。对于连续变量，我们需要使用重叠组限，此时每组组距为该组上限与下限之差。为统一，人们习惯上规定上组限不在内原则，以解决“不重”问题。例如，某位员工月收入正好为 5 000 元，那么他应该位于 5 000~6 000 元组，而不应被分在 4 000~5 000 元组中。当然，对于 4 000~4 999、5 000~5 999 元这样的分组就不存在这种问题，这种分组主要用于离散变量，对应的每组组距为该组上限与前一组上限之差，或该组下限与前一组下限之差。

（3）开口组问题。如果所有数据中存在极端变量值，为了避免出现频数为 0 的空白组或数值被漏掉，第一组和最后一组可以使用“××以下”或“××以上”，这样缺上限或者下限的组称为开口组。开口组的组中值计算公式为

$$\text{下开口的组中值} = \text{本组上限} - \frac{1}{2}\text{邻组组距} \tag{3-4}$$

$$\text{上开口的组中值} = \text{本组上限} + \frac{1}{2}\text{邻组组距} \tag{3-5}$$

（4）等距分组与不等距分组。等距分组就是各组的组距均相等，这种分组的优点是利于观察、比较和分析。表 3-8 由于各组组距相等，各组频数的分布不受组距大小的影响。

不等距分组又称异距分组，即只要有一组的组距与其他组不相等，这种分组更多考虑的是数据分布不均匀的特点。例如，通常将员工收入划分为 3 000 元以下、3 000~5 000 元、5 000~8 000 元、8 000 元以上。不等距分组各组的频数大小受阻距大小的影响，要对各组频数进行比较、分析，需计算点数密度，其作用是消除各组组距不相等对频数分布的影响。频数密度公式如下：

$$\text{频数密度} = \frac{\text{频数}}{\text{组距}} \tag{3-6}$$

（5）特殊情况的处理。统计分组的目的是反映现象的规律和特征，如果现象本身特点已非常明显，则无须计算组数和组距。例如，学生的考试成绩通常划分为 60 分以下、60~70 分、70~80 分、80~90 分、90 分以上。

◎想一想

分别在什么情况下采用等距分组、异距分组、开口式分组？

【例 3-4】某生产车间 50 名工人日加工零件数如下，试编制频数分布表。

117	122	124	129	139	107	117	130	122	125
108	131	125	117	122	133	126	122	118	108
110	118	123	126	133	134	127	123	118	112
112	134	127	123	119	113	120	123	127	135
137	114	120	128	124	115	139	128	124	121

第一步，对原始数据排序，找出最大值和最小值，计算全距。

$$R = x_{\max} - x_{\min} = 139 - 107 = 32$$

第二步，确定组数。

$$K = 1 + 3.3\lg 50 \approx 6.6$$

因此确定组数为 7。

第三步，确定组距。

$$d=\frac{R}{K}=32\div7=4.6$$

按照组距的确定原则，本例中组距可选取为 5。这样我们确定的七个组依次为 105~109、110~114、115~119、120~124、125~129、130~134、135~139。

第四步，汇总整理，得到频数分布表，如表 3-9 所示。

表 3-9　50 名工人日加工零件数频数分布表

日加工零件分组/个	工人人数/人
105 ~ 109	3
110 ~ 114	5
115 ~ 119	8
120 ~ 124	14
125 ~ 129	10
130 ~ 134	6
135 ~ 139	4
合计	50

当然，出于观察与计算的方便，更多时候我们会采用 105~110、110~115、115~120、120~125、125~130、130~135、135~140 的方式来进行分组，此时要注意遵循“上组限不在内”原则。

（三）频数分布类型

常见的频数分布曲线主要有对称（正态）分布、偏态分布等，如图 3-1 所示。

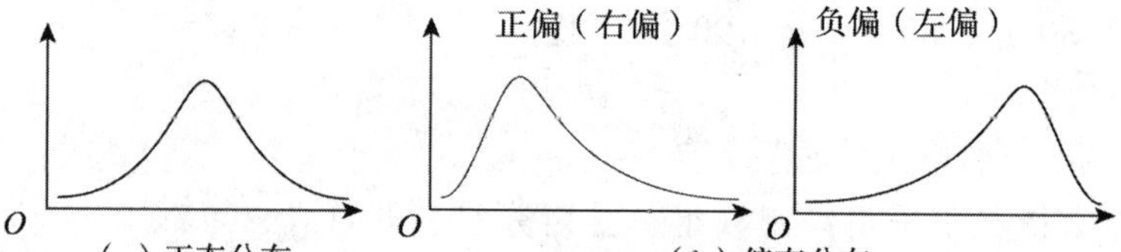

（a）正态分布　（b）偏态分布

图 3-1　常见的频数分布图

（1）正态分布是一种对称的钟形分布，生活中很多现象服从这种分布。例如，长度测量误差；一个地区同龄人群的身高、体重、肺活量；某地每年 7 月的平均气温、平均湿度、降水量等一般都服从正态分布，见图 3-1（a）。

（2）偏态分布是非对称的钟形分布，偏态通常分成正偏（右偏）和负偏（左偏）两种情形，见图 3-1（b）。一个国家或地区的收入多服从正偏分布；临床收集整理的冠心病、恶性肿瘤等病患者的年龄多为负偏分布。

除此之外，频数分布还有 J 形和 U 形分布。

第四节　数据的显示

文字报告、统计表和统计图是显示数据资料的三种主要形式。统计学中将数据分类汇总后，多用表格和图的形式展示频数的分布情况，这样更加生动、具体和形象。正确使用统计表和统计图是做好统计分析的最基本技能。

一、统计表

（一）统计表的构成

规范的统计表与一般的表格有所不同。是由纵横交叉的直线组成的左右两边不封口的表格，统计表的构成一般包括四个部分，见图 3-2。

表头

表 3-1　2014-2015 赛季 NBA 常规赛得分榜前 5 位球员技术统计

列标题

球员姓名	球队	场均得分	命中率/%
拉塞尔·威斯布鲁克	雷霆	28.1	42.6
詹姆斯·哈登	火箭	27.4	44.0
勒布朗·詹姆斯	骑士	25.3	48.8
安东尼·戴维斯	鹈鹕	24.4	53.5
德马库斯·考辛斯	国王	24.1	46.7

行标题　数字资料

资料来源：http://nba.sports.sina.com.cn/playerstats.php?dpc=1

表外附加

图 3-2　统计表的构成

（1）表头，应包括表号、总标题和计量单位等内容。总标题需要表明统计数据的时间、地点以及内容，写在表的上端正中位置。

（2）行标题和列标题，通常安排在表的第一列和第一行，用于表明所研究问题的类别和变量名称。若研究的是时间序列数据，行标题和列标题可以是时间。

（3）数字资料，即各横栏与纵栏的交叉处的数字。

（4）表外附加，主要包括数据来源、指标解释和必要的说明等，常放于表的下方。

（二）统计表的种类

（1）简单表。未经任何分组，仅仅罗列各单位名称或按时间顺序排列的表格，如表 3-10 所示。

表 3-10　2014 年年末山东省、河南省和江苏省人口数统计表

省份	人数/万人	较上年增长/%
山东省	9 789	0.58
河南省	9 436	0.24
江苏省	7 960	0.26

（2）简单分组表。按照某一个标准进行分组的统计表，如表 3-11 所示。

表 3-11　2014 年年末我国城乡人口数统计表

分组	人数/万人	占比/%
城镇	74 916	54.77
乡村	61 866	45.23
合计	136 782	100.00

（3）复合分组表。按两个或两个以上标准进行分组的统计表，如表 3-12 所示。

表 3-12　2014 年年末山东省、河南省和江苏省城乡人口数统计表

分组	人数/万人	占比/%
山东省	9 789	100.00
城镇	5 385	55.01
乡村	4 404	44.99
河南省	9 436	100.00
城镇	4 265	45.20
乡村	5 171	54.80
江苏省	7 960	100.00
城镇	5 191	65.21
乡村	2 769	34.79

（三）统计表的设计

由于使用者的目的以及统计数据的特点不同，统计表的设计在形式和结构上会有较大差异，但设计上的基本要求则是一致的。统计表的设计应遵循科学、实用、简明、美观的原则，具体设计时应注意以下几方面。

（1）总标题要简明扼要，并能确切说明表中的内容。

（2）统计表上下两端的端线应当用粗线绘制，表中其他线条一律用细线绘制，表的左右两端习惯上均不画线，采用开口式。

（3）数字资料应有计量单位。如果整个表中的计算单位都是相同的，应在表的右上角注明，否则，应在各栏标题中分别注明。

（4）表中的横栏“合计”，一般置于最后一列，表中纵栏的“合计”一般置于最后一行。表中的数据一般是右对齐，有小数点时应以小数点对齐，而且小数点的位数应统一。对于没有数字的单元格，一般用“—”表示，一张填好的统计表不应出现空白单元格。

（5）必要时可在表的下方加上注释，特别要注明数据来源，以表示对他人劳动成果的尊重，以备读者查阅使用。

（6）为了美观，统计表的长宽比例应该协调，尽量避免长宽相等或过细、过扁的统计表。

二、统计图

统计图是统计资料的一种常用表达方式。它是利用几何图形（点、线、面）或其

他图形把所研究对象的特征、内部结构等相互关联的数量关系绘制成简明、生动的图形。用统计图表示数量关系形象、直观、生动，可以使人们一目了然地认识客观事物的状态、形成、发展趋势或在某地区上的分布状况等，因此在经济管理工作中使用非常广泛。

（一）统计图的设计

借助于计算机可以很容易绘制出漂亮的图形。规范的统计图的设计仍以“科学、实用、简洁、美观”为原则，以能够清晰地显示数据、合理地表达统计目的为依据。绘制统计图时应注意以下五点。

（1）数据轴刻度设计应从“0”开始，不要过疏或过密，尽量设计出易于观察和比较的“5”和“10”的整数倍数，不宜使用小数。

（2）图形的长宽比例要适当，一般应绘成横轴略大于纵轴的长方形，其长宽比例大致为 10∶7。

（3）使用线条的粗细、色彩的深浅以及线纹的疏密来体现资料的主次。

（4）图心区应不小于整个图幅的 1/2。

（5）图题、图例多放在图的下方。

◎知识窗

爱德华·R. 塔夫特（Edward R. Tufte）是耶鲁大学统计学和政治学退休教授，其奠定了视觉化定量信息的基础。他在著作《定量信息的视觉显示》（*The Visual Display of Quantitative Information*）中使用“图优性”（graphical excellency）来描述一个好图。图优性是指图能够在最短的时间内，用最少的笔墨，在最小的空间里，给观众最多的思想。在塔夫特看来，一个好图能够把复杂的思想在图中清楚、准确、有效地表达出来。

（二）常用的统计图

统计图的种类很多。根据数据类型的不同，以及要反映内容的需要，我们可以选取合适的统计图对数据进行显示。

1. 条（柱）形图

对于分类数据、顺序数据及离散型数据，在对数据进行整理，得到相应的频数分布表后，可以使用条（柱）形图进行显示。在条形图中，通常用纵轴表示类别，用条形的长度表示各类数据的频数，而在柱形图中则刚好相反。如图 3-3 中，用立体柱形图对例 3-2 中的数据进行了显示，从图中可以很直观地看出不同就业类型的就业人数差异。

2. 饼形图

饼形图主要用于反映现象的内部结构情况，以扇形面积的大小代表组或类别出现的频率。图 3-4 为某专业 30 名毕业生就业类型的立体饼图。

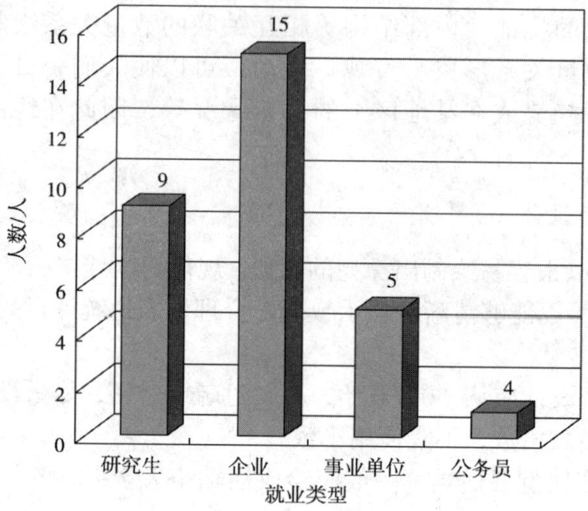

图 3-3　某专业 30 名毕业生就业类型的频数分布

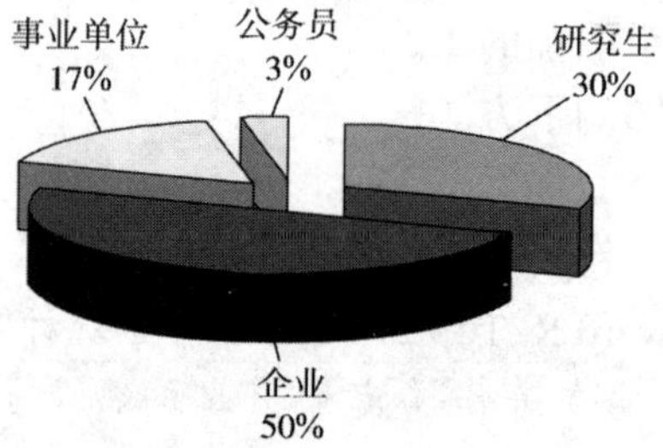

图 3-4　某专业 30 名毕业生就业类型的构成情况

3. 累积频数分布图

绘制累积频数分布图时，横坐标仍然采用分组，但纵坐标为各组相应的累积频数。例如，图 3-5 就是根据表 3-6 资料绘制的 50 名被调查者对居住地的社会治安状况评价的累积频数分布图。

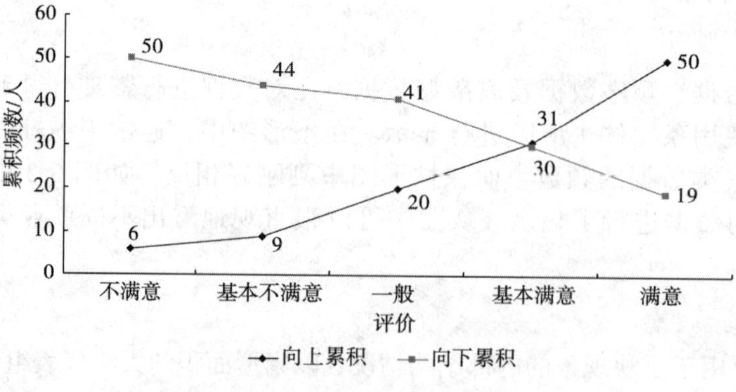

图 3-5　50 名被调查者对居住地的社会治安状况评价的累积分布图

4. 帕累托图

帕累托图（Pareto diagram）是根据频数和累积频率绘制的条线结合统计图。条形一般按频数最大的类到频数最小的类依次排列，曲线则用于表现累积频率。通过帕累托图，可以发现或判断少数关键的影响因素，因此这种图形很多时候用于查找影响因素、进行质量控制等方面。图 3-6 为产品质量不合格因素的帕累托图。

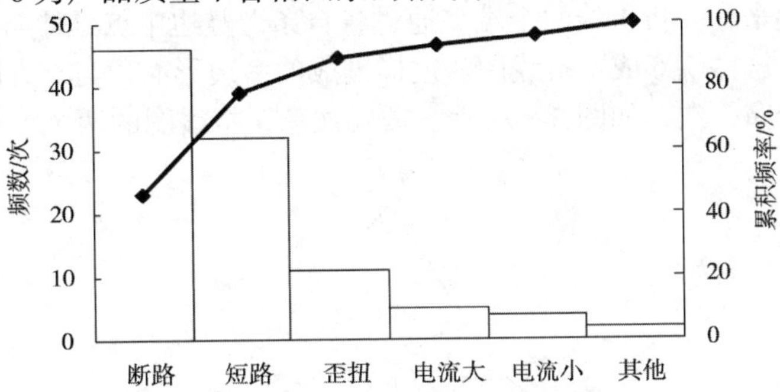

图 3-6　产品质量不合格因素分布图

◎**知识窗**

帕累托图又叫排列图、主次图，是以意大利经济学家维弗雷多·帕累托（Vilfredo Pareto，1848—1923）的名字命名的。帕累托对经济学、社会学和伦理学做出了很多重要的贡献，特别是在收入分配的研究和个人选择的分析中。他提出了帕累托最优的概念，并用无差异曲线来帮助发展了个体经济学领域。帕累托因对意大利 20%的人口拥有 80%的财产的观察而闻名，后来被概括为帕累托法则（20/80 法则），主要著作有《政治经济学讲义》《政治经济学提要》《普通社会学》《社会主义体系》。

5. 直方图

以上介绍的条（柱）形图、饼图及累积分布图等都适用于数值型数据，但更多情况下，对数值型数据分组显示时会采用直方图。

直方图（histogram）主要用于展示数值型数据的频数分布。一般绘制直方图方法较为简单，只要把握直方图的基本构成要素，按照前面条（柱）形图的绘制步骤，最后调整条形的间距为 0 即可。以例 3-4 的资料为例，绘制 50 名工人日加工零件数直方图，见图 3-7。

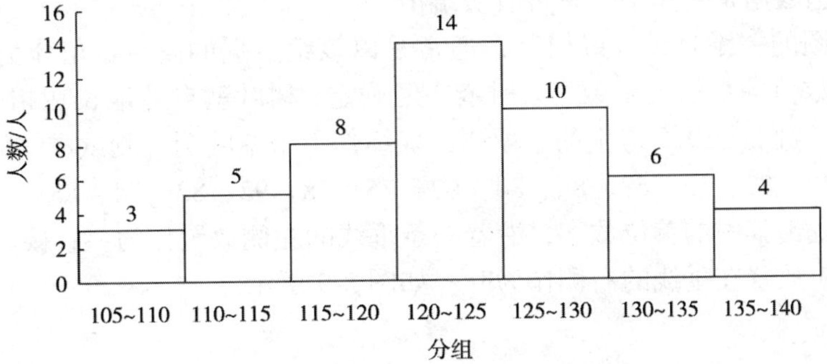

图 3-7　50 名工人日加工零件数直方图

◎**想一想**

直方图和柱形图有什么区别？

6. 折线图

折线图（frequency polygon）也称频数多边形图。在直方图的基础上，把条形顶部的中点用直线连接起来，并将折线两个端点通过各自条形竖边中点延伸与横轴（x轴）交接形成一个多边形，这样就形成了折线图。这样围成的多边形面积与直方图面积相等，表示两种图式的频数分布一致，如图 3-8 所示。需要注意，折线图的两个终点要与横轴相交。

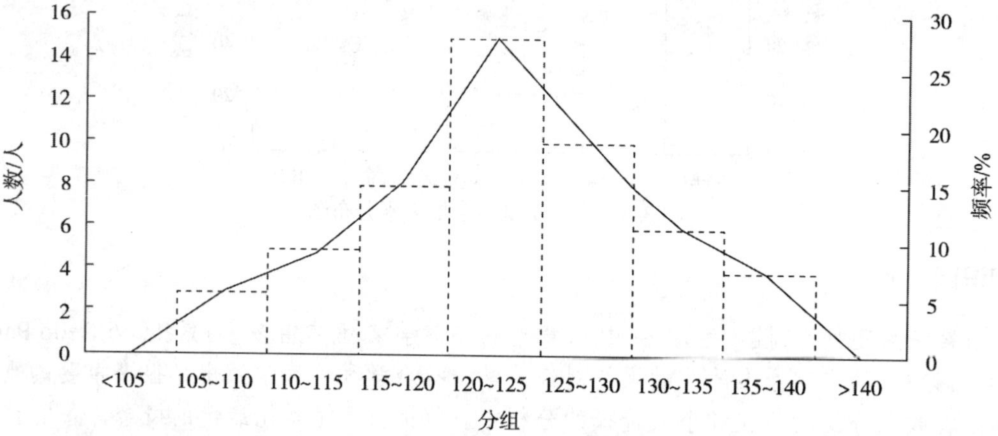

图 3-8 50 名工人日加工零件数折线图

当所分的组数很多时，组距会越来越小，这时所绘制的折线图就会越来越光滑，逐渐形成一条较为平滑的曲线，这就是频数分布曲线。频数分布曲线在统计学中有着十分广泛的应用，是描述数据分布规律的有效方法。

7. 茎叶图

茎叶图（stem-and-leaf display）是图解技术和分拣技术的一种结合，由“茎”和“叶”两部分构成，其图形是由数字组成的。每个数值被分为两部分：头几位数字变为茎，后几位数字变为叶。通过茎叶图，可以看出未分组原始数据的分布形状及数据的离散状况，如分布是否对称、数据是否集中、是否有极端值等。

绘制茎叶图的关键是设计好树茎，通常是以该组数据的高位数值作为树茎，而且树叶上只保留该数值的最后一个数字。树茎一经确定，树叶就自然地长在相应的树茎上了。

【例 3-5】我们对 19 个考生的某项测试成绩作一个茎叶图。测试成绩为 76、74、82、96、66、76、78、72、52、68、86、84、62、76、78、92、82、74、88。

首先我们找出其中的首位数字，沿着一条垂线的左侧放置作为茎；接下来把所有数值第二位数字对应放置在垂线的右侧作为叶，如图 3-9 所示。

树茎	树叶								数据个数
5	2								1
6	2	6	8						3
7	2	4	4	6	6	6	8	8	8
8	2	2	4	6	8				5
9	2	6							2

图 3-9　考生测试成绩茎叶图

从图 3-9 中我们很容易看到考生的成绩集中在 70~80。

茎叶图类似于横置的直方图，与直方图相比，一张茎叶图包含了直方图中的全部信息。它既能给出数据的分布状况，又保留了原始数据信息，而直方图则不能。一般而言，我们所研究的观察值比较少时，采用茎叶图比较方便，而当我们所研究的观察值比较多时，采用直方图比较好。

8. 箱线图

对于一组数据，统计上也称为一个数据“批”（batch），或单批数据，而多组数据也称为多批数据。对于单批数据，我们可以绘制简单箱线图（box plot）；对于多批数据，我们可以绘制比较箱线图。通过箱线图，不仅可以反映出一组数据的分布特征，还可以进行多组数据分布特征的比较。

（1）单批数据箱线图。箱线图是由一组数据的 5 个特征值绘制而成的，它由一个箱子和两条线段组成。其绘制方法是，首先找出一组数据的 5 个特征值，即数据的最大值 max 、最小值 min 、中位数 M_e 、下四分位数 Q_L 和上四分位数 Q_U ；然后，连接两个四分位数画出箱子；最后将两个极值点与箱子相连接。

例如，对于例 3-5 中 19 名考生的成绩数据，最大值 max =96；最小值 min =52；中位数 M_e =76；下四分位数 Q_L =72；上四分位数 Q_U =84。绘制的箱线图如图 3-10 所示。

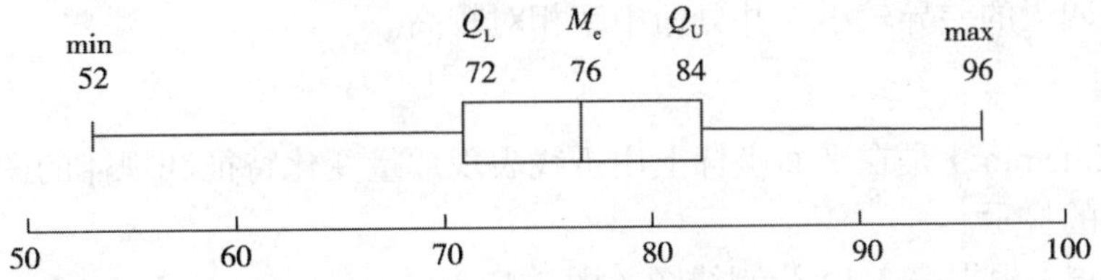

图 3-10　考生测试成绩箱线图

（2）多批数据箱线图。对于多批数据，可以将各批数据的箱线图并列起来，从而进行分布特征比较。需要指出的是，箱线图可以由统计软件，如 Statistica 直接生成，但在 Excel 中就比较麻烦。

【例 3-6】某篮球队 11 名球员在 7 天训练中的投篮命中率（表 3-13），可以使用多批数据箱线图进行显示，见图 3-11。

表 3-13 11 名队员 7 天的投篮命中率

队员编号	第一天	第二天	第三天	第四天	第五天	第六天	第七天
A01	76	65	93	74	68	70	55
A02	90	95	81	87	75	73	91
A03	97	51	76	85	70	92	68
A04	71	74	88	69	84	65	73
A05	70	78	66	90	73	78	84
A06	93	63	79	80	60	87	81
A07	86	91	83	77	76	90	70
A08	83	82	92	84	81	70	69
A09	78	75	78	91	88	66	94
A10	85	71	86	74	68	79	62
A11	81	55	78	70	75	68	71

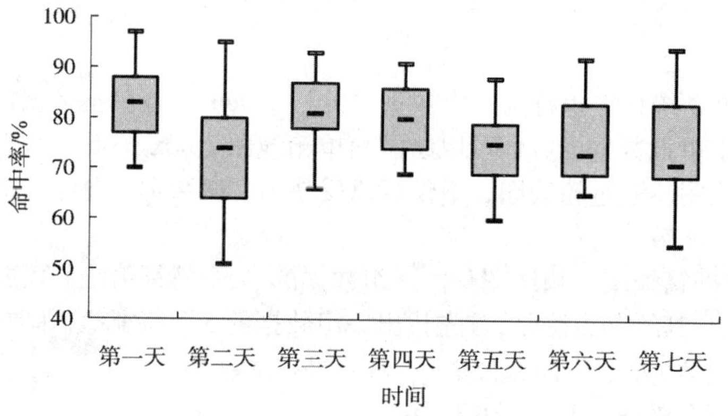

图 3-11 11 名队员 7 天投篮命中率的箱线图

从图 3-11 可以清楚地看出，11 名队员在第二天、第七天的投篮命中率差异较大，在第一天和第四天的差异较小，并且命中率相对较高。

9. 线图

线图（line plot）是在平面坐标上用折线表现数量变化特征和规律的图形，通常用于时间序列数据的显示。

【例 3-7】根据表 3-14 绘制线图（图 3-12）。

表 3-14 2014 年 1～12 月北京与上海房屋销售价格指数（同比）表 单位：%

月份	1	2	3	4	5	6	7	8	9	10	11	12
北京	100.4	100.2	100.4	100.1	100.2	100.1	99	99.1	99.3	98.9	99.8	99.8
上海	100.5	100.4	100.4	100.3	99.7	99.4	98.8	98.9	99.1	99.4	99.6	99.7

资料来源：国家统计局（网）

从图 3-12 可以清楚地看出，2014 年 1~4 月北京房屋销售价格指数低于上海，但 4 月以后（10 月除外）就高于上海房屋销售价格指数。

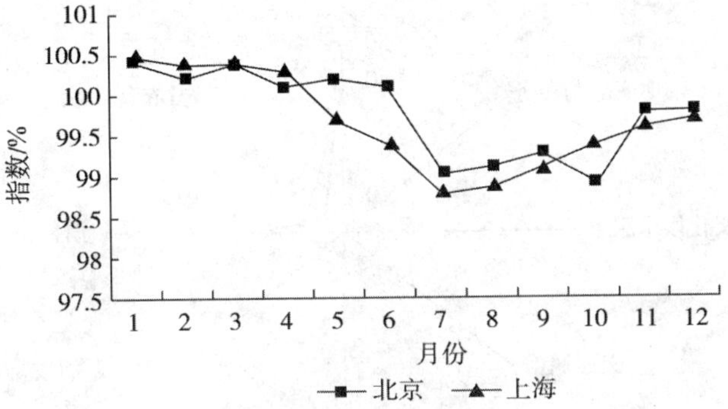

图 3-12　北京与上海房屋销售价格指数线图

◎**想一想**

线图与折线图有什么区别?

10. 雷达图

雷达图（radar chart）主要用于多变量数据的显示与比较，也可以研究多个样本之间的相似程度。

【**例 3-8**】2014 年某地城乡居民家庭的平均每人各项生活消费支出构成数据如表 3-15 所示。试绘制雷达图（图 3-13）。

表 3-15　2014 年某地城乡居民人均生活消费结构表　单位：%

项目	城镇居民	农村居民
食品	37.89	43.67
衣着	10.37	5.79
居住	10.19	18.54
家庭设备用品及服务	6.16	4.76
医疗保健	6.99	6.72
交通通信	12.60	9.84
教育文化娱乐服务	12.08	8.59
杂项商品与服务	3.72	2.09
合计	100	100

从图 3-13 中我们可以清楚地看到，该地区城乡居民家庭的消费具有很大的相似性，即食品支出比重最大，杂项商品与服务支出最小。而且，除居住（统计口径问题）和食品支出外，城市的消费支出水平普遍高于农村。

每一种图都有自己的优点与不足，很难适合于显示所有资料。例如，显示结构方面的数据资料最好选择圆（或饼）形图；显示大小、长短方面的数据资料最好选择条（柱）形图；显示变量分布情况的数据资料最好选择直方图；显示有时间变化方面的数据资料最好选择线图；显示多变量比较方面的数据资料最好选择雷达图；等等。总之，对于某一特定的数据，我们应该选择一个最恰当的图予以显示。

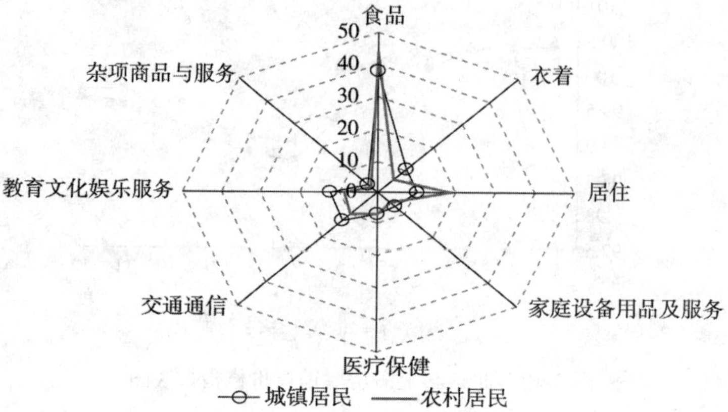

图 3-13 城乡人均生活消费支出雷达图

本 章 小 结

本章介绍了数据处理和图表显示的基本方法和技术。

（1）非数值型数据（分类数据和顺序数据）本身就是分类的，因此这类数据处理主要是在分类的基础上计算各类别的频数、频率等，以形成分析所需要的频数分布表。

（2）数值型数据的处理主要是进行分组。分组依次要经过确定组数、确定组距和汇总，最后整理成频数分布表。

（3）为了观察、分析方便，直观形象，数据整理后经常使用统计图对整理后的资料进行展示。常用的统计图有直方图、条形图、饼图和线图，还有一些稍微复杂的统计图，如条线图、茎叶图、箱线图和雷达图等。

（4）统计图表是显示统计资料的常用手段。图表的种类很多，大多都可以借助 Excel 来实现。除了习惯上的基本要求以外，统计图表的总体设计原则是“科学、实用、简明和美观”。

第四章

数据分布特征的测度

本章介绍了统计分析中运用广泛的描述统计方法，这些方法对于以后各章的学习非常重要。具体要求：①掌握数据集中趋势的测定方法并加以正确应用；②掌握数据离散程度的测定方法并加以正确应用；③了解峰度和偏度及其应用；④能够运用 Excel 软件实现描述统计的各种方法的计算，并能正确理解并解释计算结果的实际意义。

➢阅读案例

莎士比亚著作的质疑

几个世纪以来，学者们怀疑是否是莎士比亚写下了许多记在他名下的精彩绝伦的戏剧和诗句。怀疑产生的原因，部分是因为人们认为莎士比亚这个历史人物是乡间的、没文化的，而且也未被发现他取得过如此巨大的成功。

一些专家用统计分析方法帮助莎士比亚得到了他的应得之物，这种统计方法依赖于众数。在 3 年的时间中，一个由 Claremont 学院本科学生组成的莎士比亚诊所（Shakespeare clinic），运用统计方法对 58 个与莎士比亚同时代的作家进行分析，以确定谁的写作风格与莎士比亚作品的风格最相近。他们从这 58 个作家的作品中选取片段，并将其分成 500 字一段的小段，考察了 52 个关键字的出现频数，并找出其众数，得到了各个作家的主要特征。研究结束时，27 个备选者的诗中没有一个能通过众数检验。这些明显的事实证明，就是莎士比亚写下了他本人的诗篇。

资料来源：Elliot W，Valenza R. Who is the author of the complete works of Shakespeare. Chance，1991，4：8-14

第三章介绍了整理后的数据可以使用图表显示，就此仅可以对数据本身及其分布形状的特征有一个简单、直观的描述。要进一步清晰地掌握数据分布特征的具体表现，还需要对数据进行必要的测度。本章我们将介绍集中趋势、离散程度、分布形态等的数值测度。

第一节 分布的集中趋势

集中趋势（central tendency）是指一组数据向其中心值靠拢的倾向和程度。测度集中趋势就是寻找该组数据的代表值或中心值，以反映该组数据的一般水平。不同类型的数据采用不同方法测度。

◎知识窗

阿道夫·凯特勒（Adolphe Quetelet，1796—1874），比利时统计学家、数学家、天文学家、物理学家，国际统计会议之父、近代统计学之父、数理统计学派创始人。凯特勒发现那些表面上似乎杂乱无章、偶然性占统治地位的社会现象，如同自然现象一样也具有一定的规律性。他认为统计学不仅要记述各国的国情，研究社会现象的静态，而且要研究社会生活的动态和社会现象背后的规律性。凯特勒的这一思想为近代统计学的科学化奠定了基础。他还认为社会现象背后的这种规律性是社会内在固有的，而不是"神定秩序"，人们可以通过计算统计指标来揭示这些规律。"在我们对于多数人进行观察的时候，人的意志就平均化起来，并且不留任何显著的痕迹。所有部分意志的作用和纯粹受偶然原因所制约的各种现象一样，即它们被中和或抵消了。"这就是凯特勒著名的"平均人"思想。

据他研究，社会上所有的人同"平均人"的偏差越小，社会上的矛盾也就越缓和。而文化上的正面引导，则可以减少每个人与"平均人"的偏差，从而减少犯罪的发生。凯特勒的"平均人"思想在历史上影响很大。马克思在其《资本论》一书中也曾运用过这种思想。

一、众数

众数（mode）是指一组数据中出现次数最多的变量值，用 M_o 表示。从数据分布的角度看，众数是具有明显集中趋势点的数值，一组数据分布的最高点所对应的数值即为众数。当然，如果数据的分布只有一个最高点，众数只有一个；如果数据的分布没有明显的最高点，众数不存在；如果有多个最高点，也就有多个众数。因此，众数具有不唯一性。

一组数据为 10、5、9、12、6、8、4、7、3、2。这组数据无众数。

一组数据为 6、5、6、10、5、5、4、7、3、4。这组数据有一个众数，即 5。

一组数据为 25、28、28、36、42、42、45、37、28、42。这组数据有两个众数，即 28 与 42。

众数一般用来描述分类数据的集中趋势，如研究性别的构成、不同品牌商品的市场占有率等，这里的"性别""商品品牌"为分类变量；女性、男性、不同品牌的名称就是变量值。如果对学生是否在网上购物的性别进行调查，得知网上购物学生中"女性"的人数最多，则"女性"就是众数。

同样，众数也可用于顺序数据和数值型数据集中趋势的描述，图 4-1 是市场营销专业 2010 级 107 名同学身高的直方图，我们看到，该专业同学身高的分布主要集中在 165~170 厘米，则学生身高的众数就在该组。当然，具体数值是多少，可以取其组中值 167.5 厘米作为学生身高的众数。此外，也可以通过公式计算得到。

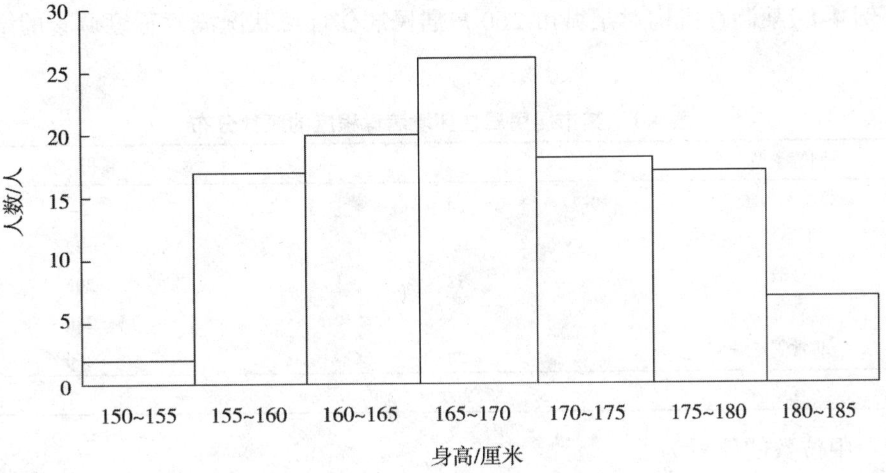

图 4-1　市场营销专业 107 名同学的身高分布

◎**想一想**

对于组距式分组数据，如何计算众数？试推导出其计算公式。

众数是根据众数所在的频数或频率分布信息来确定数据中心点位置的，因此，众数是一种位置代表值，同时不受极端值的影响。应用场合比较有限。

◎**想一想**

如果你是生产商或经销商，确定生产产品数量或购进商品数量时，应该采用什么方法？

二、中位数

中位数（median）是一组数据按一定顺序排序后，处于中间位置上的变量值，用 M_e 表示。显然，中位数将全部数据等分成两部分，以中位数为中心，有 50%的数据比中位数大，有 50%的数据则比中位数小，所以，中位数可以反映出一组数据的中心位置。

顺序数据是排序后的数据，体现了中位数对于数据要求的特征，故中位数最适合的数据类型是顺序数据，当然也可用数值型数据，但不能用于分类数据。

1．顺序数据中位数的确定

对于顺序数据，中位数需要根据累积频数来确定。

中位数所在位置的计算公式为

$$中位数位置=\frac{n}{2} \tag{4-1}$$

式中，n 为数据个数。

根据式（4-1）计算出中位数所在的位置，在累积频数中找到接近并包含其在内的那个位置，即为中位数所在的位置，该位置所对应的变量值就是中位数。

【例 4-1】某调查机构对某城市 260 户居民居住环境状况满意程度调查的结果如表 4-1 所示。

表 4-1 某市居民居住环境满意程度的频数分布 单位：户

回答类型	户数	累积户数
非常不满意	24	24
不满意	108	132
一般	73	205
满意	35	240
非常满意	20	260
合计	260	—

解：中位数的位置为

$$中位数位置=\frac{n}{2}=\frac{260}{2}=130$$

从累积户数看，132 接近 130 并包含 130，故中位数在累积户数 132 所对应的这一组，即中位数在“不满意”这一组别中。因此

$$M_e=不满意$$

2．数值型数据中位数的确定

根据未分组数据计算中位数时，要先对数据排序，然后确定中位数的位置。其公式为

$$中位数位置=\frac{n+1}{2} \tag{4-2}$$

式中，n 为数据的个数。

当 n 为奇数时，处在中间位置上只有一个变量值，则该变量值就是中位数；当 n 为偶数时，处在中间位置上有两个变量值，则这两个变量值的简单算术平均数就是该组数据的中位数。

【例 4-2】现从 2013 级计算机专业的学生中，随机抽取 9 人组成一个样本，他们的月生活消费支出如下（单位：元）。

原始数据：	1 500	1 750	2 000	1 080	1 850	1 160	1 980	1 250	1 630
排　序：	1 080	1 160	1 250	1 500	1 630	1 750	1 850	1 980	2 000
位　置：	1	2	3	4	5	6	7	8	9

$$中位数位置=\frac{n+1}{2}=\frac{9+1}{2}=5$$

第 5 个位置对应的变量值即是中位数。

$$M_e=1\,630（元）$$

计算结果表明，这 9 名学生的月生活消费支出为 1 630 元。

【例 4-3】现从 2013 级计算机专业的学生中，随机抽取 10 人组成一个样本，他们的月生活消费支出如下（单位：元）。

排序：1 080　1 160　1 250　1 500　1 630　1 750　1 850　1 980　2 000　2 000

位置：　1　　2　　3　　4　　5　　6　　7　　8　　9　　10

$$中位数位置=\frac{n+1}{2}=\frac{10+1}{2}=5.5$$

中位数在顺序数列的第 5 和第 6 个位置的中间，故还需对第 5 个位置对应的变量值和第 6 个位置对应的变量值加以平均计算得出中位数。

$M_e=\frac{1\,630+1\,750}{2}=1\,690(元)$ 计算结果表明，这 10 名学生的月生活消费支出为 1 690 元。

对于组距式分组数据，可以根据公式计算得到。

◎想一想

对于组距式分组数据，如何计算中位数？试推导出其计算公式。

此外，中位数还具有一个优良的数学性质，就是各变量值与中位数的离差绝对值之和最小，即

$$\sum_{i=1}^{n}\left|x_i-M_e\right|=\min$$

该性质表明，中位数与各数据的绝对距离之和最短，这在工程设计、城市规划、网点布局等方面有一定的应用价值。

三、分位数

中位数是从中间点将全部顺序数据等分为两部分。依据中位数的思想，可以将顺序数据不断等分，与中位数类似的还有四分位数、十分位数和百分位数等，统称为分位数（quantile）。它们分别是用三个点、九个点和九十九个点将数据四等分、十等分和一百等分后各分位点上的值。分位数比中位数能够反映出更多数据的信息。这里只介绍四分位数的计算，其他分位数与之类似。

四分位数就是一组数据排序后处于 25%和 75%位置上的值，也称四分位点。

四分位数是通过三个点将全部数据等分为四部分，其中每部分包含 25%的数据。很显然，中间的四分位数就是中位数，处于 25%位置上的分位数称为下四分位数，处于 75%位置上的分位数称为上四分位数。与中位数的计算方法类似，根据未分组数据计算四分位数时，首先对数据进行排序，然后确定四分位数所在的位置。

设下四分位数为 Q_L，上四分位数为 Q_U，对于未分组的原始数据，各四分位数的位置分别为

$$Q_L的位置=\frac{n+1}{4} \tag{4-3}$$

$$Q_U的位置=\frac{3(n+1)}{4} \tag{4-4}$$

当四分位数的位置不在某一个具体数值所对应的位置上时，可根据四分位数的位置，按比例分摊四分位数两侧的差值。

【例 4-4】根据例 4-3 中 10 名计算机专业的学生月生活消费支出的数据，计算其月生活消费支出的四分位数。

解：下四分位数的位置为

$$Q_L\text{的位置}=\frac{n+1}{4}=\frac{10+1}{4}=2.75$$

即 Q_L 在第 2 个数值（1 160）和第 3 个数值（1 250）之间的 0.75 的位置上，故

$$Q_L=1\,160+(1\,250-1\,160)\times 0.75=1\,227.5(\text{元})$$

上四分位数的位置为

$$Q_U\text{的位置}=\frac{3(n+1)}{4}=\frac{3\times(10+1)}{4}=8.25$$

即 Q_U 在第 8 个数值（1 980）和第 9 个数值（2 000）之间的 0.25 的位置上，故

$$Q_U=1\,980+(2\,000-1\,980)\times 0.25=1\,985(\text{元})$$

我们可以说，大约一半的毕业生，其月生活消费支出在 1 227.5~1 985 元。

四、均值

均值（mean）也称为算术平均数（arithmetic mean），代表一组数据的平均水平，是集中趋势的最常用测度值，是一组数据的均衡点所在。通常用 $\bar{x}$ 表示，读作 x-bar。根据掌握的数据不同，均值的计算应采用不同的方法。

1．简单均值的计算

对于未经分组的原始数据，均值的计算就是直接将一组数据的所有数值相加除以数值的个数，故称为简单均值。

设一组原始数据为 x_1，x_2，…，x_n，则均值 $\bar{x}$ 的计算公式为

$$\bar{x}=\frac{x_1+x_2+\cdots+x_n}{n}=\frac{\sum_{i=1}^{n}x_i}{n} \qquad (4\text{-}5)$$

式中，n 为数据的个数。

【例 4-5】一组由 10 个成年人某月上网时间组成的数据为 0、7、12、5、33、14、8、22、10、9（单位：小时），则这 10 人某月上网时间的简单均值为

$$\bar{x}=\frac{\sum_{i=1}^{n}x_i}{n}=\frac{0+7+12+5+33+14+8+22+10+9}{10}=12(\text{小时})$$

◎**想一想**

影响简单均值的因素有哪些?

2．加权均值的计算

根据整理后的分组数据，均值的计算就要以各组变量值出现的频数作为权数，即将各组变量值或组中值乘以各组权数加在一起，再除以频数之和，故称为加权均值。

设原始数据经过整理，分为k组，则各组的变量值或组中值为x_1，x_2，…，x_k，各组变量值相对应的权数或频数分别为f_1，f_2，⋯，f_k，加权均值为

$$\bar{x}=\frac{x_1f_1+x_2f_2+\cdots+x_kf_k}{f_1+f_2+\cdots+f_k}=\frac{\sum_{i=1}^{k}x_if_i}{\sum_{i=1}^{k}f_i} \tag{4-6}$$

式中，k为分组的组数；x_i为各组的变量值，如组距数据，则为各组组中值，且i=1，2，⋯，k；f_i为各组的权数，i=1，2，⋯，k。

◎**想一想**

加权均值中，权数的作用是如何体现的?

【**例 4-6**】某通信公司想知道新客户与本公司签约后的第一个月的账单情况。因此，该公司记录了 50 个固定电话新客户第一个月的电话清单（只包括打电话的费用），具体数据整理为表 4-2。根据此表资料计算平均电话费用。

表 4-2　50 个固定电话新客户的电话记录统计表

电话费用	户数 f /户	组中值 x	xf
20 元以下	2	10	20
20~40 元	8	30	240
40~60 元	16	50	800
60~80 元	20	70	1 400
80 元以上	4	90	360
合计	50	—	2820

根据式（4-6），将表 4-2 中有关数据代入该公式，得

$$\bar{x}=\frac{\sum_{i=1}^{k}x_if_i}{\sum_{i=1}^{k}f_i}=\frac{2\ 820}{50}=56.4(\text{元})$$

计算结果表明，50 个固定电话新客户第一个月电话清单的平均电话费用为 56.4 元。

实际上，我们可以将式（4-6）变形为如下形式：

$$\overline{x}=\frac{\sum_{i=1}^{k}x_if_i}{\sum_{i=1}^{k}f_i}=\sum_{i=1}^{k}x_i\frac{f_i}{\sum_{i=1}^{k}f_i} \tag{4-7}$$

式中，$\frac{f_i}{\sum_{i=1}^{k}f_i}$为各组的频率。

如果$\frac{f_i}{\sum_{i=1}^{k}f_i}$可以固定，即频数以固定权重出现，记$w_i=\frac{f_i}{\sum_{i=1}^{k}f_i}$，$\sum_{i=1}^{k}w_i=100\%$或1，式(4-7)可以表示为

$$\overline{x}=\frac{\sum_{i=1}^{k}x_iw_i}{\sum_{i=1}^{k}w_i} \text{或} \overline{x}=\sum_{i=1}^{k}x_iw_i \tag{4-8}$$

可见，加权均值计算结果的大小，不仅受各组变量值（x_i）大小的影响，而且受各组频数（f_i）或频率$\left(\frac{f_i}{\sum_{i=1}^{k}f_i}\right)$大小的影响。频率越大，相应的变量值所占的份额也越大，对均值的影响就越大；反之，频率越小，相应的变量值所占的份额也越小，对均值的影响就越小。这就是权数权衡轻重作用的实质，权数决定了均值所在的位置，即均值常常位于权数最大所对应的那个变量值附近。

当我们掌握的权数为频率时，可直接根据式（4-8）计算均值。在例4-6中，根据各组的频数计算的频率分别为0.04、0.16、0.32、0.4、0.08，各组频率之和为1，则用频率计算的加权均值为

$$\begin{aligned}\overline{x}&=\sum_{i=1}^{k}x_i\frac{f_i}{\sum_{i=1}^{k}f_i}=\sum_{i=1}^{k}x_iw_i\\&=10\times0.04+30\times0.16+50\times0.32+70\times0.4+90\times0.08\\&=56.4(\text{元})\end{aligned}$$

从计算结果看，用频率加权计算的结果与用频数加权计算的结果是一致的。

需要指出的是，当各组变量值出现的频数（f_i）或频率$\left(\frac{f_i}{\sum_{i=1}^{k}f_i}\right)$相等时，权数的作用就消失了，这就意味着各组变量值对总平均的结果所起的作用是一样的，此时，加权均值就等于简单均值。

◎想一想

简单均值与加权均值的区别与联系。

在社会经济统计中，我们还会遇到这样的情况，如某种蔬菜在不同的市场，其销售价格是不同的，甲市场每千克 5 元、乙市场每千克 5.5 元、丙市场每千克 6 元，若在上述 3 个市场各买 1 元该种蔬菜，则该种蔬菜的平均销售价格是多少？

根据常识，价格是销售额与销售量之比，这是算术平均数的计算。但在该问题中，销售量是未知的，因此，不能直接使用算术平均数的方法计算平均销售价格。这时只有求出销售量，才能计算出平均价格。销售量等于销售额除以销售价格，即 3 个市场该种蔬菜的销售量分别为 $\frac{1}{5}$、$\frac{1}{5.5}$、$\frac{1}{6}$，则

$$平均销售价格=\frac{销售额}{销售量}=\frac{1+1+1}{\frac{1}{5}+\frac{1}{5.5}+\frac{1}{6}}=5.47(元)$$

总结上式，计算平均价格的方法为先对价格求倒数得到销售量，然后再根据销售额除以销售量。对于任意变量而言，该计算方法为变量值倒数的算术平均数的倒数，即

$$\bar{x}=\frac{1+1+1}{\frac{1}{x_1}+\frac{1}{x_2}+\frac{1}{x_3}}=\frac{n}{\sum\frac{1}{x}} \tag{4-9}$$

式（4-9）称为简单调和平均数。

加权调和平均数的计算式为

$$\bar{x}=\frac{M}{\sum\frac{M}{x}} \tag{4-10}$$

上述问题中，如果购买金额不相等，则需要加权。

【例 4-7】已知某企业生产 3 种产品的单位成本和总成本的资料，欲计算 3 种产品的平均单位成本，需要采用加权调和平均数的方法。

表 4-3　某企业 3 种产品的单位成本和总成本的资料

产品名称	单位成本（x）/（元/件）	总成本（M）/元	产量 $\left(\frac{M}{x}\right)$/件
甲	35	7 700	220
乙	40	12 400	310
丙	46	4 600	100
合计	—	24 700	—

3 种产品的平均单位成本为

$$\bar{x}=\frac{M}{\sum\frac{M}{x}}=\frac{24\ 700}{630}=39.21(元)$$

该企业 3 种产品的平均单位成本为 39.21 元。

再如，某汽车需要在一定时间内行驶完385千米的路程。如果先以75千米/小时的速度行驶225千米，余下的160千米以80千米/小时的速度驶完，计算该汽车行驶的平均速度。

计算平均速度，需要知道行驶里程和行驶时间，这里缺少行驶时间，故需要采用调和平均数的方法。

$$\text{平均行驶速度}\ \bar{x}=\frac{M}{\sum\frac{M}{x}}=\frac{385}{\frac{225}{75}+\frac{160}{80}}=\frac{385}{5}=77（\text{千米/小时}）$$

◎想一想

算术平均数与调和平均数有什么样的关系？

3. 修整均值

均值是根据全部数据计算的，包含了所有数据的信息，这是均值的优点，但其最大的缺点是受极端值的影响。为了消除极端值的影响，而又不损失更多的信息量，可以采用修整均值（也称切尾均值）计算。这种集中趋势测度的方法在体育界、演艺界等各类比赛中得到广泛使用。

修整均值（trimmed mean）是指在顺序数据中，去掉前后两端若干个极端值后，根据剩下的中间数据计算的均值。

设一组顺序数据 $x_{(1)}$，$x_{(2)}$，…，$x_{(n)}$，为从小到大排序的数据，则修整均值的计算公式为

$$\bar{x}_a=\frac{x_{(na+1)}+x_{(na+2)}+\cdots+x_{(n-na)}}{n-2\times na} \tag{4-11}$$

式中，n 为数据的个数；a 为修整系数，通常的取值为 $0\leqslant a<\frac{1}{2}$；$x_{(1)}$，$x_{(2)}$,…，$x_{(n)}$ 为顺序数据的值。

数据两端切去几个极端值，取决于修整系数 a。

【**例 4-8**】在中央电视台举办的某届青年歌手大赛中，某场比赛9名评委给某位选手打出的演唱分数分别为8.8、9.0、9.4、8.9、8.0、9.1、8.9、8.5、9.2。

问该选手演唱的最后得分是多少？

解：这是修整均值典型的应用。

对得分结果首先进行排序，得8.0、8.5、8.8、8.9、8.9、9.0、9.1、9.2、9.4。

根据数据个数的多少，选择去掉最小值和最大值的个数。如数据较多，可以选择去掉多个最小值和最大值；数据较少，则选择去掉一个最小值和最大值即可。

本题中，只有9个数据，a 取 $\frac{1}{9}$，选择去掉一个最小值和最大值，通过式（4-11）得

$$\begin{aligned}\bar{x}_a &= \frac{x_{(na+1)}+x_{(na+2)}+\cdots+x_{(n-na)}}{n-2\times na}\\ &= \frac{x_{\left(9\times\frac{1}{9}+1\right)}+x_{\left(9\times\frac{1}{9}+2\right)}+\cdots+x_{\left(9-9\times\frac{1}{9}\right)}}{9-2\times 9\times\frac{1}{9}}\\ &= \frac{x_{(2)}+x_{(3)}+\cdots+x_{(8)}}{9-2}\\ &= \frac{8.5+8.8+8.9+8.9+9.0+9.1+9.2}{9-2}=8.91(\text{分})\end{aligned}$$

该选手演唱的最后得分是 8.91 分。

若 a 取 0，修整均值即为算术平均数；若 a 取 $\frac{1}{2}$，修整均值即为中位数。这是修整均值的两种特例。

五、几何平均数

如果我们所研究的变量表现为比率时，如某个时期的投资回报率、平均增长率，这时，就需要使用另一种测度方法——几何平均数，用 G 表示。

几何平均数（geometrical mean）是 n 个变量值连乘积的 n 次方根，可分为简单几何平均数和加权几何平均数，计算公式如下。

（1）简单几何平均数。

$$G=\sqrt[n]{x_1\times x_2\times\cdots\times x_n}=\sqrt[n]{\prod_{i=1}^{n}x_i} \tag{4-12}$$

（2）加权几何平均数。

$$G=\sqrt[\sum_{i=1}^{k}f_i]{x_1^{f_1}\times x_2^{f_2}\times\cdots\times x_k^{f_k}}=\sqrt[\sum_{i=1}^{k}f_i]{\prod_{i=1}^{k}x_i^{f_i}} \tag{4-13}$$

式中，x_i 为比率数据；$\prod$ 为连乘符号。

【例 4-9】某产品需经过三道工序连续加工才能完成，已知三道工序制品的合格率分别为 95%、90%、98%，求三道工序的平均合格率。

由于产品是由三道工序连续加工完成的，因此，三道工序总合格率是三道工序相应合格率的连乘积，求平均合格率应当用几何平均法。则三道工序平均合格率为

$$G=\sqrt[n]{\prod_{i=1}^{n}x_i}=\sqrt[3]{95\%\times 90\%\times 98\%}=94.28\%$$

注意：如果计算某种产品的平均废品率，不能直接对废品率进行计算，需要用“1–废品率=合格率”，根据合格率计算得到“平均合格率”，然后用“1–平均合格率=平均废品率”。

在实际生活中，通常用几何平均数来计算平均比率和平均速度。当所掌握的变量值本身是比率的形式，而且各比率的乘积等于总的比率时，就应采用几何平均法计算平均比率，如平均发展速度和平均增长速度。

【例 4-10】一位投资者持有一种股票，2010 年、2011 年、2012 年和 2013 年收益率分别为 4.5%、2.1%、25.5%、1.9%。该投资者在这 4 年内的平均收益率是多少？

由于每年投资收益的增加或减少都是在上年基础上产生的，因此，求平均收益率应当用几何平均法。

$$G=\sqrt[n]{\prod_{i=1}^{n}x_i}=\sqrt[4]{104.5\%\times102.1\%\times125.5\%\times101.9\%}=108.08\%$$

该结果包括了投资和收益两部分，并不是收益率，因此，还需将投资扣除，则 4 年的平均收益率为

$$\overline{G}=G-1=108.08\%-100\%=8.08\%$$

◎想一想

运用几何平均数求平均时，对数据的要求有哪些？

六、需要说明的几个问题

1．均值与众数、中位数的关系

均值与众数、中位数的关系取决于数据分布的状况。它们的关系如下。

（1）当数据具有单一众数且频数分布对称时，均值与众数、中位数三者完全相等，即 $\bar{x}=M_O=M_e$，三者关系如图 4-2 所示。

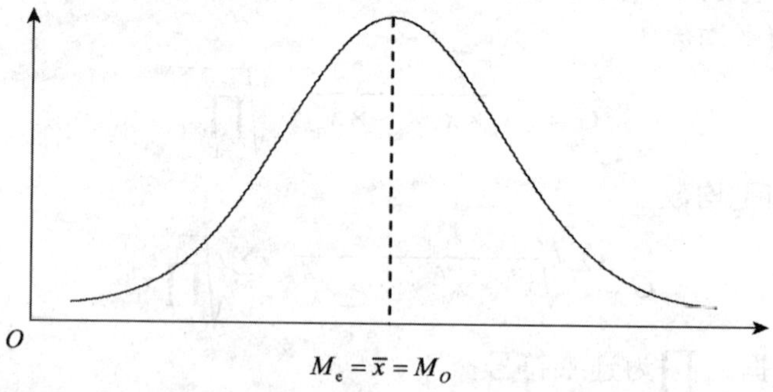

图 4-2　对称分布众数、中位数和平均数

（2）当频数分布呈现左偏态时，说明数据存在极小值，均值向极小值一方靠近，而众数和中位数由于是位置平均数，不受极值的影响，因此，三者之间的关系为 $\bar{x}<M_e<M_O$，这一关系如图 4-3 所示。

（3）当频数分布呈现右偏态时，说明数据存在极大值，均值向极大值一方靠近，则三者之间的关系为 $M_O<M_e<\bar{x}$，三者关系如图 4-4 所示。

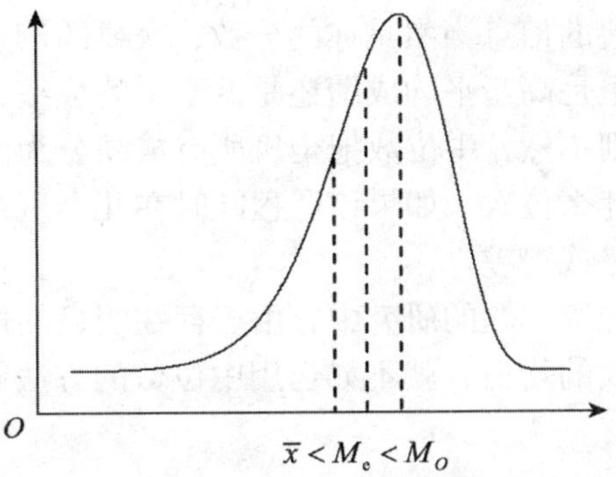

图 4-3　左偏分布时的众数、中位数和平均数

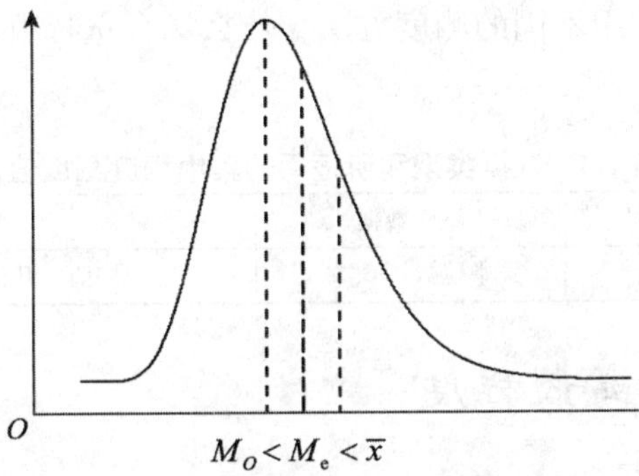

图 4-4　右偏分布时的众数、中位数和平均数

从上面的分析我们可以看出，当频数分布出现偏态时，极端值对均值产生很大的影响，而对众数、中位数没有影响，此时，用众数、中位数作为一组数据的中心值比均值有更好的代表性。

经验表明，当频数分布的偏斜程度不是很大时，无论是左偏还是右偏，众数与中位数的距离约为均值与中位数的距离的两倍，即

$$|M_e - M_O| \approx 2|\overline{x} - M_e| \tag{4-14}$$

根据上述关系，可以得

$$M_O \approx \overline{x} - 3(\overline{x} - M_e) \approx 3M_e - 2\overline{x} \tag{4-15}$$

对于一组数据，在已知两个平均值的情况下，可根据式（4-15）推算出另一个平均值。

2．均值、中位数和众数的应用

在选择中心位置的测度中，应该选择哪一种测度方法，需要考虑多个因素。均值是在数据分布较为均匀时候的最佳选择，但受极端值的影响极大，而中位数则不如均值对极端值敏感。例如，在例 4-5 中，均值是 12 小时，中位数是 9.5 小时。现在假设回答 33 小时的受访者回答 133 小时。这时上网时间的均值是 21 小时，而 10 个样本观测值中只有 2 个数值大于 21 小时，因而均值就变成对中心位置的一个较差的度量；然而中位数却保持不变。当出现极端值时，中位数是对数据中心值的一个较好的度量。

中位数还可以在另一场合下使用。假定你和你的同学参加了“统计学”考试，老师给

出了考试结果。对你最重要的信息当然是你的分数，次要的信息是你在全班中的位次。如果使用平均成绩，你只知道是高于平均成绩还是低于平均成绩，你的位次在哪里是无法获知的；而若你使用中位数则不然，中位数把全班所有成绩分为两半，这个信息可以告诉你位于哪一部分之中，处于什么位次。如果该课程同时在几个班级开设，比较每个班的均值可以判断哪个班的成绩最好或最差。

对收入分配、财产分配等问题的研究中，由于存在明显的极端值，特别是极大值，因此，运用受极端值影响较大的均值，就不如运用中位数的方法效果更好。

◎想一想

均值、中位数与众数的区别体现在哪些地方？

综上所述，不同场合使用不同的测度方法，什么场合选择哪种方法测定集中程度，可以参考表 4-4。

表 4-4 数据类型和所适用的集中程度测度值

数据类型	分类数据	顺序数据	数值型数据
适用的测度值	众数	中位数、众数	均值、几何平均数、中位数、众数

第二节 分布的离散程度

通常平均数是概括数据的一种有效方法，但有时用平均数却会使我们误入歧途。有一个很古老的笑话，一个统计学家，他把头放在热的平底锅中，把脚放在冰箱中，然后说："现在，在平均的意义上，我感觉很好。"在计算这个统计学家的"平均"时，两个特殊的温度，平底锅的高温和冰箱的低温相互抵消了，产生了所谓的舒适的平均温度。实际上任何一种平均都会掩盖数据的极端值，而极端值有时正是我们感兴趣的。一个社区的平均家庭收入可能是令人舒服的每年 20 万元，但如果这个均值是根据 200 户极穷的人家与 20 户极富的人家的收入计算得来的，它就不能代表这个社区中的任何一个家庭的收入。

离散程度是数据分布的另一个重要特征，它反映各变量值远离其中心值的程度，也从另一个侧面说明了集中趋势测度值的代表程度。

一、异众比率

分类数据离散程度通常采用异众比率来度量。异众比率（variation ratio）是指非众数组的频数占总频数的比率，用 V_r 表示。

异众比率的计算公式为

$$V_r = \frac{\sum f_i - f_m}{\sum f_i} = 1 - \frac{f_m}{\sum f_i} \tag{4-16}$$

式中，$\sum f_i$ 为总频数；f_m 为众数组的频数。

异众比率的作用是用来衡量众数对一组数据的代表性程度的大小。异众比率越大，说明非众数组的频数占总频数的比重越大，众数的代表性就越差；反之，异众比率越小，众数的代表性就越好。

二、极差

极差（range）又称全距，是一组数据的最大值与最小值之差，用 R 表示。计算公式为

$$R = \max(x_i) - \min(x_i) \tag{4-17}$$

式中，$\max(x_i)$、$\min(x_i)$ 分别表示一组数据的最大值与最小值。

由于极差是根据一组数据的两个极端值计算的，所以极差表明了一组数据数值的变动范围。R 越大，表明数值变动的范围越大，即数列中各变量值差异越大；反之，R 越小，表明数值变动的范围越小，即数列中各变量值差异越小。在金融市场中，衡量股票价格在一天内变动的结果，通常使用极差。

例如，在例 4-5 中 10 个成年人上网时间的构成样本中，最大值是 33 小时，最小值是 0 小时；则上网时间的全距 R=33–0=33（小时）。

极差是描述离散程度的最简单度量值，计算简单直观，易于理解，但其数值大小易受极端变量值的影响，且不反映中间变量值的差异，因而不能准确描述出所有数据的离散程度。

三、四分位差

顺序数据离散程度通常使用四分位差来度量。四分位差（inter-quartile range）是指上四分位数与下四分位数之差，亦称为内距或四分间距，用 Q_d 表示。

四分位差的计算公式为

$$Q_d = Q_U - Q_L \tag{4-18}$$

四分位差反映了中间 50%数据的离散程度，其差值越小，说明中间的数据越集中；差值越大，说明中间的数据越分散。此外，由于中位数处于数据的中间位置，因此，四分位差的大小也可以用来说明中位数对一组数据的代表程度。

根据例 4-3 中 10 名计算机专业学生的月生活消费支出的调查数据，计算这 10 名学生月生活消费支出的四分位差。

由例 4-3 知，这 10 名计算机专业学生的月生活消费支出的下四分位数与上四分位数分别为

$$Q_L = 1\,227.5\text{（元）}$$

$$Q_U = 1\,985\text{（元）}$$

根据所计算的上、下四分位数，这 10 名学生的月生活消费支出的四分位差为

$$Q_d = Q_U - Q_L = 1\,985 - 1\,227.5 = 757.5\text{（元）}$$

计算结果表明，有 50%的学生其月生活消费支出在 1 227.5~1 985 元，平均相差 757.5元。

四、方差和标准差

极差虽然简单易懂，但并未包含所有数据。如果比较两组数据的稳定性，其极差相等，是否意味着这两组数据的稳定性一致呢？不是。这时我们需要一种比极差所含信息更加全面、灵活的描述数据稳定性的方法，这就是方差和标准差。

方差是一组数据中各变量值与其均值离差平方的算术平均数，反映该组数据与其均值之间的平均离差的大小。

标准差是方差的算术平方根。

方差和标准差是衡量数据差异性的重要方法。如果掌握的是总体的全部数据，则计算的方差和标准差分别称为总体方差和总体标准差，记为 σ^2 和 σ；如果掌握的是样本数据，则计算的方差和标准差分别称为样本方差和样本标准差，记为 s^2 和 s。

（一）总体方差和总体标准差

总体方差（variance）是总体中各变量值与其均值离差平方的算术平均数。

总体标准差（standard deviance）是总体方差的算术平方根。

这时掌握的是总体的全部数据，计算总体方差和总体标准差只需除以总体数据的个数即可。计算公式为

$$\sigma^2 = \frac{\sum_{i=1}^{N}(x_i - \overline{x})^2}{N}, \quad i=1, 2, \cdots, N \tag{4-19}$$

$$\sigma = \sqrt{\frac{\sum_{i=1}^{N}(x_i - \overline{x})^2}{N}}, \quad i=1, 2, \cdots, N \tag{4-20}$$

分组数据中，加权就可以了。

$$\sigma^2 = \frac{\sum_{i=1}^{k}(x_i - \overline{x})^2 f_i}{\sum_{i=1}^{k} f_i}, \quad i=1, 2, \cdots, k \tag{4-21}$$

$$\sigma = \sqrt{\frac{\sum_{i=1}^{n}(x_i - \overline{x})^2 f_i}{\sum_{i=1}^{k} f_i}}, \quad i=1, 2, \cdots, k \tag{4-22}$$

式中，x_i 为变量值或组中值；f_i 为频数。

（二）样本方差和样本标准差

样本方差（sample variance）是样本中各变量值与其均值离差平方的算术平均数。

样本标准差（sample standard deviance）是样本方差的算术平方根。

样本方差和样本标准差在统计推断中都扮演着重要的角色。样本方差和样本标准差是

根据样本中全部数据计算的，反映每个数据与其均值相比平均相差的结果，能准确地反映出数据的差异程度。因此，样本方差和样本标准差是实际中应用最广泛的离散程度的度量值。

这时掌握的是样本数据，计算样本方差和样本标准差则需要考虑自由度。

（1）对于未分组的原始数据，样本方差及其标准差的计算公式为

$$s^2=\frac{\sum_{i=1}^{n}(x_i-\overline{x})^2}{n-1},\quad i=1,2,\cdots,n \tag{4-23}$$

$$s=\sqrt{\frac{\sum_{i=1}^{n}(x_i-\overline{x})^2}{n-1}},\quad i=1,2,\cdots,n \tag{4-24}$$

【例 4-11】根据例 4-5 中 10 个成年人某月上网时间的数据（表 4-5），计算其方差及其标准差。

表 4-5　10 个成年人某月上网时间标准差的计算表

序号	上网时间 x/小时	$(x-\overline{x})^2$
1	0	144
2	7	25
3	12	0
4	5	49
5	33	441
6	14	4
7	8	16
8	22	100
9	10	4
10	9	9
合计	120	792

上网时间的方差为

$$s^2=\frac{\sum_{i=1}^{n}(x_i-\overline{x})^2}{n-1}=\frac{792}{10-1}=88\text{（小时）}$$

上网时间的标准差为

$$s=\sqrt{\frac{\sum_{i=1}^{n}(x_i-\overline{x})^2}{n-1}}=\sqrt{88}=9.38\text{（小时）}$$

计算结果表明，10 个成年人该月上网时间的平均差异为 9.38 小时。

（2）对于分组数据，样本方差及其标准差的计算公式为

$$s^2=\frac{\sum_{i=1}^{k}(x_i-\overline{x})^2 f_i}{\left(\sum_{i=1}^{k}f_i\right)-1},\quad i=1,2,\cdots,k \tag{4-25}$$

$$s=\sqrt{\frac{\sum_{i=1}^{k}(x_i-\overline{x})^2 f_i}{\left(\sum_{i=1}^{k}f_i\right)-1}},\quad i=1,2,\cdots,k \tag{4-26}$$

式中，x_i 为变量值或组中值；f_i 为频数。

【例 4-12】在例 4-6 中，50 个固定电话新客户第一个月的电话清单的平均电话费用为 56.4 元，试据表 4-6 中资料计算电话费用的方差及其标准差。

表 4-6 50 个固定电话新客户的电话记录分布表

电话费用	户数 f /户	组中值 x	$(x-\overline{x})^2 f$
20 元以下	2	10	4 305.92
20~40 元	8	30	5 575.68
40~60 元	16	50	655.36
60~80 元	20	70	3 699.2
80 元以上	4	90	4 515.84
合计	50	—	18 752

电话费用的方差为

$$s^2=\frac{\sum_{i=1}^{k}(x_i-\overline{x})^2 f_i}{\left(\sum_{i=1}^{k}f_i\right)-1}=\frac{18\ 752}{50-1}=382.69\text{（元）}$$

电话费用的标准差为

$$s=\sqrt{\frac{\sum_{i=1}^{k}(x_i-\overline{x})^2 f_i}{\left(\sum_{i=1}^{k}f_i\right)-1}}=\sqrt{382.69}=19.56\text{（元）}$$

计算结果表明，50 个固定电话新客户第一个月的电话费用的平均差异为 19.56 元。

◎**知识窗**

图 4-5　卡尔·皮尔逊

卡尔·皮尔逊（Karl Pearson，1857—1936）（图 4-5）——现代统计科学的创立者，统计学家、生物统计学家、应用数学家。

卡尔·皮尔逊从儿童时代起，就有着广阔的兴趣范围，非凡的知识活力，善于独立思考，不轻易相信权威，重视数据和事实。他的主要成就和贡献是在统计学方面。他提出了“标准差”及其符号 σ。推导出卡方分布，提出卡方检验，用以检验观察值与期望值之间的差异显著性；发展了回归和相关理论；为大样本理论奠定了基础。皮尔逊的科学道路，是从数学研究开始，继之以哲学和法律学，进而研究生物学与遗传学，集大成于统计学。皮尔逊的这些成就和贡献，受到了统计学家的推崇，影响了一批西方统计学家。

（3）需要注意以下问题。

第一，为什么要计算离差平方？如果观察离差，你会发现一些离差是正值而一些离差是负值，对于它们求和，结果必然为零。因此，我们将离差平方后，从而避免了零和效应（canceling effect）。

第二，方差的度量单位是什么？不难看出，因为我们把离差平方了，方差的单位自然也是单位的平方，这样的单位解释起来比较困难；而标准差的单位与观测值的单位相同，因此，标准差常常被用于两组或多组观测值比较时的一种度量尺度。

第三，对于大数据集，使用上述公式计算方差是很费时的，这时可以对方差的计算进行简化也许会帮助减轻负担。方差的简算公式为

$$s^2 = \frac{1}{n-1}\left[\sum_{i=1}^{n} x_i^2 - \frac{\left(\sum_{i=1}^{n} x_i\right)^2}{n}\right] \tag{4-27}$$

第四，为什么要用 $n-1$ 计算样本方差？

样本方差及其标准差与总体方差及其标准差在计算上是有差别的。总体方差及其标准差在对各个离差平方平均时是除以全部数据的个数或总频数，而样本方差及其标准差在对各个离差平方平均时是用全部样本数据的个数或总频数减 1 去除总离差平方和。

在实际运用中，计算样本方差，更希望利用它来估计总体方差。用样本均值的离差平方和除以 $n-1$ 得到的统计量称为均值修正样本方差。可以证明，除以 $n-1$ 所计算的样本方差是总体方差的无偏估计量，它确实是一个比除以 n 得到的更好的统计量。所以，这个统计量被广泛使用。

当 n 很大时，样本方差 s^2 与总体方差 σ^2 的计算结果相差很小，这时样本方差也可以用总体方差的公式来计算。

◎想一想

通常情况下，总体均值与样本均值分别表示为 μ 与 $\overline{x}$，若进行计算，其使用的方法一致，但总体标准差则表示为 σ，样本标准差表示为 s。当然计算总体标准差与样本标准差的区别在于总体标准差的分母是 N，而样本标准差的分母是 $n-1$。样本标准差的分母为什么不可以是 $n-2$ 或 $n-3$?

（三）0-1 变量的方差与标准差

在实际生活中，有些事物或现象的特征只表现为两种性质上的差异。例如，产品的质量表现为合格或不合格，人的性别表现为男或女，消费者对服务态度表示为满意或不满意，等等。在这些只表现为是与否、有或无的变量中，其特征或性质通常用“0”和“1”表示，故称为 0-1 变量。对于此类变量也可以计算方差及其标准差。

0-1 变量中，由于只包括两方面的内容，故将具有某种特征的，也就是我们所关心的那部分数据记作“1”；与之对立的，也就是剩下的数据记作“0”。

如果掌握的是总体的全部数据，则计算的方差和标准差分别称为总体方差和总体标准差，记为 ${\sigma_p}^2$ 和 σ_p；如果掌握的是样本数据，则计算的方差和标准差分别称为样本方差和样本标准差，记为 ${s_p}^2$ 和 s_p。

1．0-1 变量的总体方差及总体标准差

0-1 变量实际上就是一个比例。如果计算的是总体中具有某种特征的数据个数占所有数据个数的比例，则将该比例记为 π。π 称为总体比例。

若以 N_1 表示具有某种特征的数据个数，N_0 表示不具有某种特征数据的个数，N 表示所有数据的个数，则总体比例为

$$\pi = \frac{N_1}{N}$$

或

$$1-\pi = \frac{N_0}{N} \tag{4-28}$$

0-1 变量的总体方差的计算公式为

$$\sigma_p^2 \approx \pi(1-\pi) \tag{4-29}$$

0-1 变量的总体标准差的计算公式为

$$\sigma_p \approx \sqrt{\pi(1-\pi)} \tag{4-30}$$

2．0-1 变量的样本方差及样本标准差

如果计算的是样本中具有某种特征的数据个数占所有数据个数的比例，则将该比例记为 p。p 称为样本比例。

若以 n_1 表示样本数据中具有某种特征的数据个数，n_0 表示不具有某种特征数据的个数，n 表示所有样本数据的个数，则样本比例的计算公式为

$$p=\frac{n_1}{n}$$

或

$$1-p=\frac{n_0}{n} \tag{4-31}$$

0-1 变量的样本方差的计算公式为

$$s_p^2 \approx p(1-p) \tag{4-32}$$

0-1 变量的样本标准差的计算公式为

$$s_p \approx \sqrt{p(1-p)} \tag{4-33}$$

【例 4-13】从一批产品中随机抽取 100 件产品进行质量测试，测试的结果为 96 件合格，4 件不合格，试计算合格率的方差和标准差。

根据所给资料可得

$$n_1=96，\ n_0=4$$

$$p=\frac{n_1}{n}=\frac{96}{100}=96\%$$

$$1-p=\frac{n_0}{n}=\frac{4}{100}=4\%$$

0-1 变量的样本方差为

$$s_p^2 \approx p(1-p)=96\%\times 4\%=3.84\%$$

0-1 变量的样本标准差为

$$s_p \approx \sqrt{p(1-p)}=\sqrt{3.84\%}=19.6\%$$

计算结果表明，该批产品合格率的方差为 3.84%，标准差为 19.84%。

（四）标准差的应用

1. 数据的标准化

不同研究对象数据的度量往往存在不同的计量单位，如件、千克、元等，这给不同计量单位的数据之间进行计算、比较带来了困难，即使是相同度量单位的数据也不一定能够计算、比较。解决这种情况的一种有效方法就是对数据进行标准化处理。

对数据进行标准化处理的方法有很多，这里只介绍一种最基本的方法，即标准分数。

标准分数（standard score）就是各变量值与其均值的离差除以标准差后的值，也称标准化值或 z 值（记作 z-score）。

设标准分数为 z，则有

$$z_i=\frac{x_i-\overline{x}}{s} \tag{4-34}$$

式中，z_i 为标准化值；x_i 为变量值；$\overline{x}$ 为样本均值；s 为样本标准差。

z_i 可以解释为 x_i 距离均值 $\overline{x}$ 的标准差的个数。一般来说，大部分的标准化值在−2~2。如果某个数值的标准化值为−2，则该数值低于均值 2 倍的标准差。在对多个具有不同量纲的变量进行处理时，常常需要对各变量数值进行标准化处理。

标准化值的均值为 0，标准差为 1。

实际上，z 分数只是对原始数据进行了线性变换，它并没有改变一个数据在该组数据中的位置，也没有改变该组数据分布的形状，而只是将该组数据变为均值为 0、标准差为 1 的标准数据。

利用标准分数，一方面可以测度每个数据在该组数据中的相对位置，并可以用它来判断一组数据是否存在离群值，另一方面可以评价一个变量值相当于所有变量值的均值与标准差相比的大小。

【例 4-14】从所有参加某种智力测试的学生中随机抽取 7 名学生，其测试结果表明，智力的平均得分 $\bar{x}=75$，$s=12.88$，7 名学生测试的原始分数与标准化值如表 4-7 所示，其标准化值表达的意义如何？

表 4-7　7 名学生某种智力测试结果表

学生编号	1	2	3	4	5	6	7
原始分数/分	85	58	95	66	65	80	76
标准化值	0.776	−1.319	1.552	−0.699	−0.776	0.338	0.078

标准化值的均值为 0，则测试水平高于平均数的有 1、3、6、7 号学生，3 号学生的测试水平最高，比平均水平高 1.552 个标准差；测试水平低于平均数的有 2、4、5 号学生，2 号学生的测试水平最低，比平均水平低 1.319 个标准差。

2. 经验法则

在大量观察下，许多社会经济现象数据的频数分布都呈现出对称的钟形分布，即正态分布。当数据被认为近似于这种分布，就可以运用经验法则（经验法则是以正态分布为基础的）来确定与均值的距离在某个特定倍数的标准差之内的数据个数所占的比例。

经验法则表明，对于具有对称钟形分布的数据，约有 68%的数据落入均值加减 1 个标准差的范围之内；约有 95%的数据落入均值加减 2 个标准差的范围之内；约有 99.7%的数据落入均值加减 3 个标准差的范围之内。

【例 4-15】假定某学校在校大学生每月的生活消费支出近似服从正态分布，其月生活消费支出的均值为 1 500 元，标准差为 150 元。对于大学生生活消费支出的分布情况，你有何看法？

解：因为数据是正态分布，我们可以应用经验法则得到如下结论：大约 68%的月生活消费支出在 1 350 元（1 500−150）和 1 650 元（1 500+150）之间；大约 95%的月生活消费支出在 1 200 元（1 500−2×150）和 1 800 元（1 500+2×150）之间；大约 99.7%的月生活消费支出在 1 050 元（1 500−3×150）和 1 950 元（1 500+3×150）之间。

从“约有 99.7%的数据落入均值加减 3 个标准差的范围内”可见，一组数据中低于或高于均值 3 个标准差以上的数据很少。

有时所观测的数据中会包含一个或多个数值异常大或异常小的极端值，这样的极端值称为异常值或离群值。

识别异常值或离群值是统计分析决策之前检验数据的一个重要步骤。异常值可能是一个被错误记录的数据值，在分析前应予以更正；异常值也可能是一个本不应该包含在数据集中的观测值，这时应将其删除；异常值还可能是一个反常的值，它被正确地记录且属于该数据集，这种情况下，应予以保留。

经验法则告诉我们，对于具有对称钟形分布的数据，几乎所有的数据与均值的距离都在 3 个标准差之内。因此，利用标准分数检测异常值时，建议把标准化值小于–3 或大于 3 的任何数值都视为异常值。当然，对于异常值的准确性还需进行检查，以确定它们是否属于数据集。

3. 切比雪夫定理

经验法则以正态分布为基础来确定与均值的距离在某个特定倍数的标准差之内的数据个数所占的比例，而切比雪夫定理则适用于任何数据集而不论其数据分布的形状如何。

切比雪夫定理：对于任意偏态的分布，当 z =2、3 和 4 个标准差时，至少 0.75（或 75%）的数据落入均值加减 z =2 个标准差的范围之内；至少 0.89（或 89%）的数据落入均值加减 z =3 个标准差的范围之内；至少 0.94（或 94%）的数据落入均值加减 z =4 个标准差的范围之内。

一般地，与均值的距离在 z 个标准差之内的数据个数所占的比例至少为 $\left(1-\frac{1}{z^2}\right)$，式中的 z 是大于 1 的任意实数。

【例 4-16】假定某学校 100 名在校大学生每月生活消费支出的均值为 1 500 元，标准差为 150 元。有多少大学生平均每月生活消费支出在 1 200~1 800 元？有多少大学生平均每月生活消费支出在 1 000~2 000 元?

对于 1 200~1 800 元的平均每月生活消费支出，1 200 元比均值 1 500 元低 2 个标准差，1 800 元比均值 1 500 元高 2 个标准差。根据切比雪夫定理，至少有 75%的大学生平均每月生活消费支出在 1 200~1 800 元，即 100 人中有至少 75 人的平均每月生活消费支出在 1 200~1 800 元。

对于 1 000~2 000 元的平均每月生活消费支出，$\frac{1\,000-1\,500}{150}=-3.33$，表明 1 000 元比均值 1 500 元低 3.33 个标准差；$\frac{2\,000-1\,500}{150}=3.33$，表明 2 000 元比均值 1 500 元高 3.33 个标准差。根据切比雪夫定理，z =3.33，得

$$1-\frac{1}{z^2}=1-\frac{1}{(3.33)^2}=0.909\,8$$

计算结果表明，至少有 90.98%的大学生平均每月生活消费支出在 1 000~2 000 元。

4. 全面质量管理的有效方法——6σ

6σ（six sigma）是在九十年代中期开始被GE（General Electric Company，即通用电气公司）从一种 全面质量管理方法演变成为一个高度有效的企业流程设计、改善和优化的技术，并提供了一系列同等地适用于设计、生产和服务的 新产品开发工具。1986 年摩托罗

拉公司的比尔·史密斯提出了六西格玛，即 6σ，旨在生产过程中降低产品及流程的缺陷次数，防止产品变异，提升品质。

6σ 管理法是一种统计评估法，核心是追求零缺陷生产，防范产品责任风险，降低成本，提高生产率和市场占有率，提高顾客满意度和忠诚度。6σ 管理既着眼于产品、服务质量，又关注过程的改进。σ 即标准差，是用以描述总体中的个体离均值的偏离程度，计算出的 σ 表明诸如单位缺陷或错误的概率，σ 值越大，缺陷或错误就越少。6σ 是一个目标，这个质量水平意味的是所有的过程和结果中，99.999 66%是无缺陷的，也就是说，做 100 万件事情，其中只有 3.4 件是有缺陷的，这几乎趋近到人类能够达到的最为完美的境界。

6σ 管理极其关注过程，特别是企业为市场和顾客提供价值的核心过程。因为过程能力用 σ 来度量后，σ 越大，过程的波动越小，过程以最低的成本损失、最短的时间周期，满足顾客要求的能力就越强。因此，6σ 理论认为，大多数企业在 3σ~4σ 运转，也就是说每百万次操作失误在 6 210~66 800 次，这些缺陷要求经营者以销售额在 15%~30%的资金进行事后的弥补或修正，而如果做到 6σ，事后弥补的资金将降低到约为销售额的 5%。

◎知识窗

20 世纪统计方法对质量改进的三大贡献

20 世纪 70~80 年代，美国的公司已经受到来自海外优质产品的严峻挑战。面对这种挑战，美国的公司和学者再次认真的分析、比较了美国与日本两国质量改进的历史与现状，发现在 20 世纪三次重大质量改进过程中，美国在 70 年代后的实验设计竞争中大大落后于日本。

20 世纪质量改进的第一次贡献始于 1908 年英国格赛特提出的小样本 t 统计量理论。这一理论在质量改进过程中的应用使原来的全部质量检验可由部分样本替代，极大地改进了产品质量、节约了成本，成为质量改进的第一座里程碑。

20 世纪 20 年代中期，美国贝尔实验室的沃特·阿曼德·休哈特研制了一种简单的图形技术——控制图，应用统计技术对生产过程进行监控，以减少对检验的依赖，即统计过程控制（statistical process control，SPC）理论——璀璨理论。

期间，还有以戴明命名的“戴明品质奖”，其至今仍是日本品质管理的最高荣誉，即戴明十四法；质量管理专家约瑟夫·莫西·朱兰的“朱兰三部曲”，即质量三部曲。

20 世纪 60 年代，日本在学习美国先进技术和管理理念的基础上，提出了“田口方法”，即将事后检验和过程中的控制进一步推向事前的管理，并提出系统设计、参数设计、容差设计的三次设计思想应用于实践，使产品质量成倍改进，从而实现了“好的产品是设计出来的”。

20 世纪质量改进的三大贡献全部都是统计方法的贡献。

五、变异系数

为了了解学生的身体状况，随机抽取了 100 名女生和 100 名男生，测量了他们的身高和体重，分别得到其身高和体重的均值和标准差，见表 4-8。

表 4-8　100 名女生和男生身高与体重的均值与标准差

学生	$\bar{x}$		s	
	身高/厘米	体重/千克	身高/厘米	体重/千克
女生	160.29	47.52	3.24	3.65
男生	174.77	68.29	5.13	4.32

从标准差直接可以看出，无论是身高，还是体重，男生的标准差都大于女生。能否说明男生间的身高和体重的差异均比女生的差异大呢？当然不能这样简单地下结论。因为，男生的身高比女生高，男生的体重也比女生重。这就告诉我们，当两组数据的均值不相等时，意味着两组数据的水平不同或具有的度量单位不同，不能直接用标准差来比较两组数据的离散程度，而应计算相对离散程度——变异系数，又称离散系数。

变异系数（coefficient of variation）是一组数据的标准差与其均值的比值，通常用ν表示，其计算公式为

$$\nu=\frac{s}{\bar{x}}\times 100\% \tag{4-35}$$

根据表 4-8，学生身高的变异系数如下：

$$\nu_{女生}=\frac{s}{\bar{x}}\times 100\%=\frac{3.24}{160.29}\times 100\%=2.02\%$$

$$\nu_{男生}=\frac{s}{\bar{x}}\times 100\%=\frac{5.13}{174.77}\times 100\%=2.94\%$$

从身高的变异系数可以看出，男生的变异系数大于女生，因而男生平均身高的差异大。

学生体重的变异系数如下：

$$\nu_{女生}=\frac{s}{\bar{x}}\times 100\%=\frac{3.65}{47.52}\times 100\%=7.68\%$$

$$\nu_{男生}=\frac{s}{\bar{x}}\times 100\%=\frac{4.32}{68.29}\times 100\%=6.33\%$$

从体重的变异系数可以看出，女生的变异系数大于男生，因而女生平均体重的差异大。

◎想一想

计算变异系数的目的是什么？

综上所述，不同场合使用不同的测度方法。什么场合选择哪种方法测定离散程度，可以参见表 4-9。

表 4-9　数据类型和所适用的离散程度测度值

数据类型	分类数据	顺序数据	数值型数据
适用的测度值	异众比率	四分位差、异众比率	方差或标准差、变异系数（比较实用）、极差、四分位差、异众比率

第三节　偏度与峰度

集中趋势和离中趋势是数据分布的两个重要特征，在正态分布条件下，由均值和方差完全可以确定数据的分布特征。然而要全面了解数据分布的特点，还需要知道数据分布的形状是否对称、偏斜的程度以及分布的扁平程度等。实际上，更多的数据并非服从正态分布，这时，偏度和峰度能够对这些分布特征进行有效的描述。

一、偏度

偏度（skewness）是对分布偏斜方向及程度的度量。频数分布分为对称的和不对称的，后者即偏态分布。而在偏态分布中，又有两种不同的形态，即左偏和右偏。我们可以利用众数、中位数和均值之间的位置关系判断分布是左偏还是右偏，也可以计算偏度系数来度量分布偏斜的程度。偏度系数记作 SK，其计算方法很多，这里介绍一种比较常用的方法。

令变量的中点值为 a，所有变量值与 a 之差的 k 次方的平均数称为变量 x 关于 a 的 k 阶矩。用公式表示为

$$\frac{\sum_{i=1}^{n}(x_i-a)^k}{n} \tag{4-36}$$

当 $a=0$ 时，即变量以原点为中心，式（4-36）称为 k 阶原点矩，用大写英文字母 M 表示。

一阶原点矩：

$$M_1=\frac{\sum_{i=1}^{n}x_i}{n}$$

即均值。

二阶原点矩：

$$M_2=\frac{\sum_{i=1}^{n}x_i^{\,2}}{n}$$

即平方平均数。

当 $a=\overline{x}$ 时，即变量以均值为中心，式（4-36）称为 k 阶中心矩，用小写英文字母 m 表示。

一阶中心矩：

$$m_1=\frac{\sum_{i=1}^{n}(x_i-\overline{x})}{n}=0$$

二阶中心矩：

$$m_2=\frac{\sum_{i=1}^{n}(x_i-\overline{x})^2}{n}=\sigma^2$$

需要注意的是，计算各阶原点矩和各阶中心矩时，如果依据的资料是分组资料，则应用各组的频数或频率加权平均，式（4-36）变形为

$$\frac{\sum_{i=1}^{n}(x_i - a)^k f_i}{\sum_{i=1}^{n} f_i} \tag{4-37}$$

由于中心矩计算起来比较繁杂，而计算原点矩相对比较简单，通常多从原点矩来推算中心矩。只要展开中心矩的各项，就容易求得它与原点矩的关系。

偏度系数的计算公式为

$$\text{SK} = \frac{m_3}{\sigma^3} \tag{4-38}$$

当分布对称时，变量的三阶中心矩 m_3 由于离差三次方后正负相互抵消而取得 0 值，则 SK=0；当分布不对称时，正负离差不能抵消，就形成正的或负的三阶中心动差 m_3。当 m_3 为正值时，表示正偏离差值比负偏离差值要大，可以判断为正偏或右偏；当 m_3 为负值时，表示负偏离差值比正偏离差值要大，可以判断为负偏或左偏。$|m_3|$越大，表示偏斜的程度越大。由于三阶中心矩 m_3 含有计量单位，为消除计量单位的影响，就用 σ^3 去除 m_3，使其转化为相对数。同样的，SK 的绝对值越大，表示偏斜的程度就越大。

二、峰度

峰度（kurtosis）是用来衡量分布的集中程度或分布曲线的尖峭程度的指标，用峰度系数计量，记为 K。

相对于正态分布，峰度系数的计算公式如下：

$$K = \frac{m_4}{\sigma^4} - 3 \tag{4-39}$$

分布曲线的尖峭程度与偶数阶中心矩的数值大小有直接的关系，m_2 是方差，于是就以四阶中心矩 m_4 来度量分布曲线的尖峭程度。m_4 是个绝对数，含有计量单位，为消除计量单位的影响，将 m_4 除以 σ^4，就得到无量纲的相对数。衡量分布的集中程度或分布曲线的尖峭程度往往是以正态分布的峰度作为比较标准的，在正态分布条件下，$\frac{m_4}{\sigma^4} = 3$。将各种不同分布的尖峭程度与正态分布比较，即用 $\frac{m_4}{\sigma^4}$ 减 3，就得峰度的测定公式。

当峰度 K=0 时，分布为正态分布；当峰度 K>0 时，表示分布的形状比正态分布更尖，意味着其分布比正态分布更集中在平均数周围，这样的分布称为尖峰分布；当峰度 K<0 时，表示分布比正态分布更平坦，意味着其分布比正态分布更分散，这样的分布称为平峰分布，如图 4-6 所示。

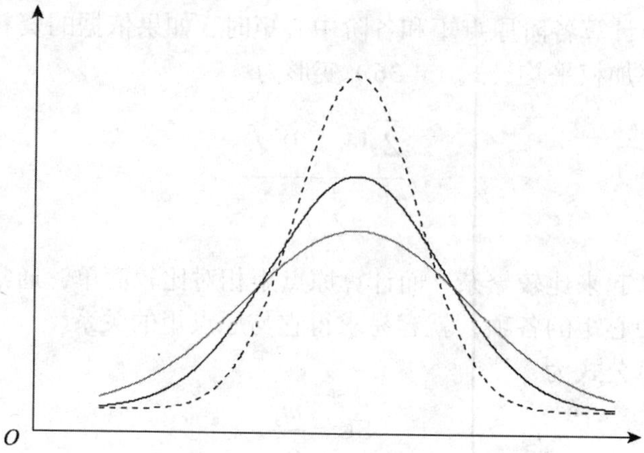

图 4-6 正态分布与尖峰分布、平峰分布示意图

【例 4-17】 现从某品牌的日光灯中随机抽取 100 只，对其使用寿命进行测试，得到如下数据（表 4-10）。计算日光灯使用寿命分布的偏度系数和峰度系数。

表 4-10 100 只日光灯使用寿命的分布表

使用寿命	数量 f /只	组中值 x	xf	$(x-\overline{x})^2 f$
1 000 小时以下	2	900	1 800	824 328
1 000~1 200 小时	8	1 100	8 800	1 562 912
1 200~1 400 小时	16	1 300	20 800	937 024
1 400~1 600 小时	35	1 500	52 500	61 740
1 600~1 800 小时	23	1 700	39 100	574 172
1 800~2 000 小时	12	1 900	22 800	1 537 968
2 000 小时以上	4	2 100	8 400	1 245 456
合计	100	—	154 200	6 743 600

使用寿命的均值为

$$\overline{x}=\frac{\sum_{i=1}^{n}x_i f_i}{\sum_{i=1}^{n}f_i}=\frac{154\ 200}{100}=1\ 542（小时）$$

使用寿命的方差为

$$s^2=\frac{\sum_{i=1}^{n}\left(x_i-\overline{x}\right)^2 f_i}{\sum_{i=1}^{n}f_i-1}=\frac{6\ 743\ 600}{100-1}=68\ 117.17（小时）$$

使用寿命的标准差为

$$s=\sqrt{\frac{\sum_{i=1}^{n}\left(x_i-\bar{x}\right)^2 f_i}{\sum_{i=1}^{n} f-1_i}}=\sqrt{\frac{6\ 743\ 600}{100-1}}=260.99(小时)$$

偏度系数为

$$\mathrm{SK}=\frac{m_3}{\sigma^3}=\frac{-113\ 102\ 400/100}{(260.99)^3}=\frac{-1\ 131\ 024}{(260.99)^3}=-0.063\ 6$$

峰度系数为

$$K=\frac{m_4}{\sigma^4}-3=\frac{12\ 993\ 157\ 715}{(260.99)^4}-3=-0.199\ 6$$

计算结果表明，偏度系数几乎为 0，说明该产品使用寿命的分布十分接近正态分布；峰度系数略小于 0，说明该产品使用寿命的分布要比正态分布略微平坦一些。总的来讲，该产品使用寿命的分布非常接近于正态分布。

本 章 小 结

（1）集中趋势是对数据向某一中心值靠近程度的测定。常用的测定方法有均值（算术平均）、中位数、众数、几何平均等，它们具有不同的特点和运用条件，计算方法也不同。因此，必须根据研究问题的特点及其数据的分布特征，正确地加以选择和运用。

（2）离散程度是对数据之间离散大小及程度的测度，是与集中趋势的测定相匹配的重要特征。常用的测定方法有极差、四分位差、标准差、异众比率、变异系数等。

（3）在统计分析中，为了对不同现象进行对比，往往需要计算变异系数，以消除不同现象之间在计算单位、数据水平等方面的影响。

（4）偏度和峰度是描述数据分布形状偏斜程度以及扁平程度的重要方法。

第五章

抽样与参数估计

本章介绍如何运用抽样推断原理对总体进行参数估计的基本概念和方法。具体要求：①熟练掌握参数估计的数学基础；②准确理解抽样与抽样分布等基本概念；③熟练掌握一个总体的参数估计及样本量的确定方法，并能运用于实际问题；④了解两个总体的参数估计方法。

麦迪公司是一家电器制造商，公司人事主管正在制定一项关于 2 500 名营销人员的简报，其中包括营销人员的平均年薪和已经完成营销培训项目的人员所占的比例。人事主管可以从公司人事档案中找出每个人的年薪和营销培训项目的记录。假定他已经获得总体的信息，根据描述统计方法，可以计算总体年薪的均值为 51 800 元，标准差为 4 000 元，已经完成营销培训项目的人员比例为 60%。

如果不用总体 2 500 名营销人员的数据，而是通过随机抽取一个 30 人的样本编制人事简报，这样会更节约时间和费用。

从本章开始，进入推断统计的学习。推断统计是相对于描述统计而言的，是从样本含有的信息中提取总体信息的统计方法，也称为统计推断。统计推断由参数估计和假设检验两部分构成。参数估计（parameter estimator）就是用样本的统计量去估计总体的参数，如用样本均值估计总体均值、用样本比例估计总体比例等。在社会经济领域和自然工程技术领域中很多场合都需要运用统计推断方法。例如，现在学校都要求大学生参加社会实践活动，如果我们想调查某高校大学生参加社会实践活动的平均时间和参加实践的学生比例，受调查时间和经费的限制，我们不可能对全部大学生一一调查，于是，从中抽取一个 500 人的样本，经过访问调查和数据计算，参加社会实践活动的平均时间为 15 天，其中有 300 人回答参加过社会实践，则对该校大学生参加社会实践活动的平均时间估计为 15 天，参加实践学生比例估计为 60%。

以上例子说明了如何使用抽样对总体参数做出估计。然而，应该明确的是，抽样结果提供的仅仅是总体参数的估计值，而不是总体参数的真实值，即全校大学生中参加社会实践的时间不一定恰好是 15 天，学生比例也不一定恰好就是 60%。原因很简单，样本只是从总体中抽取的一部分。采用适当的抽样方法，能够对总体特征做出“好”的估计。

◎**知识窗**

图 5-1　高斯

在高斯（图 5-1）之前就有人发现了正态分布，德国数学家高斯（Gauss，1777—1855）独立发现正态分布的时间虽然稍晚一些，但很快将其用于天文学研究，使正态分布的应用价值广为人知，故正态分布又称高斯分布(Gaussian distribution)。人们对高斯的认识，大多来自这样一个故事。老师给上小学的孩子们出了一道算术题：1+2+3+…+100 等于几?当其他孩子埋头苦算时，一个孩子很快报出结果 5 050。问他怎么算得那么快，他回答：1+100=101，2+99=101，…，共有 50 个 101，所以答案是 5 050。这个聪明的孩子就是高斯，他在小的时候就已经显示出了过人的数学天赋，是近代数学的奠基者之一。他对统计的贡献，除了正态分布，还有算术均数、几何均数、二项分布理论和最小二乘法等。

第一节　概率基础

推断统计是建立在概率及抽样分布理论基础上的统计方法，因而有必要了解概率分布及抽样分布的有关知识。

一、随机变量的概率分布

随机变量的所有可能取值及其对应的一系列概率，称为随机变量的概率分布。概率分布描述了随机变量取一切可能值（或范围）的概率及其分布规律。

1. 分布函数

对离散型随机变量，通常用分布函数来描述它的分布特征。

设 X 是一个随机变量，对任意实数 x，称 $F(x)=P(X\leqslant x)$ 为随机变量 X 的概率分布函数，简称为分布函数，简记为 $X\sim F(x)$。

2. 密度函数

对于连续型随机变量，通常采用概率密度函数来描述它的分布。

设随机变量 X 的分布函数是 $F(x)$，如果存在一个非负函数 $f(x)$，使得对任意实数 x，有

$$F(x)=\int_{-\infty}^{x} f(t)\,\mathrm{d}t \tag{5-1}$$

则称 $f(x)$ 是连续型随机变量 X 的概率密度函数，简称为密度函数。

二、常用分布

（一）正态分布

正态分布（normal distribution）是概率分布中最重要的一种分布。实际生活中很多现象都服从正态分布，如产品的尺寸、人的身高、测量误差等，都服从或近似服从正态分布。

如果随机变量 X 的密度函数为

$$f(x)=\frac{1}{\sqrt{2\pi}\sigma}\mathrm{e}^{-\frac{(x-\mu)^2}{2\sigma^2}}\quad(-\infty<x<+\infty) \tag{5-2}$$

则称 X 服从参数为 μ 和 σ^2 的正态分布，记为 $X\sim \mathrm{N}(\mu,\ \sigma^2)$，其中 μ 和 $\sigma(\sigma>0)$ 都是常数。

1. 正态分布的密度函数曲线的特征

（1）密度函数曲线关于 $x=\mu$ 对称。

（2）曲线在 $x=\mu$ 时达到最大值 $f(x)=\dfrac{1}{\sqrt{2\pi}\sigma}$。

（3）曲线在 $x=\mu\pm\sigma$ 处有拐点，并以 x 轴为渐近线。

图 5-2 给出了正态分布 $\mathrm{N}(\mu,1)$、$\mathrm{N}(\mu,2^2)$、$\mathrm{N}(\mu,3^2)$ 的密度函数曲线，容易看出：参数 μ 确定了分布的位置，参数 σ 确定了分布的离散程度。

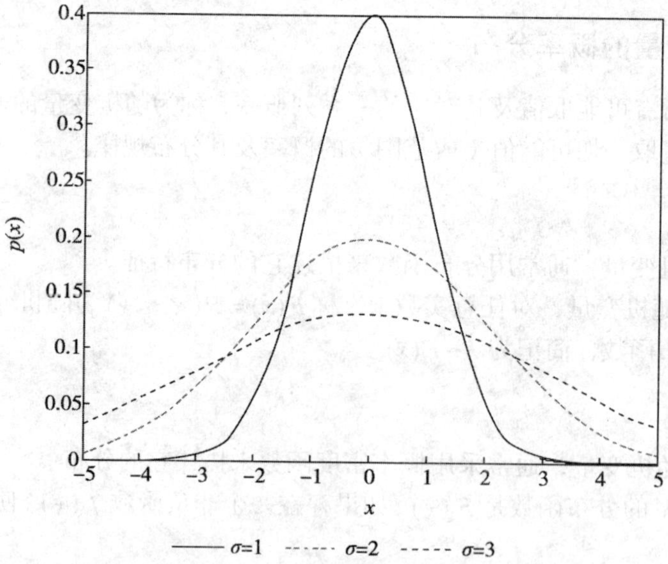

图 5-2 正态分布 N（$\mu,1^2$）、N（$\mu,2^2$）、N（$\mu,3^2$）的密度曲线

正态分布当 $\mu=0,\sigma=1$ 时称为标准正态分布，记为 $X\sim \mathrm{N}(0,1)$，其密度曲线的图形见图 5-3。

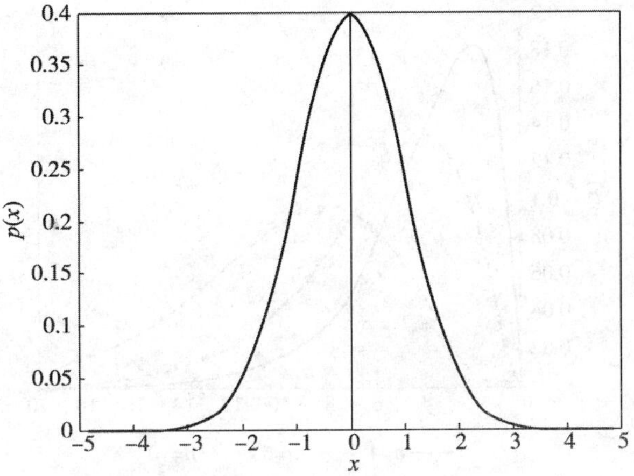

图 5-3　标准正态分布 N(0,1) 的密度曲线

2. 正态分布的两个性质

（1）若 $X\sim \mathrm{N}\left(\mu,\sigma^2\right)$，则 $E(X)=\mu, \mathrm{Var}(X)=\sigma^2$，即参数 μ 是随机变量 X 的期望，参数 σ^2 是随机变量 X 的方差。

（2）若 $X\sim \mathrm{N}\left(\mu,\sigma^2\right)$，则 $Y=\dfrac{X-\mu}{\sigma}\sim \mathrm{N}(0,1)$，即任何一个正态分布都可以经过线性变换转化为标准正态分布。

当随机变量 $X\sim \mathrm{N}(0,1)$ 时，对给定 $\alpha(0<\alpha<1)$，称满足 $P(X>Z_\alpha)=\alpha$ 的 Z_α 是标准正态分布的 α 分位数，分位数可以从标准正态分布表里查到，如 $\alpha=0.025$ 查表可得 $Z_\alpha=1.96$。

（二）χ^2 分布

χ^2 分布主要用于总体方差的估计和非参数检验。

设 $X_i\sim \mathrm{N}(0,1)$（其中 $i=1,2,\cdots,n$），且 $X_1, X_2, \cdots, X_n$ 相互独立，则 $X=X_1^2+X_2^2+\cdots+X_n^2$ 的分布称为自由度为n的卡方分布，记为 $X_i\sim\chi^2(n)$。

χ^2 分布的性质如下。

（1）期望和方差：若 $X\sim\chi^2(n)$，则 $E(X)=n$，$\mathrm{Var}(X)=2n$。

（2）可加性：若 $X_i\sim\chi^2\left(n_i\right)\left(i=1,2,\cdots,k\right)$，且 $X_1,X_2,\cdots,X_k$ 相互独立，则 $X_1+X_2+\cdots+X_k\sim\chi^2(n_1+n_2+\cdots+n_k)$。

（3）渐近正态性：当n充分大时，近似服从正态分布。

图 5-4 给出了n分别为 4、6、10 时 χ^2 分布的密度函数的曲线，容易看出，χ^2 分布的形状取决于其自由度的大小，是只取非负值的正偏分布，随着自由度的增大逐渐趋于对称。

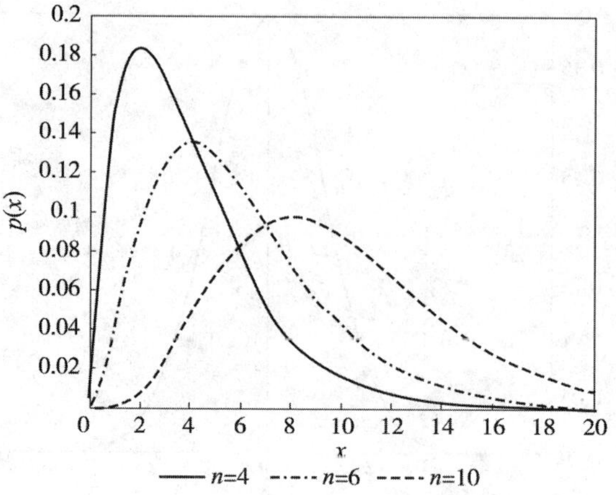

图 5-4 $\chi^2(n)$ 分布的密度函数

当随机变量 $X \sim \chi^2(n)$ 时，对给定 $\alpha(0<\alpha<1)$，称满足 $P(X>\chi_\alpha^2(n))=\alpha$ 的 $\chi_\alpha^2(n)$ 是自由度为 n 的 χ^2 分布 α 的分位数。分位数可以从 χ^2 分布表里查到，如 $n=8, \alpha=0.05$ 查表得 $\chi_\alpha^2(8)=15.507$。

（三）t 分布

t 分布是由威廉·戈塞（William Gosset）于 1908 年提出的，描述小样本统计量的分布，因其是以“Student”的笔名发表的论文，故称为“t 分布”。

设 $X_1 \sim \mathrm{N}(0,1)$，$X_2 \sim \chi^2(n)$，且 X_1，X_2 相互独立，则 $T=\dfrac{X_1}{\sqrt{\dfrac{1}{n}X_2}}$ 的分布称为自由度为 n 的 t 分布，记为 $T \sim t(n)$。

t 分布类似于正态分布，为一对称分布，但一般情况下较标准正态分布平坦和分散，t 分布形状取决于自由度，自由度增大时，t 分布逐渐趋向正态分布（图 5-5）。

t 分布有如下性质。

（1）设 $X \sim t(n)$，则 $E(X)=0(n>1), \mathrm{Var}(X)=\dfrac{n}{n-2}(n>2)$。

（2）t 分布的概率密度函数关于 $x=0$ 对称，当 $x \to \infty$ 时单调下降地趋于 0。

（3）当 $n \to +\infty$，自由度为 n 的 t 分布收敛于标准正态分布 $\mathrm{N}(0,1)$。

当随机变量 $X \sim t(n)$ 时，称满足 $P(X>t_\alpha(n))=\alpha$ 的 $t_\alpha(n)$ 是自由度为 n 的 t 分布的 α 分位数。分位数可以从 t 分布表里查到，如 $n=5$，$\alpha=0.05$ 查表得到 $t_\alpha(5)=2.015$。

◎想一想

正态分布与 t 分布的联系与区别是什么？

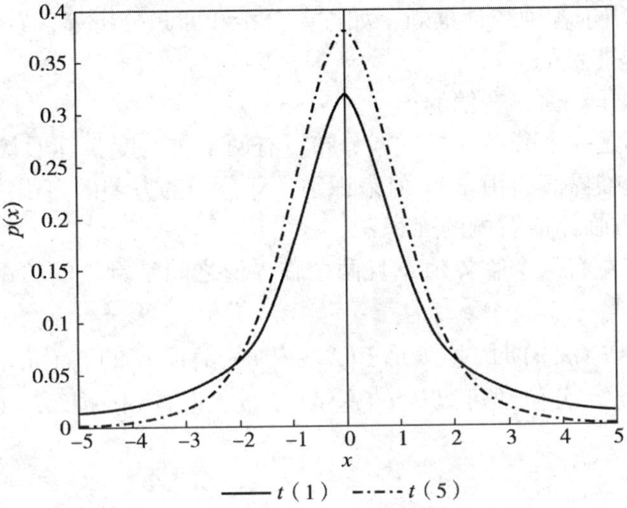

图 5-5　$t(n)$ 分布的密度曲线

（四）F 分布

F 分布是由著名统计学家费希尔（R. A. Fisher）首先提出的，它是由两个独立 χ^2 统计量构成的。

设 $X_1 \sim \chi^2(m)$，$X_2 \sim \chi^2(n)$，且 X_1，X_2 相互独立，则 $F = \dfrac{X_1/m}{X_2/n}$ 的分布称为自由度为 (m, n) 的 F 分布，记为 $F \sim F(m,n)$，其中 m 称为分子自由度，n 称为分母自由度。

$F(m,n)$ 分布的密度函数如图 5-6 所示。

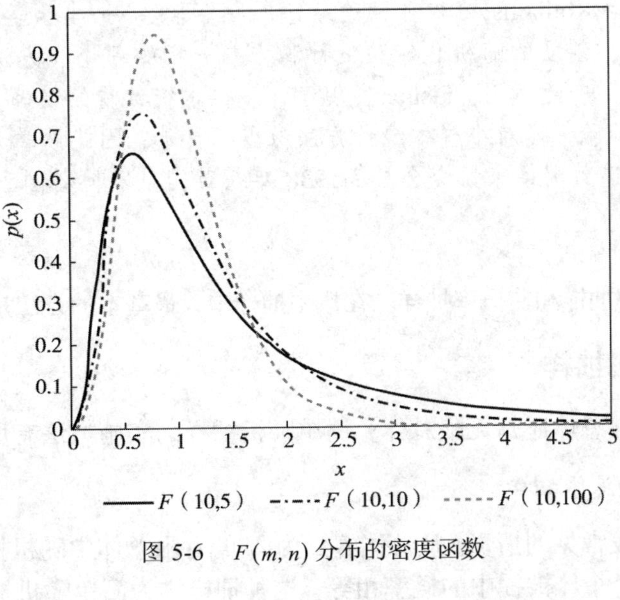

图 5-6　$F(m, n)$ 分布的密度函数

F 分布广泛应用于各种统计推断，如方差分析和回归分析等，有如下性质。

（1）F 的值是非负的。

（2）F 分布是非对称、右偏的。

（3）F 分布不是一个分布而是一族分布，有两个自由度，其形状取决于自由度。

（4）F 分布的临界值使用 3 个值来识别，即分子的方差的自由度、分母的方差的自由度、分布曲线下方临界值右侧的面积 α 。

（5）F 分布有左右两个临界值，且两个临界值之间是倒数的关系，F 分布表中只给出右方临界值。

当随机变量 $X \sim F(m,n)$ 时，称满足 $P\left(X > F_{\alpha}(m,n)\right) = \alpha$ 的 $F_{\alpha}(m,n)$ 是自由度为 (m,n) 的 F 分布的 α 分位数。分位数可以从 $F(m,n)$ 分布表里查到，如 $m=6,\ n=8,\ \alpha=0.05$ 查表得到 $F_{\alpha}(6,8)=3.58$ 。

第二节　抽样与抽样分布

◎知识窗

20 世纪 20 年代英国统计学家 Fisher（图 5-7）爵士（1890—1962）在伦敦附近的 Rothamsted 农业实验站创立了实验设计方法和统计分析技术，奠定了干预实验的统计学基础。Fisher 于 1912 年获得英国剑桥大学天文学学士学位毕业后曾作为数学教师和 K. Pearson 一起共事，两人在学术上存在重大分歧，如 Fisher 支持 Gosset 的小样本统计理论，不赞成 K. Pearson 的大样本调查，并指责他只知道相关（correlation），不探查相关原因，最后两人的矛盾不可调和。1919 年 Fisher 转到 Rothamsted 农业试验站，使自己更像一个生物学家。他在 Rothamsted 创立的随机化实验设计和方差分析的理论和方法，在全世界得到了广泛运用。Fisher 发现了许多样本统计量的精确分布，提出了最大似然方法并用于假设检验，还对小样本统计方法做出了贡献，因此被誉为现代统计学的奠基人之一。1929 年当选英国皇家协会会员，1938 年获英国皇家协会国王奖励，1955 年获得英国皇家协会 Copley 奖。

图 5-7　Fisher

抽样方法有概率抽样和非概率抽样。在概率抽样中，最基本的方法是简单随机抽样。

一、简单随机抽样

根据总体是有限总体还是无限总体，简单随机抽样的实施方法有所不同。

（一）从有限总体抽样

有限总体是比较常见的情形。从总体容量为 N 的有限总体中随机抽取样本量为 n 的样本，如果总体中每个个体被抽中的概率相等，这种抽样称为简单随机抽样，这样抽得的样本称为简单随机样本。

在麦迪公司的例子中，要从 2 500 名营销人员中抽取 30 人的简单随机样本，方法之一是“抽签法”。这种方法要求事先对总体中每个个体进行编号和制作标签，将所有的标签“搅拌均匀”，然后从中每次抽取一个，直到抽够 30 人为止。在具体实施抽样过程中，如果每次抽取后不放回去继续抽取下一个，这种抽样称为不放回抽样（不重复抽样）；如果每次抽取后记录下来，然后放回去再抽下一个，这种抽样称为放回抽样（重复抽样）。这两种抽样都能够保证总体中每个个体以相等的概率被抽中。

“抽签法”只能适用于总体容量较小的情形，如果总体容量较大，这种方法比较麻烦。这时可以使用“随机数表”进行抽样。“随机数表”是事先编好的，表中 0~9 的 10 个数字出现的概率都相同，而且表中任何 2 位以上的数字在表中出现的概率也相同。表 5-1 是随机数表的一部分。在麦迪公司的抽样中，我们先要对 2 500 名营销人员编号，一般从 1~2 500。总体编号的最大数是 2 500，是四位数，因此我们从“随机数表”中按每四位一组选择随机数，从表中第 1~4 列中，从第 7 行开始从上到下读取四位随机数有 1 318、1 772、3 652、8 162、…对于超过 2 500 的随机数，一个办法是放弃，另一个办法是用它减去 2 500 或 2 500 的倍数，得到的余数作为抽中的随机数，这样一直抽够 30 个为止。需要说明的是，使用“随机数表”抽样，可以从任何一个位置开始，按事先规定的顺序连续进行下去，而不能挑选随机数。

表 5-1　随机数表（部分）

63271	59986	71744	51102	15141	80714	58683	93108	13554	79945
88547	09896	95436	79115	08303	01041	20030	63754	08459	28364
55957	57243	83865	09911	19761	66535	40102	26645	60147	15702
46276	87453	44790	67122	45573	84358	21625	16999	13385	22782
55363	07449	34835	15290	76616	67191	12777	21861	68689	03263
69393	92785	49902	58447	42048	30378	87618	26933	40640	16281
13186	29431	88190	04588	38733	81290	89541	70290	40113	08243
17726	28652	56836	78351	47327	18518	92222	55201	27340	10493
36520	64465	05550	30157	82242	29520	69753	72602	23756	54935
81628	36100	39254	56835	37636	02421	98063	89641	64953	99337
84649	48968	75215	75498	49539	74240	03466	49292	36401	45525
63291	11618	12613	75055	43915	26488	41116	64531	56827	30825
70502	53225	03655	05915	37140	57051	48393	91322	25653	06543
06426	24771	59935	49801	11082	66762	94477	02494	88215	27191
20711	55069	29431	70165	45406	78484	31639	52009	18837	96927
41990	70538	77191	25860	55204	73417	83920	69468	74972	38712
72452	36618	76298	26678	89334	33938	95567	29380	75906	91807
37042	40318	57099	10528	09925	89773	41335	96244	29002	46453
53766	52875	15987	46962	67342	77592	57651	95508	80033	69828
90585	58955	53122	16025	84299	53310	67380	84249	25348	04332

（二）从无限总体抽样

在某些情形下，总体中每个个体不能确定或是无限的，则在实际应用中必须被当做无限总体对待。例如，北京市某个麦当劳分店想估计中午 11：30～13：30 顾客从点餐到领取食品的平均候餐时间。如果将所有可能光顾的顾客作为总体，我们对顾客人数无法做一个限定，也无法对顾客进行编号。此时，可以将所有可能光顾的顾客视为“无限总体”。要从该总体中随机抽取 n 个顾客作样本。自无限总体的简单随机样本的定义如下。

如果满足如下两个条件，则称该样本为简单随机样本：①每个个体来自同一总体；②每个个体的抽取是独立的。

从无限总体进行随机抽样，因为不可能对总体中的每个个体进行编号，所以抽样过程不能使用随机数，这时必须专门制定一种独立选取样本点的抽样过程，以保证每个个体都有相等的概率被抽取。具体的样本抽取过程需要根据具体情况确定。例如，由于麦当劳餐饮店经常给顾客发放一些食物打折赠品券，因此，可以利用这个事实安排抽样过程：当一名顾客出示赠品券时，他之后的下一名顾客被抽中。因为顾客出示赠品券是随机而且独立的，所以这种抽样过程完全满足简单随机样本的两个条件。

从无限总体中进行随机抽样，除了采用简单随机抽样，还可以采用系统抽样方法。

◎想一想

如此对无限总体的抽样有什么优点？

二、抽样分布

（一）抽样分布的含义

抽样分布就是样本统计量的概率分布。

先看一个简单的例子。假设有 5 个工人组成的总体，其日产量分别为 34 件、38 件、42 件、46 件、50 件。则总体工人日产量均值和方差分别为

$$\overline{X}=\frac{\sum X}{N}=\frac{34+38+42+46+50}{5}=42(\text{件})$$

$$\sigma^2=\frac{\sum(X-\overline{X})^2}{N}=\frac{160}{5}=32(\text{件}^2)$$

现用重复抽样方法从 5 人中随机抽取 2 人组成样本，25 个样本的抽样结果见表 5-2。

表 5-2　25 个样本的抽样结果表

样本变量	34	38	42	46	50
34	34，34	34，38	34，42	34，46	34，50
38	38，34	38，38	38，42	38，46	38，50
42	42，34	42，38	42，42	42，46	42，50
46	46，34	46，38	46，42	46，46	46，50
50	50，34	50，38	50，42	50，46	50，50

根据表 5-2 数据，可以计算并整理出样本均值的分布，见表 5-3。

表 5-3　25 个样本均值的分布

样本日平均产量/件	人数/人	频率
34	1	1/25
36	2	2/25
38	3	3/25
40	4	4/25
42	5	1/5
44	4	4/25
46	3	3/25
48	2	2/25
50	1	1/25
合计	25	1

根据表 5-3，可以绘制出样本均值的分布图，见图 5-8。

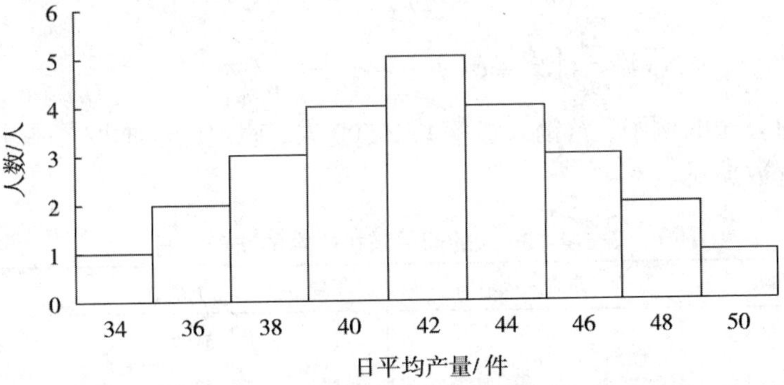

图 5-8　样本日平均产量分布图

根据样本日产量均值分布表，可以计算日产量均值的数学期望和方差：

$$E(\bar{x})=\frac{34\times1+36\times2+\cdots+50\times1}{25}=42(\text{件})$$

$$\sigma^2(\bar{x})=\frac{(34-42)^2\times1+(36-42)^2\times2+\cdots+(50-42)^2\times1}{25}=16(\text{件}^2)$$

$$\sigma(\bar{x})=4(\text{件})$$

可见，样本日平均产量的数学期望等于总体均值，样本日平均产量的方差（16）是总体方差（32）的$\frac{1}{n}$。

上述结论具有普遍意义，设总体变量为 X：$X_1,X_2,\cdots,X_n$，样本变量为 x：$x_1,x_2,\cdots,x_n$。

（1）按照数学期望的性质有

$$E(\bar{x})=E\left(\frac{x_1+x_2+\cdots+x_n}{n}\right)=\frac{1}{n}\left[E(x_1)+E(x_2)+\cdots+E(x_n)\right]$$

重复抽样条件下，由于$x_1, x_2, \cdots, x_n$是相互独立的，而且都是从总体$X_1, X_2, \cdots, X_n$中抽取的，每个单位中选的机会相等，概率均为$\frac{1}{N}$，所以

$$E(x_1)=E(x_2)=\cdots=E(x_n)=\sum_{i=1}^{n}X_iP_i=\mu$$

$$E(\bar{x})=\frac{1}{n}\left[E(x_1)+E(x_2)+\cdots+E(x_n)\right]=\frac{1}{n}(n\mu)=\mu$$

（2）按照方差的数学性质有

$$\sigma^2(\bar{x})=\sigma^2\left[\frac{x_1+x_2+\cdots+x_n}{n}\right]=\frac{\sigma^2}{n^2}[x_1+x_2+\cdots+x_n]$$

$$=\frac{1}{n^2}\left[\sigma^2(x_1)+\sigma^2(x_2)+\cdots+\sigma^2(x_n)\right]$$

在重复抽样条件下，由于x_1，$x_2,\cdots$，x_n是相互独立的，而且都是从总体X_1，$X_2,\cdots$，X_n中抽取的，所以变量x_i与总体是同分布的，因此有

$$\sigma^2(x_1)=\sigma^2(x_2)=\cdots=\sigma^2(x_n)=\sigma^2$$

$$\sigma^2(\bar{x})=\frac{1}{n^2}[\sigma^2+\sigma^2+\cdots+\sigma^2]=\frac{\sigma^2}{n}\Rightarrow\sigma(\bar{x})=\frac{\sigma}{\sqrt{n}}$$

仍然是麦迪公司的例子，营销人员一共 2 500 人，假定已经抽取了一个 30 人的随机样本，样本的调查数据见表 5-4。

表 5-4　30 人的简单随机样本的调查数据

序号	年薪/元	是否完成培训	序号	年薪/元	是否完成培训
1	49 094.3	是	16	51 766.0	是
2	53 263.9	是	17	52 541.3	否
3	49 643.5	是	18	44 980.0	是
4	49 894.9	是	19	51 932.6	是
5	47 621.6	否	20	52 973.0	是
6	55 924.0	是	21	45 120.9	是
7	49 092.3	是	22	51 753.0	是
8	51 404.4	是	23	54 391.8	否
9	50 957.7	是	24	50 164.2	否
10	55 109.7	是	25	52 973.6	否
11	45 922.6	是	26	50 241.3	否
12	57 268.4	否	27	52 793.9	否
13	55 688.8	是	28	50 979.4	是
14	51 564.7	否	29	55 860.9	是
15	56 188.2	否	30	57 309.1	否

为了估计总体参数，需要计算样本统计量的值。样本统计量是样本的一个函数，是一个随机变量。设 $x_1, x_2, \cdots, x_n$ 是从总体 X 中抽取的容量为 n 的一个样本，如果由此样本构造一个函数 $T\left(x_1, x_2, \cdots, x_n\right)$，不依赖于任何未知参数，则称 $T\left(x_1, x_2, \cdots, x_n\right)$ 是一个样本统计量。常用的样本统计量有样本均值、样本方差和样本比例。

例如，为了估计全部营销人员的平均年薪，需要计算样本均值，并以此作为总体均值的一个点估计。对总体标准差和总体比例的点估计也是一样，具体结果见表 5-5。

表 5-5　由 30 名营销人员组成的简单随机样本的点估计值

总体参数	参数值	点估计量	点估计值
年薪的总体均值/元	51 800.00	年薪的样本均值/元	51 814.00
年薪的总体标准差/元	4 000.00	年薪的样本标准差/元	3 347.72
完成培训人员比例/%	60	完成培训人员样本比例/%	63

在表 5-5 中我们根据一个 30 人的随机样本对麦迪公司营销人员总体年薪的均值和标准差，以及已完成营销培训的人员比例进行了点估计。假定我们抽取另一个 30 人的随机样本，第二个样本提供的数据结果如下：

年薪的样本均值 $\bar{x}$=52 670.00（元）

年薪的样本标准差 s=4 238.55（元）

已完成培训的人员样本比例 p=68%

这说明由第二个样本得到的 $\bar{x}$、s 和 p 的值是不同的。通常由于第二个随机样本与第一个随机样本所包括的个体不同，这种结果是可以预见的。让我们想象，从总体中抽取 30 人组成的随机样本的过程一而再、再而三地进行下去，每次都计算 $\bar{x}$、s 和 p 的值。用这种方式，我们可以得到许多个样本，同时也得到 $\bar{x}$、s 和 p 的许多个值。例如，在麦迪公司的例子中，如果我们重复这一抽样过程，直到获得 500 个样本及其相应的 $\bar{x}$、s 和 p 的值，部分结果见表 5-6。

表 5-6　500 个简单随机样本的均值、标准差和比例

样本编号	样本均值/元	样本标准差/元	样本比例/%
1	51 814.0	3 347.42	63
2	52 669.7	4 239.07	68
3	51 780.3	4 433.43	67
4	51 587.9	3 985.32	53
⋮	⋮	⋮	⋮
500	51 752.0	3 857.82	52

我们根据表 5-6 中的 500 个 $\bar{x}$ 的值，可以得到 $\bar{x}$ 的频率分布，见表 5-7。图 5-9 是 $\bar{x}$ 的频率分布直方图。

表 5-7 500 个简单随机样本均值的频率分布

样本均值/元	频数/人	频率/%
49 500 ~ 50 000	2	0.4
50 000 ~ 50 500	16	3.2
50 500 ~ 51 000	52	10.4
51 000 ~ 51 500	101	20.2
51 500 ~ 52 000	133	26.6
52 000 ~ 52 500	110	22.0
52 500 ~ 53 000	54	10.8
53 000 ~ 53 500	26	5.2
53 500 ~ 54 000	6	1.2
合计	500	100

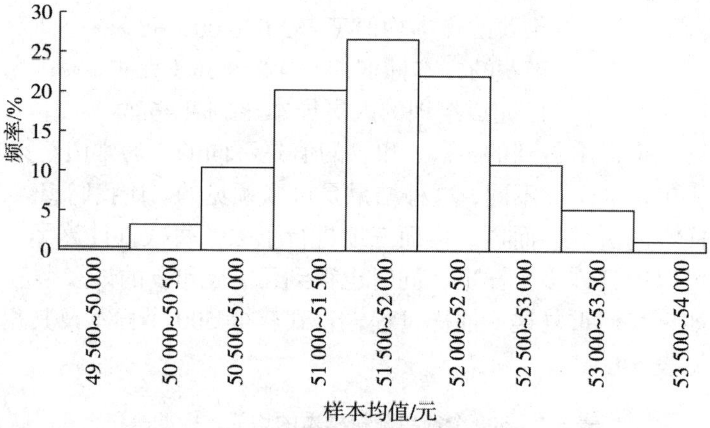

图 5-9 500 个简单随机样本均值的频率分布

$\bar{x}$ 有许多可能的取值，因此可以计算得到其数学期望、方差和概率分布。$\bar{x}$ 的概率分布就是 $\bar{x}$ 的抽样分布。

从图 5-7 可以看到，500 个 $\bar{x}$ 值的分布直方图给出了 $\bar{x}$ 抽样分布的一个近似，其分布形式是基本对称的。我们还发现 $\bar{x}$ 抽样分布的中心位置（即数学期望）在总体均值=51 800 元附近。如果从总体中将样本量为 30 的所有可能的样本都抽出来并且计算每个样本的 $\bar{x}$ 的值，其结果的概率分布就是 $\bar{x}$ 的抽样分布。

◎想一想

样本均值为什么不等于总体均值？

同样，我们也可以得到 500 个 s 和 p 的值，它们的频率直方图分别见图 5-10 和图 5-11。

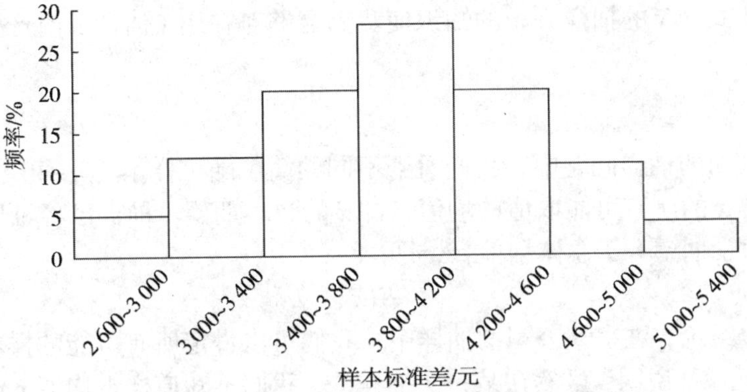

图 5-10　500 个简单随机样本标准差的频率分布

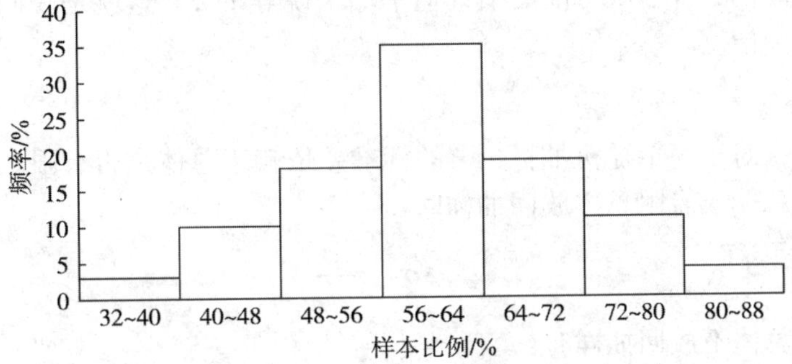

图 5-11　500 个简单随机样本比例的频率分布

一般来说，任何一个样本统计量都有其概率分布，都可以研究其抽样分布。抽样分布的理论能够使我们对样本统计量的取值与总体参数的接近程度做一个概率度量。

（二）样本均值 $\bar{x}$ 的抽样分布

用样本均值 $\bar{x}$ 对总体 μ 进行推断是常用的统计方法之一，推断过程见图 5-12。

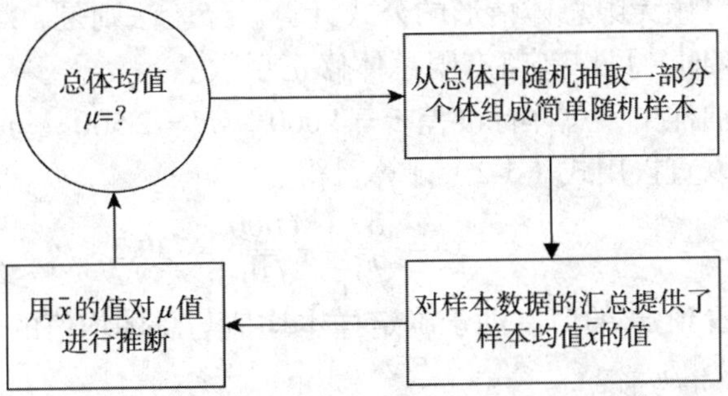

图 5-12　用样本均值 $\bar{x}$ 对总体 μ 进行推断的过程

在抽样过程的每一次重复中，我们得到不同的样本均值 $\bar{x}$ 的值，样本均值 $\bar{x}$ 所有可能取值的概率分布叫样本均值 $\bar{x}$ 的抽样分布。

下面我们讨论 $\bar{x}$ 的抽样分布的性质，包括 $\bar{x}$ 的数学期望（或均值）、$\bar{x}$ 的标准差和 $\bar{x}$ 的抽样分布的形式。$\bar{x}$的抽样分布的知识使我们能够对在用$\bar{x}$估计μ时产生的误差做出概率度量。

1．$\bar{x}$的数学期望

在麦迪公司的抽样问题中，我们看到不同的简单随机样本（n=30）有不同的$\bar{x}$的值，我们关心的是$\bar{x}$的所有可能取值的均值，即$\bar{x}$的数学期望。前面已经证明，对于简单随机样本，$\bar{x}$的数学期望等于总体均值μ，即

$$E(\bar{x})=\mu$$

根据这个结论，在麦迪公司的抽样中，我们可以肯定所有可能的样本均值$\bar{x}$的期望值等于 51 800 元。这说明，虽然在某一次抽样中，我们不知道样本均值$\bar{x}$作为总体均值μ点估计值会有多大误差，但我们可以相信：许多次重复进行得到的点估计值，总是围绕总体均值μ上下波动的，许多次可能的估计值平均来说等于μ。这就是我们能够选择样本均值$\bar{x}$估计μ的理论依据。

2．$\bar{x}$的标准差

可以证明，对于简单随机抽样，$\bar{x}$的标准差依赖于总体是否有限。

对于无限总体或有限总体放回抽样时：

$$\sigma_{\bar{x}}=\frac{\sigma}{\sqrt{n}} \tag{5-3}$$

对于有限总体不放回抽样时：

$$\sigma_{\bar{x}}=\left(\frac{\sigma}{\sqrt{n}}\right)\sqrt{\frac{N-n}{N-1}} \tag{5-4}$$

式中，$\sigma_{\bar{x}}$为$\bar{x}$的标准差；σ为总体标准差；N为总体容量。

从式（5-3）和式（5-4）中可以看到，有限总体比无限总体的$\sigma_{\bar{x}}$多乘以一个系数，这个系数通常称为有限总体修正系数。在许多实际抽样中，虽然总体是有限的，但总体单位数很大，而样本量通常较小，有限总体修正系数趋近于 1，这时可以忽略二者的差别，对有限总体情形也可以用无限总体情形的公式计算。经验法则是，对有限总体抽样，当抽样比$f=n/N$小于 5%时，可以忽略有限总体修正系数。

在麦迪公司的抽样中，总体标准差$\sigma=4\,000$，$N=2\,500$，$n=30$，$f=n/N=1.2\%$。根据经验法则，可以直接用式（5-2）计算，得

$$\sigma_{\bar{x}}=\frac{\sigma}{\sqrt{n}}=\frac{4\,000}{\sqrt{30}}=730.3$$

下面，我们会看到$\sigma_{\bar{x}}$的值有助于确定样本均值与总体均值的偏离程度。

3．$\bar{x}$的抽样分布的形式

讨论$\bar{x}$抽样分布的形式时，考虑两种情形：一是总体分布已知，二是总体分布未知。

当总体分布已知且为正态分布时，对任何样本量，$\bar{x}$的抽样分布均为正态分布。

当总体分布未知时，根据中心极限定理可以得到如下结论：从总体中抽取样本量为n的简单随机样本，当样本量很大时，样本均值$\bar{x}$的抽样分布可以用正态分布近似。在统计实

践中，当样本量大于等于 30 时，基本满足中心极限定理大样本的条件。

现在回到麦迪公司的抽样案例，已经证明，$E(\bar{x})=51\,800$，$\sigma_{\bar{x}}=730.3$，因为样本量为 30，由中心极限定理可以知道 $\bar{x}$ 的抽样分布的形式为近似正态分布，见图 5-13。

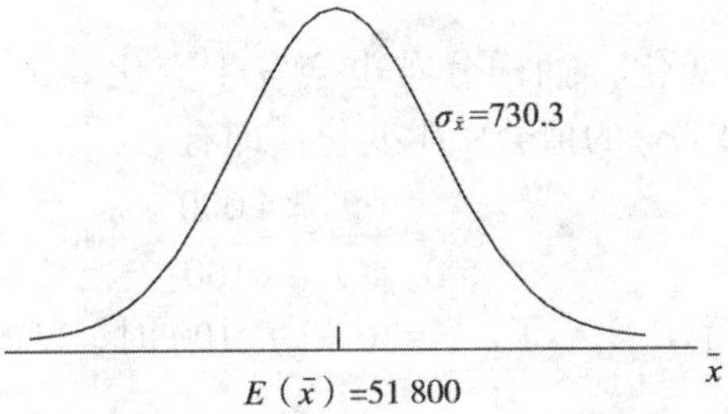

图 5-13 样本量为 30 的简单随机样本均值 $\bar{x}$ 的抽样分布

4. $\bar{x}$ 抽样分布的应用

当抽取一个简单随机样本，用样本均值 $\bar{x}$ 的值估计总体均值时，该样本均值不一定正好等于总体均值，这就产生了抽样误差。

在麦迪公司的抽样中，假设人事主管认为，当样本均值 $\bar{x}$ 的值与总体均值 μ 的值之差的绝对值在 500 元以内时，样本均值是总体均值的一个可以接受的估计值。用概率的术语来讲，人事主管实际关心的问题是：我们根据 30 人的样本得到的样本均值与总体均值之差不超过 500 元的概率有多大。

可以用 $\bar{x}$ 抽样分布来回答这个概率问题。$\bar{x}$ 抽样分布见图 5-8。人事主管关注的是样本均值介于 51 300~52 300 元的概率。如果样本均值在此区间，则样本均值与总体均值之差不超过 500 元。图 5-14 所示的抽样分布中间部分的面积恰好度量了相应概率的大小。

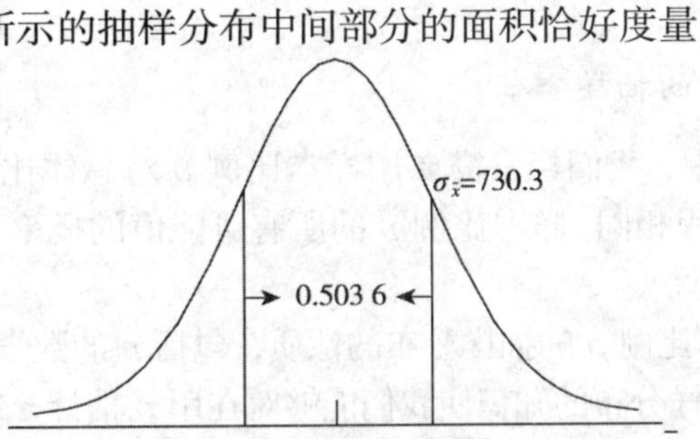

图 5-14 样本均值与总体均值之差不超过 500 元的概率

由于抽样分布是正态分布，我们可以用标准正态分布表来计算这个概率。当 $\bar{x}$ =51 300 元，有

$$z=\frac{51\,300-51\,800}{730.3}=-0.68$$

查标准正态分布表得

$$P(|z|\leqslant 0.68)=0.503\,6$$

计算结果表明，30 人的样本均值 $\bar{x}$ 的值与总体均值 μ 的值之差的绝对值在 500 元以内

的概率（可靠性）只有50.36%，这个估计结果可能不会让人事主管满意，如果增大样本量，可以提高参数估计的可靠性。

假设麦迪公司的人事主管将样本量增大到100人，样本均值与总体均值之差不超过500元的概率会提高到多大？

由于样本量发生了变化，抽样分布也会发生变化。$\bar{x}$ 的抽样分布的中心不变，即 $E(\bar{x})=51\ 800$ 元不变，但 $\sigma_{\bar{x}}$ 的值会发生变化，即有

$$\sigma_{\bar{x}}=\frac{\sigma}{\sqrt{n}}=\frac{4\ 000}{\sqrt{100}}=400$$

可见，样本量增大后 $\sigma_{\bar{x}}$ 变小了。n=30 和 n=100 时，$\bar{x}$ 的抽样分布的比较见图5-15。

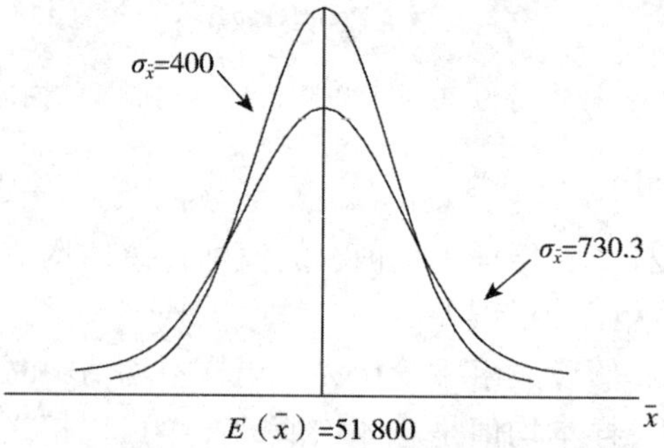

图5-15　n=30 和 n=100 时 $\bar{x}$ 的抽样分布的比较

经过计算，样本量为100时，样本均值与总体均值之差不超过500元的概率为78.88%。可见，当样本量增大时，均值的标准差减少，样本均值落在总体均值某一特定范围的概率随之增大。

（三）样本比例的抽样分布

在抽样调查实践中，我们经常需要用样本比例 p 对总体比例 π 进行推断，推断过程与总体均值 μ 的推断过程相同。样本比例 p 的所有可能值的概率分布称为样本比例 p 的抽样分布。

下面我们讨论样本比例 p 的抽样分布的性质，包括 p 的数学期望、p 的标准差和 p 的抽样分布的形式。p 的抽样分布的知识使我们能够对在用 p 估计 π 时产生的误差做出概率度量。

1. p 的数学期望

可以证明，对于简单随机样本，样本比例 p 的数学期望等于总体比例 π。即

$$E(p)=\pi$$

在麦迪公司的案例中，如果用样本比例 p 估计总体比例 π，由以上结论可知，p 的数学期望为60%。

2. p 的标准差

可以证明，对于简单随机抽样，p 的标准差依赖于总体是否有限，下面给出 p 的标准差的两个公式。

对于无限总体或有限总体放回抽样：

$$\sigma_p = \sqrt{\frac{\pi(1-\pi)}{n}} \tag{5-5}$$

对于有限总体不放回抽样：

$$\sigma_p = \sqrt{\frac{\pi(1-\pi)}{n}\left(\frac{N-n}{N-1}\right)} \tag{5-6}$$

在麦迪公司的抽样案例中，我们已经知道总体比例 $\pi = 60\%$， $N = 2\,500$， $n = 30$， $n/N = 0.012$，因此，计算 p 的标准差时可以忽略有限总体修正系数。于是有

$$\sigma_p = \sqrt{\frac{\pi(1-\pi)}{n}} = \sqrt{\frac{0.6\times0.4}{30}} = 0.089\,4$$

3．p 的抽样分布的形式

与样本均值 $\bar{x}$ 相似，对 p 应用中心极限定理得到 p 的概率分布形式如下：当样本量足够大时，样本比例的抽样分布可以用正态分布近似。对于 p，同时满足 $np \geqslant 5$，$n(1-p) \geqslant 5$ 两个条件时认为样本量足够大。在上述案例中，$np = 18$，$n(1-p) = 12$。因此，样本比例 p 的抽样分布近似于正态分布，见图 5-16。

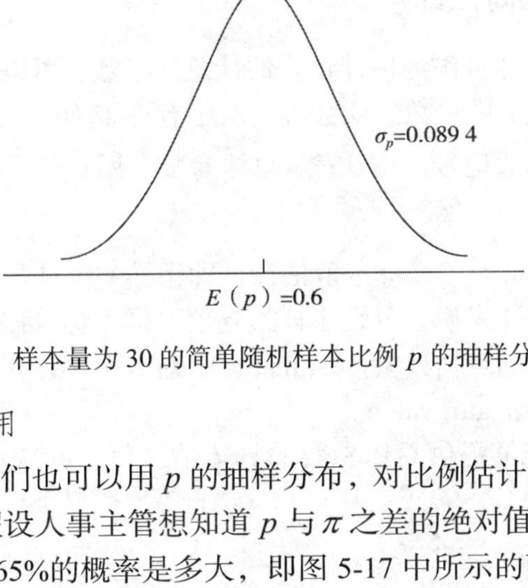

图 5-16　样本量为 30 的简单随机样本比例 p 的抽样分布

4．p 的抽样分布的应用

与样本均值 $\bar{x}$ 相似，我们也可以用 p 的抽样分布，对比例估计的抽样误差大小给出概率度量。在上述案例中，假设人事主管想知道 p 与 π 之差的绝对值不超过 5%的概率是多大，即样本比例介于 55%~65%的概率是多大，即图 5-17 中所示的面积。

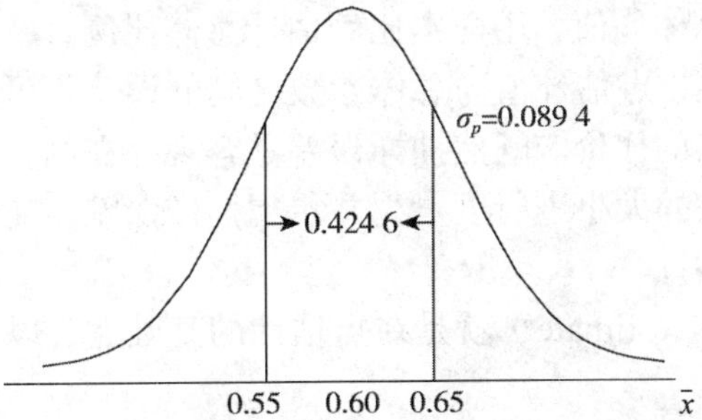

图 5-17　样本比例与总体比例之差不超过 5%的概率

运用标准正态分布表，可以计算得到这个概率为42.46%。如果人事主管认为这个概率太小，没有足够的可靠性，则需要增大样本量。如果将样本量增大到100，可以重新计算 p 的标准差，从而得到 p 与 π 之差不超过5%的概率为69.22%。

（四）样本方差的抽样分布

在很多场合，我们需要对总体方差（或标准差）做出推断。样本方差的分布较为复杂，与总体的分布有关，这里只介绍正态总体情况下样本方差的分布。

可以证明，当总体为正态分布 $N(\mu,\sigma^2)$ 时，从中抽取一个容量为 n 的简单随机样本，其方差为 s^2，则 $(n-1)s^2/\sigma^2$ 服从自由度为 $n-1$ 的 χ^2 分布，即

$$(n-1)s^2/\sigma^2 \sim \chi^2(n-1) \tag{5-7}$$

第三节　总体参数估计概述

总体参数估计是以样本统计量作为未知总体参数的估计量，并通过样本数据计算样本统计量的取值，作为总体参数的估计值。参数估计有点估计和区间估计。

一、点估计与区间估计

首先要有合适的统计量作为估计量。估计总体参数，可以有多个统计量，如估计总体均值，可以有样本均值、中位数、众数等。由于有许多不同的样本统计量用做总体参数的点估计量，下面采用一般记号：用 θ 表示总体参数，用 $\hat{\theta}$ 表示样本统计量。

1. 点估计

点估计（point estimate）又称定值估计，即用样本统计量的某个取值作为总体参数的估计值的一种方法。具体来说，分别用样本均值、样本标准差和样本比例作为总体均值、总体标准差和总体比例的点估计量（estimator）；对一个具体样本，样本统计量的实际值称为参数的点估计值（estimator value）。

点估计的优点是能够提供总体参数的具体估计值；其缺点是并不能提供误差大小的信息。

2. 区间估计

用样本均值估计总体均值，用样本比例估计总体比例，不可能期望估计结果正好等于总体参数值。也就是说，点估计值与总体参数之间的误差不可避免，这是用随机样本对总体进行推断时必须付出的代价。既然抽样误差是客观存在的，我们在对总体参数进行估计时，则需要对抽样误差的大小进行度量，并希望抽样误差在能够接受的范围内。这就需要对总体参数进行区间估计。

区间估计（interval estimate）就是在点估计的基础上，以一定的概率给出总体参数估计的一个范围。

区间估计的优点是能够提供总体参数估计结果的抽样误差范围，并能够以概率的形式

给出得到结果的可靠程度；其缺点是计算方法较复杂。

二、估计量的评价标准

作为优良估计量应符合以下三个标准。

1. 无偏性

如果$E(\hat{\theta})=\theta$，则称样本统计量$\hat{\theta}$是总体参数θ的无偏估计量。

例如，样本均值（$\bar{x}$）和中位数（M_e）均可作为总体均值μ的估计量，但是一般情况下$E(M_e)\neq\mu$，而$E(\bar{x})=\mu$，所以样本均值$\bar{x}$是总体均值μ的无偏估计量。

在前面讨论样本均值和样本比例的抽样分布时，我们知道$E(\bar{x})=\mu$和$E(p)=\pi$，因此，$\bar{x}$和p分别是总体参数μ和π的无偏估计量。同样，我们也可以证明$E(s^2)=\sigma^2$，所以，样本方差s^2是总体方差σ^2的无偏估计量。之所以在计算样本方差时公式的分母是（$n-1$）而不是n，就是因为这样计算的样本方差是总体方差的无偏估计量。如果分母是n，则样本方差是总体方差的有偏估计量，从趋势上会略微低估总体方差。

2. 有效性

假定根据一个样本量为n的简单随机样本，构造了两个不同的无偏估计量，用于对同一个总体参数进行估计，我们选择哪一个？通常我们选择标准差较小的点估计量，因为它给出的估计值与总体参数更接近。即有：当$\hat{\theta}_1$和$\hat{\theta}_2$都是θ的无偏估计量时，如果$\hat{\theta}_1$的标准差比$\hat{\theta}_2$的标准差小，则称点估计量$\hat{\theta}_1$比$\hat{\theta}_2$更有效率。

3. 一致性

如果当样本量更大时，点估计量的值更接近于总体参数，则称该点估计量具有一致性。换言之，大样本比小样本更容易产生一个好的点估计。例如，用样本均值$\bar{x}$估计总体均值时，由于$\sigma_{\bar{x}}=\dfrac{\sigma}{\sqrt{n}}$，随着样本量的增大，样本均值$\bar{x}$的标准差会减小。这说明样本均值$\bar{x}$是总体均值的一个一致估计量。同样的道理，样本比例也是总体比例的一致估计量。

第四节　一个总体参数的区间估计

一、总体均值的区间估计

（一）大样本的情形

用样本均值对总体均值进行区间估计，要用到$\bar{x}$的抽样分布。同样是大样本估计，又分为总体方差σ^2已知和未知两种情形。

1. 大样本且σ^2已知的情形

在总体均值估计时，抽样误差=$|\bar{x}-\mu|$。但是，由于μ是未知参数，所以抽样误差不

能直接计算得到。然而，$\bar{x}$ 的抽样分布可以对抽样误差的大小做出概率度量。

在麦迪公司的抽样案例中，假设总体标准差是已知，$\sigma=4\,000$，但 μ 未知。当样本量 $n=100$ 时，$\bar{x}=51\,500$ 元，根据中心极限定理，我们得到 $\bar{x}$ 的抽样分布近似服从均值为 μ、标准差 $\sigma_{\bar{x}}$ 为 400 元的正态分布。为了对总体均值（营销人员的平均年薪）进行区间估计，人事主管需要提出一个可靠性要求，即他希望估计的区间有多大的概率能够涵盖总体均值。一般说来，人们希望这个可靠性不小于 95%。根据标准正态分布表可知，任何服从正态分布的随机变量 95%的值在其“均值 ± 1.96 个标准差”之内。同样，$\bar{x}$ 的抽样分布近似服从均值为 μ、标准差 $\sigma_{\bar{x}}$ 为 400 元的正态分布，因此，$\bar{x}$ 的所有可能取值中有 95%落在 $\mu\pm1.96\sigma_{\bar{x}}$ 之内。因为 $1.96\sigma_{\bar{x}}=1.96\times400=784$，$\bar{x}$ 的所有可能取值中有 95%落在 $\mu\pm784$ 之内。换言之，样本均值的抽样误差小于等于 784 的概率为 95%，如图 5-18 所示。

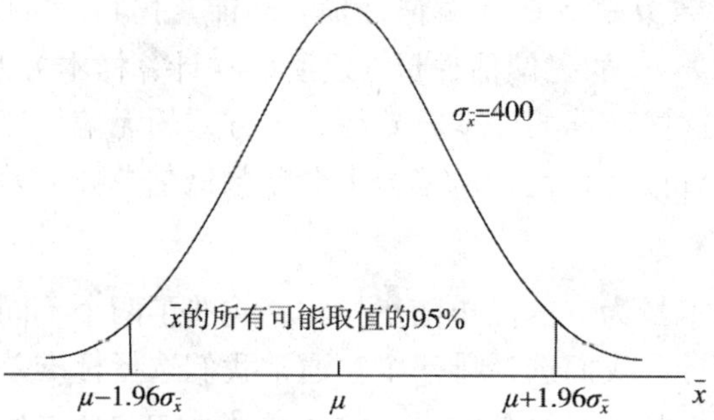

图 5-18　$\bar{x}$ 的抽样误差≤784 的抽样分布的区域

一般地，当总体服从正态分布或总体虽不是正态分布但样本量是大样本且 σ^2 已知时，样本均值 $\bar{x}$ 的抽样分布服从（或近似服从）均值为 μ、标准差为 $\sigma_{\bar{x}}=\dfrac{\sigma}{\sqrt{n}}$ 的正态分布。将 $\bar{x}$ 经过标准化变换得到的随机变量 z 服从标准正态分布，即

$$z=\frac{\bar{x}-\mu}{\sigma_{\bar{x}}}\sim N(0,1) \tag{5-8}$$

根据标准正态分布的性质可知，随机变量 z 的取值与一定的概率相对应，即有

$$P\left(|z|\leqslant z_{\alpha/2}\right)=1-\alpha \tag{5-9}$$

等价于：

$$P\left(\frac{|\bar{x}-\mu|}{\sigma_{\bar{x}}}\leqslant z_{\alpha/2}\right)=1-\alpha \tag{5-10}$$

式（5-10）中的 $1-\alpha$ 称为置信水平（confidence level），是指随机变量 z 的取值的绝对值小于等于 $z_{\alpha/2}$ 的概率。$z_{\alpha/2}$ 是标准正态分布上侧面积为 $\alpha/2$ 时的 z 值。事实上，对式（5-10）左边括号中的不等式进行变换，得到如下结果：

$$P\left(|\bar{x}-\mu|\leqslant z_{\alpha/2}\sigma_{\bar{x}}\right)=1-\alpha \tag{5-11}$$

即有

$$\bar{x}-z_{\alpha/2}\sigma_{\bar{x}}\leqslant\mu\leqslant\bar{x}+z_{\alpha/2}\sigma_{\bar{x}} \tag{5-12}$$

也就是说，由样本均值构造的估计区间会以$1-\alpha$的概率涵盖总体均值μ，即

$$\bar{x} \pm z_{\alpha/2}\sigma_{\bar{x}} \tag{5-13}$$

这个估计区间又称为置信水平为$1-\alpha$的置信区间（confidence interval），其中$z_{\alpha/2}\sigma_{\bar{x}}$称为边际误差（margin error），记为$E$，它是估计量标准差$\sigma_{\bar{x}}$的一个倍数，也称为抽样极限误差。由于$\sigma_{\bar{x}}=\dfrac{\sigma}{\sqrt{n}}$，总体均值的区间估计也可以表示如下：

$$\bar{x} \pm z_{\alpha/2}\frac{\sigma}{\sqrt{n}} \tag{5-14}$$

回到麦迪公司的抽样案例中，如果人事主管要求以 95%的置信水平对平均年薪进行区间估计，根据前面的计算可得，公司全部营销人员平均年薪的区间估计为 51 500 ± 784 元，即（50 716，52 284）元。结论是：公司 2 500 名营销人员平均年薪估计在 50 716~52 284 元，对这一估计结果我们没有 100%的信心，只有 95%的信心。

实际上，如果换一个人来进行抽样，样本量也是 100，但样本均值$\bar{x}$=52 000 元，则 95%的置信区间也会变化，即为 52 000 ± 784 元。由于总体均值是未知参数，某次估计的区间是否包括总体参数是不能确定的，但根据置信区间的定义，如果进行 100 次这样的估计得到 100 个置信区间，会有 95 个区间涵盖总体均值。这就是置信水平 95%的直观意义。

2. 大样本且σ^2未知的情形

要进行区间估计，首先要对总体标准差σ进行点估计。前面讲过，样本标准差s是总体标准差σ的无偏点估计。因此，有$\sigma_{\bar{x}}=\dfrac{s}{\sqrt{n}}$，在置信水平为$1-\alpha$时总体均值的区间估计为

$$\bar{x} \pm z_{\alpha/2}\frac{s}{\sqrt{n}} \tag{5-15}$$

需要说明的是，置信水平$1-\alpha$是可以选择的，常用的置信水平对应的$z_{\alpha/2}$值如表 5-8 所示。

表 5-8　常用的置信水平对应的$z_{\alpha/2}$值

$1-\alpha$ /%	90	95	95.45	99	99.73
$z_{\alpha/2}$	1.65	1.96	2.00	2.58	3.00

（二）小样本的情形

在小样本的情形下，如果总体是正态分布，且总体标准差σ已知，$\bar{x}$的抽样分布服从正态分布，可以使用前面介绍的方法进行总体均值的区间估计。如果总体标准差σ未知，我们需要用样本标准差s估计总体标准差σ。这时，样本均值$\bar{x}$经过标准化后的随机变量服从自由度为n–1 的t分布，即

$$t=\frac{\overline{x}-\mu}{s/\sqrt{n}}\sim t(n-1) \tag{5-16}$$

在$1-\alpha$置信水平下，根据t分布建立的总体均值μ的置信区间为

$$\overline{x}\pm t_{\alpha/2}\frac{s}{\sqrt{n}} \tag{5-17}$$

式中，$t_{\alpha/2}$为自由度为$n-1$时，t分布的上侧面积为$\alpha/2$时的t值。

【例 5-1】某研究机构想估计在软件公司工作的员工每周加班的平均时间，随机抽取了一个 25 人的样本，计算得到样本均值为 15 小时，样本标准差为 20 小时，假定员工每周加班时间服从正态分布，试以 95%的置信水平估计软件公司员工每周加班的平均时间。

解：n=25，$t_{\alpha/2}(n-1)=t_{0.025}(24)$=2.06，$\overline{x}$=15 小时，$s$=20 小时。因此，代入式（5-17），95%的置信水平下软件公司员工每周加班的平均时间的置信区间为$15\pm2.06\times(20/5)$，即（6.76，23.24）小时。故以 95%的置信水平估计软件公司员工每周加班的平均时间的置信区间为 6.76~23.24 小时。

二、总体比例的区间估计

在麦迪公司的抽样案例中，人事主管还关心一个问题，就是参加过公司营销培训项目人员的比例。类似总体均值的区间估计，现在我们讨论总体比例的区间估计。

前面我们已经说明，样本比例p是总体比例π的无偏估计，并且，当样本量足够大时，样本比例p的抽样分布可以用正态分布近似。在麦迪公司案例中，样本量为 30 时完全满足大样本的条件，所以我们可以基于正态分布对总体比例进行区间估计。此时，样本比例p的抽样误差=$|p-\pi|$。

与总体均值的区间估计类似，定义$z_{\alpha/2}\sigma_p$为样本比例p的边际误差，这样就很容易得到总体比例的区间估计，即在$1-\alpha$置信水平下总体比例的置信区间为

$$p\pm z_{\alpha/2}\sigma_p \tag{5-18}$$

对于无限总体，$\sigma_p=\sqrt{\dfrac{\pi(1-\pi)}{n}}$，因此，总体比例的置信区间还可以表示为

$$p\pm z_{\alpha/2}\sqrt{\frac{\pi(1-\pi)}{n}} \tag{5-19}$$

由于式（5-19）中总体比例π是未知的，需要用样本比例p来估计，因此，总体比例的置信区间的计算公式为

$$p\pm z_{\alpha/2}\sqrt{\frac{p(1-p)}{n}} \tag{5-20}$$

回到麦迪公司的案例，n=30，p=63%，在 95%的置信水平时，$z_{\alpha/2}$=1.96，人事主管可以对参加过公司营销培训项目人员的比例进行如下估计：

$$\sigma_p=\sqrt{\frac{p(1-p)}{n}}=\sqrt{\frac{0.63\times0.37}{30}}=0.088$$

总体比例π的95%的置信水平下的置信区间为$63\% \pm 1.96 \times 8.8\%$，即45.75%~80.25%。

当然，麦迪公司的人事主管可能对这个区间估计的精度不太满意，因为边际误差$z_{\alpha/2}\sigma_p$达到了17.25%。为了提高估计精度，需要降低边际误差，在置信水平不变的条件下，只有降低样本比例的标准差。如何才能降低样本比例的标准差？这就需要增大样本量。假设样本量增大到100，重新计算置信区间如下：

$$\sigma_p = \sqrt{\frac{p(1-p)}{n}} = \sqrt{\frac{0.63 \times 0.37}{100}} = 0.048$$

总体比例π的95%的置信水平下的置信区间为$63\% \pm 1.96 \times 4.8\%$，即53.6%~72.4%。此时的边际误差下降到9.4%，误差范围明显缩小，估计精度明显提高。

三、总体方差的区间估计

对于来自正态总体$\mathrm{N}(\mu, \sigma^2)$的样本量为$n$的简单随机样本，如果总体方差$\sigma^2$未知，可以用样本方差$s^2$来估计。根据$(n-1)s^2/\sigma^2 \sim \chi^2(n-1)$得到

$$P\left[\chi^2_{1-\alpha/2} \leqslant \frac{(n-1)s^2}{\sigma^2} \leqslant \chi^2_{\alpha/2}\right] = 1-\alpha \tag{5-21}$$

变换后可得到总体方差σ^2的置信水平为$1-\alpha$的估计区间如下：

$$\left[\frac{(n-1)s^2}{\chi^2_{\alpha/2}}, \frac{(n-1)s^2}{\chi^2_{1-\alpha/2}}\right] \tag{5-22}$$

式中，$\chi^2_{\alpha/2}$和$\chi^2_{1-\alpha/2}$分别为自由度为$n-1$的χ^2分布的$\alpha/2$分位数和$1-\alpha/2$分位数。

【例5-2】假设某种品牌的袋装化肥重量服从正态分布，现从一批袋装化肥中随机抽取25袋，测得其平均重量为50千克，方差为0.85，试以95%的置信水平估计该批化肥重量的标准差。

解：由$\alpha = 0.05$和$n-1=24$，查表得$\chi^2_{\alpha/2} = 39.364$，$\chi^2_{1-\alpha/2} = 12.401$，又$s^2 = 0.85$，所以，总体方差的95%的置信区间为$\left(\frac{24 \times 0.85}{39.364}, \frac{24 \times 0.85}{12.401}\right)$，即$(0.518, 1.645)$，即以95%的置信水平估计该批化肥重量的标准差在0.518~1.645千克。

第五节　两个总体参数的区间估计

有时需要对两个总体参数进行比较，如比较两个地区居民人均收入水平的差异，比较企业中不同班组生产工人的产品合格率等。这就需要用到两个总体参数的区间估计方法。

一、两个总体均值之差的区间估计

分三种情况进行讨论，并假定来自两个总体的两个样本相互独立，样本量各为n_1和n_2。

（一）两个正态总体——方差已知

设总体 $X_1 \sim \mathrm{N}(\mu_1,\sigma_1^2)$，总体 $X_2 \sim \mathrm{N}(\mu_2,\sigma_2^2)$，$\sigma_1^2$ 和 σ_2^2 都已知，由本章第四节可知：

$$\overline{x}_1-\overline{x}_2 \sim \mathrm{N}\left(\mu_1-\mu_2,\frac{\sigma_1^2}{n_1}+\frac{\sigma_2^2}{n_2}\right) \tag{5-23}$$

经标准化变换得

$$z=\frac{\overline{x}_1-\overline{x}_2-(\mu_1-\mu_2)}{\sqrt{\dfrac{\sigma_1^2}{n_1}+\dfrac{\sigma_2^2}{n_2}}} \sim \mathrm{N}(0,1) \tag{5-24}$$

由此得到 $\mu_1-\mu_2$ 的置信水平为 $1-\alpha$ 的置信区间如下：

$$\left[(\overline{x}_1-\overline{x}_2)-z_{\alpha/2}\sqrt{\frac{\sigma_1^2}{n_1}+\frac{\sigma_2^2}{n_2}},(\overline{x}_1-\overline{x}_2)+z_{\alpha/2}\sqrt{\frac{\sigma_1^2}{n_1}+\frac{\sigma_2^2}{n_2}}\right] \tag{5-25}$$

【例 5-3】为调查甲、乙两家银行的户均存款数，从两家银行各抽取一个样本量为 25 的客户样本，两个样本的均值分别为 4 500 元和 3 250 元，两个总体标准差分别为 920 元和 960 元。根据经验知道两个总体服从正态分布，试求 $\mu_1-\mu_2$ 的置信水平为 90%的置信区间。

解：两个总体服从正态分布，且方差已知，因此 $\mu_1-\mu_2$ 的置信水平为 90%的置信区间为

$$(\overline{x}_1-\overline{x}_2)-z_{0.05}\sqrt{\frac{\sigma_1^2}{n_1}+\frac{\sigma_2^2}{n_2}}=(4\,500-3\,250)-1.65\times\sqrt{\frac{920^2}{25}+\frac{960^2}{25}}$$

$$=1\,250-439=811(\text{元})$$

$$(\overline{x}_1-\overline{x}_2)+z_{0.05}\sqrt{\frac{\sigma_1^2}{n_1}+\frac{\sigma_2^2}{n_2}}=1\,250+439=1\,689(\text{元})$$

即有 90%的把握估计两家银行的户均存款之差在 811~1 689 元。

对于非正态总体情形，如果总体方差已知，只要两个样本都是大样本，也可以按上述方法对两个总体均值之差进行区间估计。

（二）两个正态总体——方差未知但相等

设总体 $X_1 \sim \mathrm{N}(\mu_1,\sigma_1^2)$，总体 $X_2 \sim \mathrm{N}(\mu_2,\sigma_2^2)$，$\sigma_1^2$ 和 σ_2^2 都未知，但 $\sigma_1^2=\sigma_2^2=\sigma^2$。于是，有

$$z=\frac{\overline{x}_1-\overline{x}_2-(\mu_1-\mu_2)}{\sigma\sqrt{\dfrac{1}{n_1}+\dfrac{1}{n_2}}} \sim \mathrm{N}(0,1) \tag{5-26}$$

式中，σ 未知，需要估计；由于 s_1^2、s_2^2 都为 σ^2 的无偏估计，集中了各自样本中有关的信息，故可以采用 σ^2 的合并估计量，即

$$s_p^2=\frac{(n_1-1)s_1^2+(n_2-1)s_2^2}{n_1+n_2-2} \tag{5-27}$$

用 s_p^2 代替 σ^2 得到

$$t=\frac{\overline{x}_1-\overline{x}_2-(\mu_1-\mu_2)}{s_p\sqrt{\frac{1}{n_1}+\frac{1}{n_2}}} \tag{5-28}$$

t 统计量服从自由度为 n_1+n_2-2 的 t 分布。因此，$\mu_1-\mu_2$ 的置信水平为 $1-\alpha$ 的置信区间为

$$\left[(\overline{x}_1-\overline{x}_2)-t_{\alpha/2}(n_1+n_2-2)s_p\sqrt{\frac{1}{n_1}+\frac{1}{n_2}},(\overline{x}_1-\overline{x}_2)+t_{\alpha/2}(n_1+n_2-2)s_p\sqrt{\frac{1}{n_1}+\frac{1}{n_2}}\right] \tag{5-29}$$

（三）两个非正态总体

设总体 X_1 和 X_2 都是非正态总体。在实际问题中，它们的方差大多是未知的，当 n_1 和 n_2 都很大时，$\overline{x}_1-\overline{x}_2$ 近似服从 $N\left(\mu_1-\mu_2,\frac{\sigma_1^2}{n_1}+\frac{\sigma_2^2}{n_2}\right)$。用 s_1^2、s_2^2 分别作为 σ_1^2 和 σ_2^2 的估计值，便得到 $\mu_1-\mu_2$ 的置信水平为 $1-\alpha$ 的置信区间

$$\left[(\overline{x}_1-\overline{x}_2)-z_{\alpha/2}\sqrt{\frac{s_1^2}{n_1}+\frac{s_2^2}{n_2}},(\overline{x}_1-\overline{x}_2)+z_{\alpha/2}\sqrt{\frac{s_1^2}{n_1}+\frac{s_2^2}{n_2}}\right] \tag{5-30}$$

【**例 5-4**】某城市由一江分隔为东西两部分，有人说西岸居民比东岸居民人均年收入高 100 元，为证明此种说法，城市抽样调查队进行了抽样调查，调查结果见表 5-9。

表 5-9　抽样调查计算表

居民区	n	$\overline{x}$ /元	s /元
西岸（记为 1）	100	4 900	905
东岸（记为 2）	120	4 850	870

试计算两岸居民收入差的 95%的置信区间。

解：因为 $n_1=100$，$n_2=120$，都是大样本，所以两个样本均值之差近似服从正态分布。因此，$\mu_1-\mu_2$ 的置信水平为 $1-\alpha$ 的置信区间如下：

$$(\overline{x}_1-\overline{x}_2)-z_{\alpha/2}\sqrt{\frac{s_1^2}{n_1}+\frac{s_2^2}{n_2}}=(4\,900-4\,850)-1.96\sqrt{\frac{905^2}{100}+\frac{870^2}{120}}$$
$$=50-236=-186(\text{元})$$
$$(\overline{x}_1-\overline{x}_2)+z_{\alpha/2}\sqrt{\frac{s_1^2}{n_1}+\frac{s_2^2}{n_2}}=50+236=286(\text{元})$$

有 95%的把握估计两岸居民收入之差在−186~286 元，表明两岸居民收入可能没有差异。

二、两个总体比例之差的区间估计

设两个总体的比例分别为 π_1 和 π_2，从两个总体中各自独立地抽取一个样本，样本容量分别为 n_1 和 n_2，样本比例分别为 p_1 和 p_2。当 n_1p_1、n_1q_1 和 n_2p_2、n_2q_2 都大于 5 时，就可以

认为 p_1-p_2 近似服从均值为 p_1-p_2，方差为 $\sigma_{p_1-p_2}^2=\frac{\pi_1(1-\pi_1)}{n_1}+\frac{\pi_2(1-\pi_2)}{n_2}$ 的正态分布。因此，$\pi_1-\pi_2$ 的置信水平为 $1-\alpha$ 的置信区间为

$$(p_1-p_2)\pm z_{\alpha/2}\sigma_{p_1-p_2} \tag{5-31}$$

由于 π_1 和 π_2 均未知，可以分别用 p_1 和 p_2 代替。即有

$$\sigma_{p_1-p_2}=\sqrt{\frac{p_1(1-p_1)}{n_1}+\frac{p_2(1-p_2)}{n_2}} \tag{5-32}$$

【例 5-5】某饮料公司对其所做的报纸广告在两个城市的效果进行了比较，从两个城市成年人中各抽取一个样本量为 1 000 人的简单随机样本，其中看过该广告的比例分别为 18%和 14%，请以 95%的置信水平对两城市成年人中看过该广告的比例的差值进行区间估计。

解：已知 $n_1=n_2=1\,000$，$p_1=0.18$，$p_2=0.14$，$z_{\alpha/2}=1.96$。

因此，两城市成年人中看过广告的比例之差的置信区间为

$$(0.18-0.14)\pm1.96\times\sqrt{\frac{0.18\times0.82}{1\,000}+\frac{0.14\times0.86}{1\,000}}$$

即（0.04 ± 0.032 1）或（0.79%，7.21%）。

即我们以 95%的置信水平估计两城市成年人中看过该广告的比例之差在 0.79%~7.21%。

三、两个总体方差之比的区间估计

在实际工作中，我们经常会遇到比较两个总体的方差的问题，如比较两种测量工具的精度，比较两个生产过程的稳定性或比较两种不同的粮食新品种亩①产的波动性等。与比较两个总体的均值不同，比较两个总体的方差是用二者的比来判断，如果二者的比值接近于 1，则说明其总体的方差比较接近；反之，说明二者相差较大。

若有两个相互独立的正态总体，它们的方差分别为 σ_1^2 和 σ_2^2，从中分别抽取一个容量为 n_1 和 n_2 的样本，样本方差分别为 s_1^2 和 s_2^2，则统计量为

$$F=\frac{s_1^2/\sigma_1^2}{s_2^2/\sigma_2^2} \tag{5-33}$$

服从自由度为 n_1-1 和 n_2-1 的 F 分布。因此，从 F 分布表可查得 $F_{\alpha/2}$ 和 $F_{(1-\alpha/2)}$ 的值，于是有

$$P\left[F_{1-\alpha/2}\leqslant\frac{s_1^2/\sigma_1^2}{s_2^2/\sigma_2^2}\leqslant F_{\alpha/2}\right]=1-\alpha \tag{5-34}$$

经过变换可以得到 σ_1^2/σ_2^2 的置信水平为 $1-\alpha$ 的置信区间为

---

① 1 亩≈666.7 平方米。

$$\left[\frac{s_1^2 / s_2^2}{F_{\alpha/2}^2}, \frac{s_1^2 / s_2^2}{F_{1-\alpha/2}^2}\right] \tag{5-35}$$

【例 5-6】假设有 A、B 两个品种的大米平均亩产量相同，但方差不同。根据随机实验分别取得的样本量均为 16 的两组样本数据，得到 A、B 品种亩产量的方差分别为 55 和 75，试给出两个品种大米亩产量方差之比的置信区间（置信水平为 90%）。

解：已知 $s_1^2=55$，$s_2^2=75$，$F_{0.05}(15,15)=2.4$，$F_{0.95}(15,15)=1/F_{0.05}(15,15)=1/2.4=0.417$，因此，得到两个品种大米亩产量方差之比的 90%的置信区间为

$$\left(\frac{55/75}{2.4}, \frac{55/75}{0.417}\right)$$

即（0.305 6，1.758 5）。

故以 90%的置信水平估计两个品种大米亩产量的方差之比在 0.305 6~1.758 5。

第六节　样本量的确定

在抽样之前首先要确定样本量。样本量的确定是抽样设计的一个非常重要的环节。样本量的大小不仅会影响估计的精确度，还会影响调查的费用。确定样本量需要考虑多种因素，通常我们是在假设总体的方差一定时，在给定的置信水平下为了达到要求的估计精确度确定所需要的样本量。

一、总体均值估计时样本量的确定

确定样本量时，人们总是希望对总体均值估计的误差不能超过一定范围，这就是边际误差 E。在简单随机重复抽样或从无限总体随机抽样时，有

$$E = z_{\alpha/2}\frac{\sigma}{\sqrt{n}} \tag{5-36}$$

根据式（5-36）求解得

$$n = \frac{z_{\alpha/2}^2\sigma^2}{E^2} \tag{5-37}$$

从样本量的确定公式可以看出，在简单随机重复抽样下，样本量取决于总体方差、边际误差和要求的置信水平三个因素。

◎想一想

非重复抽样的总体均值估计样本量应如何确定？

【例 5-7】一家广告公司想估计某行业企业某年所花费的广告费有多少。根据过去经验知道，总体方差约为 300（万元）^{2}，如果要使均值估计的边际误差不超过 5 万元，在置信水平为 95%时请确定简单随机抽样的样本量。

解：已知 $\sigma^2=300$，$\alpha=0.05$，$z_{\alpha/2}=1.96$，$E=5$，代入公式得

$$n=\frac{z_{\alpha/2}^2\sigma^2}{E^2}=\frac{1.96^2\times300}{5^2}=46.1$$

这个广告公司应抽取 47 家企业。

当从有限总体不重复抽样时，应考虑有限总体校正系数，此时边际误差为

$$E=z_{\alpha/2}\sqrt{\frac{\sigma^2}{n}\left(\frac{N-n}{N-1}\right)} \tag{5-38}$$

求解得

$$n=\frac{Nz_{\alpha/2}^2\sigma^2}{NE^2+z_{\alpha/2}^2\sigma^2} \tag{5-39}$$

记 $n_0=\frac{z_{\alpha/2}^2\sigma^2}{E^2}$，则有

$$n=\frac{n_0}{1+n_0/N} \tag{5-40}$$

当 n_0/N 很小（一般小于 5%）时，可以用 n_0 作为近似结果。

二、总体比例估计时样本量的确定

估计总体比例时，边际误差为 $E=z_{\alpha/2}\sigma_p$。在简单随机重复抽样或从无限总体随机抽样时，可以得到样本量的确定公式为

$$n=\frac{z_{\alpha/2}^2\pi(1-\pi)}{E^2} \tag{5-41}$$

由于总体 π 未知，可以用样本比例 p 代替。

【例 5-8】一家市场调查公司想调查某城市居民家庭拥有个人电脑的比例。要求估计误差不超过 5%，在置信水平 95%时，请确定必要的样本量。如果根据过去调查的经验知道城市居民家庭拥有个人电脑的比例约为 30%，请重新确定样本容量。

解：在第一种情况下，总体比例和样本比例均未知。这时我们可以确定一个最保守的样本量（最大的样本量）。我们知道，对于服从二项分布的随机变量，当 $p=0.5$ 时，其方差达到最大值，这时可得到一个保守估计结果。

$$n=\frac{z_{\alpha/2}^2\pi(1-\pi)}{E^2}=\frac{1.96^2\times0.5\times0.5}{0.05^2}=384.2(\text{个})$$

在总体比例和样本比例均未知时，按最保守估计需要样本容量 385 个。

当根据过去调查的经验知道城市居民家庭拥有个人电脑的比例约为 30%时，重新计算如下：

$$n=\frac{z_{\alpha/2}^2\pi(1-\pi)}{E^2}=\frac{1.96^2\times0.3\times0.7}{0.05^2}=322.7(\text{个})$$

在总体比例估计为 30%时，重新确定的样本容量为 323 个。

当从有限总体不重复抽样时，样本量的确定公式为

$$n = \frac{n_0}{1 + n_0 / N} \tag{5-42}$$

式中，$n_0 = \frac{z_{\alpha/2}^2 \pi(1-\pi)}{E^2}$。当$n_0 / N$很小时，可以用$n_0$作为近似结果。

本 章 小 结

（1）在概率基础部分，简要介绍了随机变量及其分布的概念，以及正态分布、χ^2分布、t分布、F分布等几个常用的概率分布。

（2）在概率抽样中，简单随机抽样是最基本的方法。根据总体是有限总体还是无限总体，简单随机抽样的实施方法有所不同。从有限总体抽样，有放回抽样和不放回抽样之分。简单随机抽样的实施方法有抽签法、使用“随机数表”抽样和使用统计软件抽取等。从无限总体抽样，具体的样本抽取过程需要根据具体情况确定。

（3）抽样分布是进行参数估计的基础。抽样分布就是样本统计量的概率分布。抽样分布的性质，包括样本统计量的数学期望、标准差和抽样分布的形式。样本均值、样本比例和样本标准差都有自己的抽样分布，抽样分布的知识使我们能够对参数估计的误差做出概率度量。

（4）参数估计的方法有点估计和区间估计。优良估计量的标准有无偏性、有效性和一致性。点估计又称定值估计，即用样本统计量的某个取值作为总体参数的估计值的一种方法。区间估计就是在点估计的基础上，以一定的概率给出总体参数估计的一个范围。本章重点讨论了一个总体参数的区间估计方法，简要简介了两个总体参数的区间估计方法，并阐述了抽样设计中样本量的确定方法。

第六章

假设检验

假设检验与参数估计一样，也是推断统计的基本内容之一。参数估计是根据样本信息对未知的总体参数进行推断，而假设检验则是先对总体参数或分布提出某种假设，然后用样本信息判断这一假设是否成立。假设检验包括对总体参数和总体分布形式的检验，本章仅介绍总体参数的检验方法。具体要求：①掌握假设检验的概念和步骤；②重点掌握一个总体参数的假设检验；③了解两个总体参数的假设检验。

第一节　假设检验的基本问题

在现实生活中，人们经常要做出各种判断，问题虽然不同，但是判断的过程总是相似的：首先，根据经验或某种信息做出一定的猜测；然后，搜集相关信息和证据做出判断。用统计语言来说，对于研究对象的某种特征所做的陈述就是一种“假设”，而搜集证据判断该假设是否成立的过程就是“假设检验”。

一、假设检验的概念

1．假设

以检验为目的，对单个或多个总体的分布或分布中所含参数的具体数值所作的陈述，称为假设（hypothesis）或统计假设。

例如，“大学本科毕业生的平均起薪为每月 3 200 元”是关于总体均值的假设，“大学本科毕业生的起薪服从正态分布”是关于总体分布的假设。一个假设的提出总是以一定的理由为基础，但这些理由通常又是不完全的，因而需要进行检验。

2．假设检验

假设检验（hypothesis test）是先对总体的参数（或分布形式）提出某种假设，然后利用样本信息判断假设是否成立的方法。总体参数的假设检验，是假设检验的核心内容。

假设检验是带有概率性质的反证法。先承认待检验的假设成立，然后观察在此假设前提下样本的出现是否属于小概率事件，如果是小概率事件，则有充分的理由怀疑或否定假设；反之，不能怀疑或否定假设。

【例 6-1】某厂家声明其产品的合格率不低于 99%，如果抽检 10 件产品，有 2 件是次品，如何运用假设检验的方法来判断厂商的声明是否可信呢?

厂商的声明实际上是一个关于产品合格率π的假设，抽检的 10 件产品是来自这个总体的样本，其次品数服从二项分布$B(10,1-\pi)$。我们先假设厂家的声明可信，由二项分布的公式可以算出，$\pi=99\%$时“抽 10 件产品有 2 件或 2 件以上次品”的概率只有 0.43%。如果$\pi>99\%$，这个概率会更小。也就是说，如果全部产品的合格率确实不低于 99%，抽到这个包含 2 件次品的样本，以及包含更多次品的样本是个小概率事件，在一次试验中是不该发生的。一次抽样就抽到了这样的样本，让人不得不怀疑导致这种矛盾的前提，即“合格率不低于 99%”这一声明的可信度。

假设检验与审判过程十分相似。在审判中，先要假定被告人无罪，所获取的证据和证词相当于提供了样本信息。如果证据和证词与被告无罪这一假设不相符，则无罪假设不成立，就要判被告有罪。

假设检验有古典和 P 值两种方法。

二、假设检验：古典方法

（一）提出假设

1. 原假设和备择假设

原假设（null hypothesis）是我们要检验的假设，又称“零假设”，用H_0表示。备择假设（alternative hypothesis）是与原假设对立的假设，也称“研究假设”，用H_1表示。

一般来讲，备择假设往往是研究者想搜集证据予以支持的假设。而原假设常常是研究者想搜集证据予以反对的假设。

显然，例 6-1 中，研究者想搜集证据予以证明的假设应该是“合格品率低于 99%”，想搜集证据予以反对的假设应该是“合格品率不低于 99%”（如果对厂家声明丝毫没有质疑，就没有抽检的必要了）。

$$H_0:\pi\geqslant 99\%;\quad H_1:\pi<99\%$$

【例 6-2】某商品在一家大型超市的日销售量服从正态分布，其均值是 200 件，标准差为 30 件。为应对同类商品的激烈竞争，厂商聘用促销员以增加销售量，为了确定聘用促销员的效果，随机抽取其后的 50 天，记录该商品的日销售量。

设聘用促销员后的平均日销售量的真值为μ。如果$\mu>200$，表明聘用促销员后确实增加了销售量，反之则表明聘用促销员没有效果。研究者想搜集证据予以证明的假设应该是“销售量有显著增加”（因为厂商总是希望付出能够带来回报）。

$$H_0:\mu\leqslant 200;\quad H_1:\mu>200$$

【例 6-3】某种瓶装药品的标准重量是 9.0 克。抽取若干样品，测量瓶中药品重量，进而判断机器是否出现故障。

设药品平均重量的真值为μ。如果$\mu=9.0$，表明机器没有出现故障；如果$\mu\neq 9.0$，无论是大于还是小于 9.0，都表明机器出现了故障。研究者想搜集证据予以证明的假设应该是“机器出现了故障”（如果事先确信机器没有任何问题，就没有必要进行检验了）。

$$H_0: \mu = 9.0；\ H_1: \mu \neq 9.0$$

2．建立假设的注意事项

（1）原假设和备择假设都是关于总体参数的。

（2）原假设和备择假设是一个完备事件组，二者相互对立。建立假设时，应先确定备择假设，再确定原假设。因为备择假设是我们所关心的，想予以支持或证实的，因而比较清楚、容易确定。一旦备择假设确定下来，原假设作为它的对立假设，也就确定下来了。

（3）采取“不轻易拒绝原假设”的原则，把没有充分理由不能轻易否定的命题作为原假设，而没有足够证据不能轻易肯定的命题作为备择假设。

（4）在假设检验中，“＝”总是放在原假设上。原假设中包含着“无”的元素，往往表达参数没有变化或没有差异，或变量间没有关系等。

（5）假设检验只提供不利于原假设的证据，并不提供原假设“正确”的证据。从逻辑上讲，用一个反例去推翻一个命题，理由是充分的，因为一个命题成立不允许有反例存在。但用一个实例去证明某个命题成立在逻辑上是不充分的。因此，如果不能拒绝原假设，并不等于“证明”原假设是真的。它仅仅意味着我们没有足够的证据拒绝原假设。此时我们只说“不拒绝原假设”，而不说“接受原假设”。

在例 6-3 中，原假设 $H_0: \mu = 9.0$，样本均值 $\bar{x} = 8.8$，在 $\alpha = 0.05$ 的水平上，样本提供的证据没有推翻原假设，此时如果说“接受原假设”，意味着承认 $\mu = 9.0$，但是如果将原假设改为 $H_0: \mu = 8.6$，那么在 $\alpha = 0.05$ 的水平上，同一个样本提供的证据也没有推翻原假设。此时如果说“接受原假设”，那就意味着又承认了 $\mu = 8.6$，那么两个原假设哪一个是真实的？可见，如果用“接受原假设”来表述假设检验的结论，就有可能面对这样的矛盾，当我们“接受”一个原假设时，另一个原假设也有可能与数据相符。

◎想一想

如果一个人去医院检查身体，在做了若干项检查后没有检查出问题，是不是就证明他没有问题？请结合这一点说明不能拒绝原假设时就“接受原假设”的逻辑问题。

3．假设检验的基本形式——双侧检验与单侧检验

备择假设没有特定的方向性，含有符号“≠”的检验，称为双侧检验或双尾检验（two-tailed hypothesis）。备择假设具有特定的方向性，含有符号“>”或“<”的检验，称为单侧检验或单尾检验（one-tailed hypothesis）。其中，含“<”的称为左侧检验；含“>”的称为右侧检验。显然，例 6-1 是左侧检验；例 6-2 是右侧检验；例 6-3 是双侧检验。

以对总体均值 μ 的检验为例，将假设检验的基本形式进行总结，如表 6-1 所示。

表 6-1　假设检验的基本形式

假设	双侧检验	单侧检验	
		左侧检验	右侧检验
原假设	$H_0: \mu = \mu_0$	$H_0: \mu \geqslant \mu_0$	$H_0: \mu \leqslant \mu_0$
备择假设	$H_1: \mu \neq \mu_0$	$H_1: \mu < \mu_0$	$H_1: \mu > \mu_0$

◎**知识窗**

单侧检验中，确定备择假设的方向可以依据样本信息。因为样本信息是我们获取的事实，代表“现实的世界”。

（二）确定检验统计量及其分布

假设检验中，据以对原假设和备择假设做出决策的某个标准化的样本统计量，称为检验统计量（test statistic）。

样本统计量是总体参数的点估计量，但点估计量要标准化后才能作为检验统计量。对总体均值和总体比例的检验，标准化的检验统计量可以表示为

$$\text{检验统计量}=\frac{\text{点估计量}-\text{假设值}}{\text{点估计量的抽样标准差}} \tag{6-1}$$

该检验统计量的大小反映了点估计量与总体参数假设值相差多少个标准差。其绝对值越大说明样本信息与假设值偏离越远，原假设的真实性也就越需要怀疑。

判断原假设成立的情况下样本的出现是否属于小概率事件，就要依据检验统计量及其抽样分布。检验统计量是一个随机变量，其分布取决于多种因素，如要检验的总体参数、总体分布、大样本还是小样本、方差已知还是未知等。不同条件下检验统计量的分布不同，可能是标准正态分布，也可能是 t 分布，还可能是 χ^2 分布或 F 分布等。例如，大样本情况下总体均值的检验统计量服从标准正态分布；而两总体的方差比检验统计量服从 F 分布。

◎**知识窗**

假设检验的方法常以检验统计量服从的分布来命名，常用的有 Z 检验（正态检验）、t 检验、χ^2 检验、F 检验。

（三）确定显著性水平

1．通过小概率准则来理解

假设检验所遵循的是概率论中关于小概率事件在一次试验中不可能发生的准则。问题是，概率小到多少的事件才算是小概率事件？这并没有统一的规定，而由研究者根据具体情况事先确定，最常见的情况是取 0.05，也可以取 0.01、0.10 或其他值。

假设检验时事先规定一个小概率的标准，作为判断的界限，这个小概率标准称为显著性水平（significance level），用 α 来表示。凡是出现概率小于显著性水平的事件都叫做小概率事件。

2．通过两类错误来理解

理想的假设检验过程是，当 H_0 为真时没有拒绝它，当 H_0 为假时拒绝它。但由于决策建立在样本信息的基础之上，而样本又是随机的，所以很难保证不犯错误。假设检验的结论有四种情况，见表 6-2。

表 6-2 假设检验的结论

决策结果	总体的真实情况	
	H_0 为真	H_0 为假
未拒绝 H_0	正确决策	第Ⅱ类错误
拒绝 H_0	第Ⅰ类错误	正确决策

可见，假设检验过程中可能发生两类错误：原假设为真时拒绝原假设，所犯的错误称为第Ⅰ类错误（typeⅠerror），又叫弃真错误；原假设为假时未拒绝原假设，所犯的错误称为第Ⅱ类错误（typeⅡerror），又叫取伪错误。

显然，只有在原假设被拒绝时才可能犯第Ⅰ类错误，只有在原假设未被拒绝时才可能犯第Ⅱ类错误。我们可能不犯第Ⅰ类错误或不犯第Ⅱ类错误，但难以保证两类错误都不犯。根据抽样分布理论，即使原假设为真，也有可能抽到一个出现概率极小的样本。然而只要抽到一个出现概率小于或等于显著性水平α的样本，我们就拒绝原假设，这样就可能犯第Ⅰ类错误，犯该错误的概率水平等于显著性水平α。原假设为假时，检验统计量的值落在非拒绝域的概率，就是犯第Ⅱ类错误的概率，用β表示。

进行假设检验时，总希望犯两类错误的可能性都很小，然而，在其他条件不变的情况下，α和β此消彼涨，不可能同时减小。一般总是控制α，使犯第Ⅰ类错误的概率不大于α。但在确定α时必须注意，如果犯第Ⅰ类错误的代价较大，α可取小些；反之，如果犯第Ⅱ类错误的代价较大，则α要取大些（以使β较小）。

◎知识窗

假设检验的势

对于固定的显著性水平，一个假设检验的势是当原假设为假时，拒绝原假设的概率，也称为检验的效率，等于$1-\beta$。比较两个检验的势的一种经验方法是比较拒绝原假设所需要的最小样本量，如果一个检验需要$n_1=100$来拒绝原假设，而另一个检验需要$n_2=1000$才能拒绝原假设，就说第一个检验的势或效率是第二个的$n_2/n_1=10$倍。

（四）建立决策准则

一般地，检验统计量的绝对值越大，就越要拒绝原假设。问题是检验统计量的绝对值要大到多少才能拒绝原假设，哪些值将导致拒绝原假设。

1．拒绝域和临界值

能够拒绝原假设的检验统计量的所有值的集合，称为拒绝域（rejection region）。根据显著性水平α确定的拒绝域的边界值，称为临界值（critical value）。

确定了显著性水平α，就可由抽样分布确定临界值，从而决定拒绝域。样本量固定时，拒绝域的面积随α的减小而减小。

2．双侧或单侧检验的拒绝域和临界值

拒绝域和临界值与检验类型有关。双侧检验的拒绝域在统计量分布的两端，有两个临界值，临界值是尾概率$\alpha/2$所对应的检验统计量的值。单侧检验的拒绝域在分布的左尾（左侧检验）或右尾（右侧检验），只有一个临界值，是尾概率α所对应的检验统计量的值。

如图 6-1~图 6-3 所示，双侧检验的拒绝域位于分布的两端，两侧的拒绝域各占整个分布曲线下方面积的$\alpha/2$；右侧检验的拒绝域在分布的右端，占了整个分布曲线下方面积的α；左侧检验的拒绝域在分布的左端，也占了整个分布曲线下方面积的α。

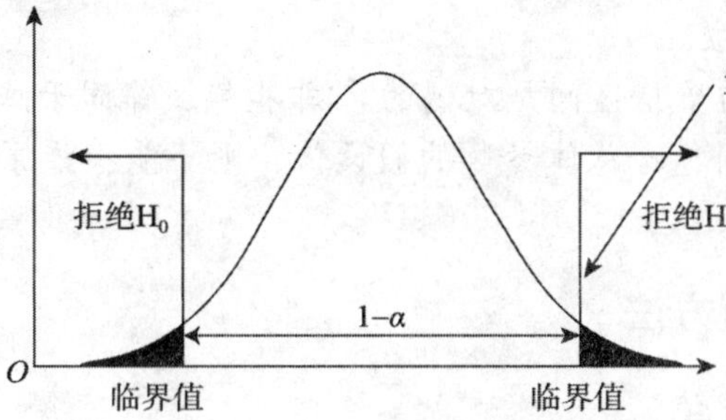

图 6-1　双侧检验的拒绝域

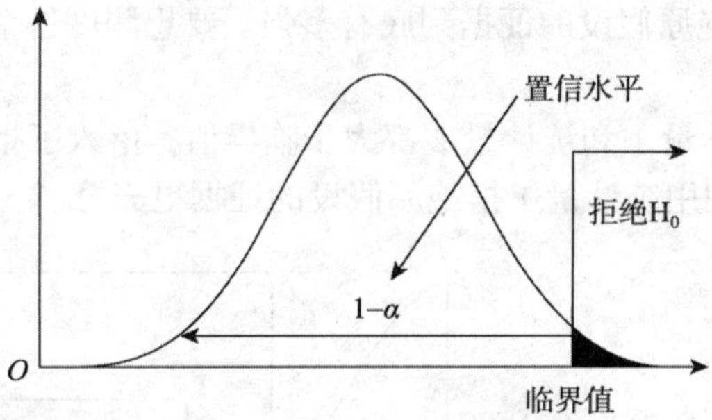

图 6-2　右侧检验的拒绝域

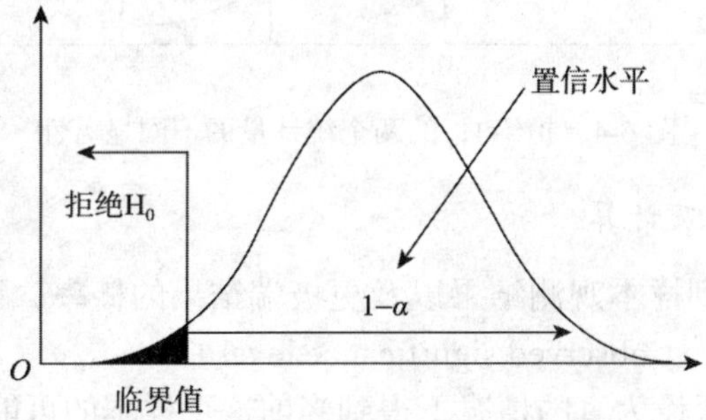

图 6-3　左侧检验的拒绝域

3. 判定规则

将检验统计量的值与临界值进行比较做出判定。

（1）双侧检验：｜统计量｜>｜临界值｜，拒绝 H_0；否则，不拒绝。

（2）左侧检验：统计量<临界值，拒绝 H_0；否则，不拒绝。

（3）右侧检验：统计量>临界值，拒绝 H_0；否则，不拒绝。

◎**知识窗**

假设检验与置信区间

假设检验和置信区间都是为了做出关于参数值的结论，继而认识现实世界的方法，都以样本数据为基础，都以抽样分布为理论依据。置信区间立足于大概率，以较大的置信度 $1-\alpha$ 去估计总体参数。假设检验立足于小概率，以给定很小的显著性水平 α，去检验关于总体参数的某个假设是否成立。

从数学上说，假设检验与置信区间是对偶的。"非拒绝域等同于总体参数的假设值落入置信区间"，即如果置信区间包含总体参数的假设值，则不能拒绝原假设；反之，则要拒绝原假设。

三、假设检验：P 值方法

（一）为什么要计算 P 值?

古典的假设检验方法，只能根据检验统计量是否落入拒绝域决定拒绝还是不拒绝原假设，却无法告诉我们拒绝原假设的证据到底有多强。要想测度这个方面，就需要借助另外一种方法——P 值方法。

如图 6-4 所示，统计量 1 和统计量 2 都大于临界值，落入了拒绝域，但是利用统计量 2 来拒绝原假设显然比利用统计量 1 拒绝原假设的证据更充分。

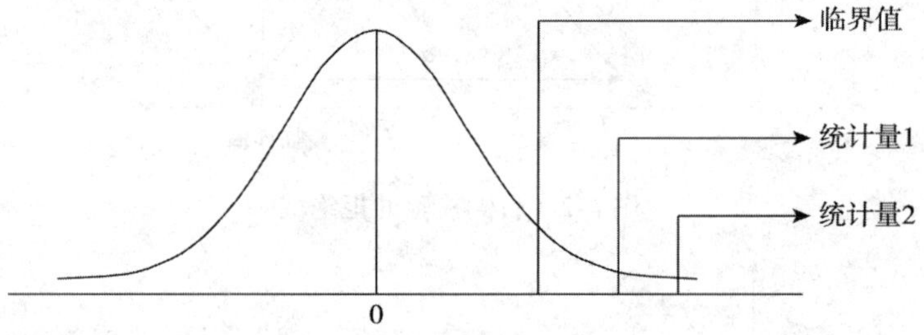

图 6-4 拒绝 H_0 的两个统计量的不同显著性

（二）P 值的概念及计算

原假设为真时，得到样本观测结果以及更极端结果的概率，称为 P 值（p-value），也称为观察到的显著性水平（observed significance level）。

P 值越小，说明原假设为真的情况下得到当前这个样本的可能性越小，即实际观测到的数据与 H_0 之间不一致的程度越大，就越应该拒绝原假设，即 P 值越小，拒绝原假设的证据越充分。

用 z 表示检验统计量，z_c 表示根据实际观测的样本数据计算得到的检验统计量值，对于假设检验的三种基本形式，计算 P 值的一般表达式如下。

1. 左侧检验

对左侧检验来说，检验统计量值越小越极端。P 值等于检验统计量小于等于样本观测值的概率（左尾概率）。

$$P\text{值}=P\left(z\leqslant z_c \mid \mu=\mu_0\right) \quad (6\text{-}2)$$

2. 右侧检验

对右侧检验来说，检验统计量值越大越极端。P 值等于检验统计量大于等于样本观测值的概率（右尾概率）。

$$P\text{值}=P\left(z\geqslant z_c \mid \mu=\mu_0\right) \quad (6\text{-}3)$$

3. 双侧检验

对双侧检验来说，检验统计量值越小和越大都越极端。P 值等于检验统计量大于等于样本观测值绝对值的概率的 2 倍（双尾概率）。

$$P\text{值}=2P\left(z\geqslant |z_c| \mid \mu=\mu_0\right) \quad (6\text{-}4)$$

（三）P 值方法的决策准则

用 P 值方法进行假设检验，也要先提出原假设和备择假设，确定检验统计量及其分布，利用样本数据计算检验统计量的值，并据以计算 P 值，再利用下面的准则进行决策。

1. P值$<\alpha$，拒绝原假设

对照图 6-4 理解这一决策准则：P 值对应着实际观测到的检验统计量值，而 α 对应着临界值。对于右侧检验，大于或等于实际观测样本统计量 z_c 的概率等于 P 值，即统计量 1 右侧的面积等于统计量 1 的 P 值，统计量 2 右侧的面积等于统计量 2 的 P 值；而大于或等于临界值的概率等于 α，即临界值右侧的面积等于 α。P 值小于 α，等价于观测到的检验统计量值比临界值更极端，落入了拒绝域，当然要拒绝原假设。统计量 1 和统计量 2 的 P 值都小于 α，所以都要拒绝原假设。

2. P 值越小，越拒绝原假设

图 6-4 中，统计量 2 的 P 值小于统计量 1 的 P 值，所以利用统计量 2 拒绝原假设的证据更强。换句话说，可以不必指定显著性水平，只根据 P 值的大小来评估结果是否具有统计上的显著性。只要你认为这么大的 P 值足够显著，你就可以在这样的 P 值上拒绝原假设。

P 值方法检验的结果借助于 0~1 的连续概率尺度来表示，而不是简单地局限在“拒绝”和“不拒绝”的表达方式上，可以表达对 H_0 的信任程度和拒绝 H_0 的证据的强度，其结果更具体。使用者可根据需要或能够承受的风险水平决定显著性水平，从而做出不同的决策，而且多数统计软件都会自动输出 P 值，应用起来更加灵活和方便。

用古典方法和 P 值方法进行假设检验的步骤，如图 6-5 所示。

四、总体参数假设检验的几种情形

总体参数检验的情形如图 6-6 所示。

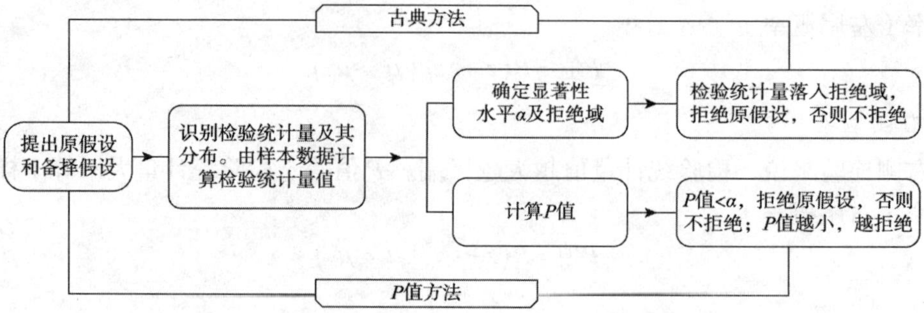

图 6-5　用古典方法和 P 值方法进行假设检验的步骤

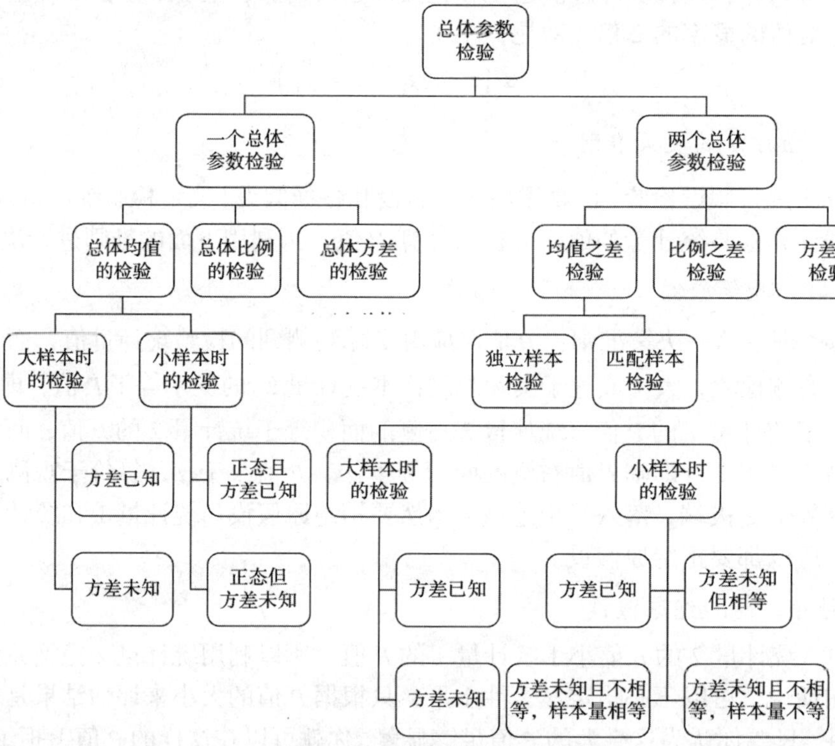

图 6-6　总体参数检验的情形

第二节　一个总体参数的检验

检验的参数不同，样本条件不同，检验的统计量及其服从的分布也不同，本节将分别讨论不同情况下，如何对一个总体参数进行假设检验。

一、总体均值的检验

（一）大样本情况下总体均值的检验

根据抽样分布理论，大样本时，$\bar{x} \sim \mathrm{N}\left(\mu, \dfrac{\sigma^2}{n}\right)$。将 $\bar{x}$ 标准化得到检验统计量 z，z 服

从标准正态分布。

总体方差 σ^2 已知：

$$z=\frac{\overline{x}-u_0}{\sigma/\sqrt{n}} \tag{6-5}$$

总体方差 σ^2 未知：

$$z=\frac{\overline{x}-u_0}{s/\sqrt{n}} \tag{6-6}$$

【例 6-4】在例 6-2 中，随机抽取的 50 天日销售量的平均值是 212.5 件。在 5%的显著性水平下，能否认为聘用促销员后日销售量发生了显著变化？

解法 1：用古典方法检验。

第一步，陈述原假设和备择假设。

$$H_0:\mu=200;\ H_1:\mu\neq 200$$

第二步，确定检验统计量，明确其服从的抽样分布，计算出检验统计量 z 的样本观测值的 z_c。

这是一个大样本且方差已知的问题，检验统计量是 $z=\dfrac{\overline{x}-u_0}{\sigma/\sqrt{n}}$，服从标准正态分布。

检验统计量的值 $z_c=\dfrac{212.5-200}{30/\sqrt{50}}=2.95$。

第三步，指定显著性水平 α，根据检验统计量的分布，确定临界值，进而确定拒绝域。

本例为双侧检验，临界值应为 $z_{\alpha/2}$。$z_{\alpha/2}$ 可以查正态分布表求得，也可以利用 Excel 中的统计函数计算。$\alpha=0.05$ 时，$z_{\alpha/2}=1.96$。

第四步，将检验统计量的值与临界值进行比较，做出决策。

$|z_c|>z_{\alpha/2}$，拒绝原假设，即样本提供的证据足以推翻原假设，说明聘用促销员后日销售量发生了显著变化。

解法 2：用 P 值检验。

第一步和第二步与古典方法相同。

第三步，计算 P 值。对双侧检验，P值$=2P(z\geqslant|z_c||\mu=\mu_0)$，可以查表或使用 Excel 中的统计函数计算，$P$值$=0.003\ 2<\alpha$，拒绝 H_0，得到的结论与古典方法相同。

◎想一想

在其他条件不变的情况下，增大样本量 n，会对统计推断的下列方面产生什么影响？①置信区间的宽度；②假设检验犯两类错误的概率。

【例 6-5】某传媒调查公司对某地区的 200 个家庭进行了电视收视率调查，发现每天看电视时间的均值为 4 小时，标准差为 2.5 小时。5 年前看电视的平均时间是 4.5 小时。在 0.05 的显著性水平下，能否认为现在收看电视的时间比以前有了明显的减少？

解：研究者感兴趣的是收看电视时间是否减少，是一个左侧检验问题。

$$H_0:\mu\geqslant 4.5;\ H_1:\mu<4.5$$

大样本且方差未知，检验统计量是 $z=\dfrac{\overline{x}-\mu_0}{s/\sqrt{n}}$ ，服从标准正态分布。$z_c=\dfrac{4-4.5}{2.5/\sqrt{200}}=-2.83$。

左侧检验，临界值应为 $-z_\alpha$。$\alpha=0.05$时，$z_\alpha=1.645$。

$z_c<-z_\alpha$，拒绝原假设。检验结果表明：该地区家庭现在每天收看电视的时间比 5 年前显著减少。

P值$=0.002\,3<\alpha$，同样得出拒绝原假设的结论。

◎想一想

在假设检验中，原假设与备择假设的地位是否对等？在进行单侧检验时，如果两个假设互换了方向，检验结论是否也刚好相反？

【例 6-6】例 6-2 中，随机抽取的 50 天日销售量的平均值是 212.5 件。在 5%的显著性水平下，能否认为聘用促销员确实提高了销售量？

解：如前所述，此问题为右侧检验，原假设和备择假设分别为

$$H_0:\mu\leqslant 200;\ H_1:\mu>200$$

检验统计量的值 $z_c=\dfrac{212.5-200}{30/\sqrt{50}}=2.95$。

右侧检验，临界值应为 $z_\alpha=z_{0.05}=1.645$。

$z_c>z_\alpha$，拒绝原假设。即检验结果表明，聘用促销员以后日销售量比以前有显著提高。P值$=0.001\,6<\alpha$，同样得到拒绝原假设的结论。

可见，单侧和双侧检验中，检验统计量的分布和样本观测值与双侧检验相同，但临界值、拒绝域、P 值不同。

大样本情况下一个总体均值的检验方法见表 6-3。

表 6-3 大样本情况下一个总体均值的检验方法

检验统计量	σ已知，$z=\dfrac{\overline{x}-\mu_0}{\sigma/\sqrt{n}}$　σ未知，$z=\dfrac{\overline{x}-\mu_0}{s/\sqrt{n}}$		
检验类型	双侧检验	左侧检验	右侧检验
假设形式	$H_0:\mu=\mu_0$; $H_1:\mu\neq\mu_0$	$H_0:\mu\geqslant\mu_0$; $H_1:\mu<\mu_0$	$H_0:\mu\leqslant\mu_0$; $H_1:\mu>\mu_0$
α 与拒绝域	$\lvert z\rvert>z_{\alpha/2}$	$z<-z_\alpha$	$z>z_\alpha$
用 Excel 求临界值	$z_{\frac{\alpha}{2}}=\text{NORMSINV}(1-\dfrac{\alpha}{2})$	$-z_\alpha=-\text{NORMSINV}(1-\alpha)$	$z_\alpha=\text{NORMSINV}(1-\alpha)$
P 值	P值$=2P(z\geqslant\lvert z_c\rvert\mid\mu=\mu_0)$	P值$=P(z\leqslant z_c\mid\mu=\mu_0)$	P值$=P(z\geqslant z_c\mid\mu=\mu_0)$
用 Excel 求 P 值	P值$=2(1-\text{NORMSDIST}\lvert z_c\rvert)$	P值$=\text{NORMSDIST}(z_c)$	P值$=1-\text{NORMSDIST}(z_c)$
P 值判定准则	$P<\alpha$，拒绝 H_0		

◎**知识窗**

戈塞特和小样本理论

戈塞特（William Sealey Grosset，1876—1937）（图 6-7）是英国现代统计方法发展的先驱，由他导出的统计学 t 检验广泛运用于小样本平均数之间的差别测试。大学毕业后戈塞特在酿酒公司担任化学技师，从事统计和实验分析工作，他注意到传统的大样本有很大局限性，着手研究小样本理论。由于吉尼斯酿酒厂的规定禁止戈塞特发表关于酿酒过程变化性的研究成果，戈塞特不得不于 1908 年以“学生”的笔名发表他的论文《平均数的机误》，论文阐明，如果是小样本，那么平均数比例对其标准误差的分布不遵循正态曲线。这篇论文提供了“学生 t 检验”的基础，许多统计学家把 1908 年看做统计推断理论发展史上的里程碑。戈塞特开创的理论使统计学开始由大样本向小样本、由描述向推断发展，戈塞特被推崇为推断统计学的先驱者。

图 6-7　戈塞特

（二）小样本情况下正态总体均值的检验

大样本时，不论方差是否已知，也不论总体分布如何，都使用 z 检验。现实中经常只能得到一个小样本，这里仅讨论正态条件下小样本的均值检验。

1. 总体方差 σ^2 已知

检验过程与大样本时完全相同，不予赘述。

2. 总体方差 σ^2 未知

用样本方差 s^2 代替总体方差 σ^2，此时检验统计量不再服从标准正态分布，而是服从自由度为 $n-1$ 的 t 分布，用 t_c 表示由样本数据计算的检验统计量的具体数值。

$$t = \frac{\overline{x} - \mu_0}{s / \sqrt{n}} \sim t(n-1) \tag{6-7}$$

小样本且方差未知时一个总体均值的检验方法见表 6-4。

表 6-4　小样本且方差未知时一个总体均值的检验方法

检验统计量	$t = \frac{\overline{x} - \mu_0}{s / \sqrt{n}} \sim t(n-1)$		
检验类型	双侧检验	左侧检验	右侧检验
假设形式	$H_0:\mu = \mu_0; H_1 : \mu \neq \mu_0$	$H_0:\mu \geqslant \mu_0; H_1 : \mu < \mu_0$	$H_0:\mu \leqslant \mu_0; H_1 : \mu > \mu_0$
α 与拒绝域	$\lvert t\rvert > t_{\alpha/2}(n-1)$	$t < -t_\alpha(n-1)$	$t > t_\alpha(n-1)$
用 Excel 求临界值	$t_{\alpha/2}(n-1) = \text{TINV}(\alpha, n-1)$	$-t_\alpha(n-1) = -\text{TINV}(2\alpha, n-1)$	$t_\alpha(n-1) = \text{TINV}(2\alpha, n-1)$
P 值	$P值 = 2P(t \geqslant \lvert t_c \rvert \mid \mu = \mu_0)$	$P值 = P(t \leqslant t_c \mid \mu = \mu_0)$	$P值 = P(t \geqslant t_c \mid \mu = \mu_0)$
用 Excel 求 P 值	$P值 = \text{TDIST}(\lvert t_c \rvert, n-1, 2)$	$P值 = \text{TDIST}(\lvert t_c \rvert, n-1, 1)$	$P值 = \text{TDIST}(t_c, n-1, 1)$
P 值判定准则	$P<\alpha$，拒绝 H_0		

【**例 6-7**】例 6-3 中，随机抽取 8 个药瓶。测量其重量如下：

9.2 8.7 8.9 8.8 8.6 8.5 8.7 9

假定装入药品重量服从正态分布，在 0.01 的显著性水平下，可否认为机器出现故障？

解：

$$H_0:\mu=9.0;\ H_1:\mu\neq 9.0$$

由样本数据计算得：$\bar{x}$=8.8，s=0.226 8，小样本且方差未知，采用 t 统计量，$t_c=\dfrac{8.8-9.0}{0.226\,8/\sqrt{8}}=\ 2.494$。

$\alpha=0.01$，自由度 $n-1=7$，查表或利用 Excel 中的函数，得到双侧检验的临界值为 $t_{\alpha/2}(n-1)=3.499$。$|t_c|<t_{\alpha/2}(n-1)$，不拒绝原假设，不能认为机器出现了故障。P 值=0.041 4>0.01，同样不能拒绝原假设。

二、总体比例的检验

总体比例的检验与总体均值检验的步骤相同，区别只在于参数和检验统计量不同。这里只考虑大样本情况下的总体比例检验（表 6-5）。

表 6-5 大样本情况下一个总体比例的检验方法

检验统计量	$z=\dfrac{p-\pi_0}{\sqrt{\dfrac{\pi_0(1-\pi_0)}{n}}}\sim N(0,1)$		
检验类型	双侧检验	左侧检验	右侧检验
假设形式	$H_0:\pi=\pi_0;H_1:\pi\neq\pi_0$	$H_0:\pi\geqslant\pi_0;H_1:\pi<\pi_0$	$H_0:\pi\leqslant\pi_0;H_1:\pi>\pi_0$
α 与拒绝域	$\lvert z\rvert>z_{\alpha/2}$	$z<-z_\alpha$	$z>z_\alpha$
P 值判定准则	$P<\alpha$，拒绝 H_0		

【**例 6-8**】许多人在周末睡懒觉以弥补工作日的睡眠不足。某保健协会报告说，上班族中至少有 61%的人在周末每天的睡眠多于 7 小时。在 350 个上班族构成的一个随机样本中，发现 230 人在周末每天睡眠多于 7 小时。以 0.05 的显著性水平，能证实保健协会的研究结论吗？

解：

$$H_0:\pi\leqslant 61\%;\ H_1:\pi>61\%$$

根据抽样结果计算得

$$p=230/350=0.657,\ z_c=\frac{0.657-0.61}{\sqrt{\dfrac{0.61(1-0.61)}{350}}}=1.81$$

$\alpha=0.05$，右侧检验，临界值 $z_\alpha=z_{0.05}=1.645$。$z_c>z_\alpha$，拒绝原假设。即在显著性水平为 0.05 的条件下，样本提供的证据表明上班族周末每天睡眠时间多于 7 小时的比例高于61%。

对于同一个检验，由样本数据算得的检验统计量的值是一定的，P 值也是一定的，但是不同的显著性水平将会得出不同的结论。

例 6-8 中，$\alpha = 0.01$时，$z_\alpha = z_{0.01} = 2.33$ 。$z_c < z_\alpha$，不拒绝原假设。另外，经计算，P 值为 0.035 1。$\alpha = 0.05$时，$P < \alpha$，拒绝 H_0；$\alpha = 0.01$时，$P > \alpha$，不拒绝 H_0。

◎想一想

有人猜测某贫困地区失学儿童中女孩数是男孩数的 3 倍以上。为了验证这一猜测，随机抽取 50 个失学儿童构成样本。这里要检验的总体参数是什么？原假设和备择假设是什么？可否采用 Z 检验？

三、总体方差的检验

在生产、生活和研究过程中，人们不仅需要对总体均值或比例做出判断，还需对总体的差异程度做出判断。例如，在质量控制过程中，仅仅保证产品质量的均值维持在特定的水平上并不意味着生产过程一定正常，如果方差过大就意味着生产过程不够稳定。又如，在股票投资中，不但要关注股票投资收益率的高低，还要关注其收益率的方差，因为方差越大就意味着风险越大。

总体方差的检验使用 χ^2 统计量。此外，总体方差的检验，不论是大样本还是小样本，都要求总体服从正态分布，这是由检验统计量的抽样分布决定的。

用 σ_0^2 表示总体方差的假设值，总体方差假设检验的 3 种基本形式如表 6-6 所示。

表 6-6　一个正态总体方差检验的方法

检验统计量	$\chi^2 = \dfrac{(n-1)s^2}{\sigma_0^2} \sim \chi^2(n-1)$		
检验类型	双侧检验	左侧检验	右侧检验
假设形式	$H_0:\sigma^2 = \sigma_0^2; H_1:\sigma^2 \neq \sigma_0^2$	$H_0:\sigma^2 \geqslant \sigma_0^2; H_1:\sigma^2 < \sigma_0^2$	$H_0:\sigma^2 \leqslant \sigma_0^2; H_1:\sigma^2 > \sigma_0^2$
α 与拒绝域	$\chi^2 > \chi^2_{\alpha/2}(n-1); \chi^2 < \chi^2_{1-\alpha/2}(n-1)$	$\chi^2 < \chi^2_{1-\alpha}(n-1)$	$\chi^2 > \chi^2_\alpha(n-1)$
用 Excel 计算临界值	$\chi^2_{\alpha/2}(n-1) = \text{CHIINV}(\alpha/2, n-1)$ $\chi^2_{1-\alpha/2}(n-1) = \text{CHIINV}(1-\alpha/2, n-1)$	$\chi^2_{1-\alpha}(n-1) = \text{CHIINV}(1-\alpha, n-1)$	$\chi^2_\alpha(n-1) = \text{CHIINV}(\alpha, n-1)$

【例 6-9】自动饮料机灌装量的方差过大，意味着灌装量不够稳定，时而出现过度灌装或灌装不足的情况，前者使商家蒙受损失，后者使顾客不满。可以接受的灌装量方差是 $\sigma^2 \leqslant 7$ 毫升^2。随机选取 20 杯饮料测试，其样本方差为 7.63 毫升^2。试以 0.10 的显著性水平，判断样本是否表明方差过大，需调整机器的灌装机制？

解：

$$H_0:\sigma^2 \leqslant 7; H_1:\sigma^2 > 7$$

计算检验统计量：

$$\chi_c^2 = \frac{(20-1)\times 7.63}{7} = 20.71$$

α=0.10，自由度 20−1=19，$\chi_\alpha^2(n-1) = \chi_{0.10}^2(19) = 27.2036$。

$\chi_c{}^2 < \chi_\alpha^2(n-1)$，不拒绝原假设。样本提供的证据表明饮料灌装量的方差符合要求。

◎**想一想**

对一个总体方差进行检验时，左侧检验和右侧检验，哪种用得比较多些？

假设检验的过程中，一个非常关键的步骤是确定检验统计量及其服从的分布，表 6-7 列出了不同情况下一个总体参数检验的检验统计量及其分布。

表 6-7　一个总体的参数检验

待检参数	样本规模	条件	检验统计量	检验统计量服从的分布
总体均值	大样本	方差已知	$z=\dfrac{\bar{x}-\mu_0}{\sigma/\sqrt{n}}$	N(0,1)
		方差未知	$z=\dfrac{\bar{x}-\mu_0}{s/\sqrt{n}}$	N(0,1)
	小样本（正态总体）	方差已知	$z=\dfrac{\bar{x}-\mu_0}{\sigma/\sqrt{n}}$	N(0,1)
		方差未知	$t=\dfrac{\bar{x}-\mu_0}{s/\sqrt{n}}$	$t(n-1)$
总体比例	大样本		$z=\dfrac{p-\pi_0}{\sqrt{\dfrac{\pi_0(1-\pi_0)}{n}}}$	N(0,1)
总体方差		正态总体	$\chi^2=\dfrac{(n-1)s^2}{\sigma_0^2}$	$\chi^2(n-1)$

第三节　两个总体参数的检验

对两个总体的参数进行检验，除要考虑总体分布、方差是否已知，还要考虑样本类型。样本类型不仅有大小样本的区分，还有独立样本和匹配样本的区分。

【**例 6-10**】为了测试参加某项培训项目是否真正提高参加者的技能，教师决定在课程开始之前选择 30 名参加者，对其进行技能测试（预试），在课程结束后再选 30 名参加者进行同样的技能测试（后试）。有两种取样方案。

方案 1：预试时抽取 30 名参加者，课程结束后再抽取 30 名参加者进行后试。

方案 2：预试时抽取 30 名参加者，课程结束后仍对这 30 名参加者进行后试。

方案 1 属于独立样本，方案 2 属于匹配样本。使用匹配样本的好处是可以最大限度地排除我们感兴趣的因素之外的影响。

◎**想一想**

如果想要抽取多个匹配样本或独立样本，抽样过程应怎样设计？

一、两个总体均值之差的检验

在实际中，我们可能经常要面对这样的比较：女大学生毕业后起薪与男大学生是否有差别？白班和夜班产品的不合格数是否有差别？银行板块股票平均收益率比钢铁板块高吗？这些问题，都属于对两个总体的均值μ_1和μ_2进行比较的问题。比较结果无非有三种情况，即$\mu_1-\mu_2$大于、等于和小于0。可见，两个总体的均值检验问题最终体现为对两个总体均值之差的检验。

两个总体均值之差的检验也有三种基本假设检验形式。

双侧检验　$H_0:\mu_1-\mu_2=0; H_1:\mu_1-\mu_2\neq 0$

左侧检验　$H_0:\mu_1-\mu_2\geqslant 0; H_1:\mu_1-\mu_2<0$

右侧检验　$H_0:\mu_1-\mu_2\leqslant 0; H_1:\mu_1-\mu_2>0$

对两个总体均值之差的检验，首先要区分独立样本和匹配样本，其次要区分大样本和小样本，小样本还要考虑两个总体的方差是否已知以及是否相等。但是无论情况如何变化，两个总体假设检验的基本思想和步骤与一个总体假设检验都是一样的，只是检验统计量和检验统计量服从的分布更加复杂一些。

（一）独立样本情况下两个总体均值之差的检验

由抽样分布理论及数学期望和方差的性质，即$E(\bar{x}_1-\bar{x}_2)=\mu_1-\mu_2$，$\mathrm{Var}(\bar{x}_1-\bar{x}_2)=\dfrac{\sigma_1^2}{n_1}+\dfrac{\sigma_2^2}{n_2}$，将$\bar{x}_1-\bar{x}_2$标准化，就得到检验统计量。

1. 大样本情况下的检验

两总体的参数检验中，若两个样本量都大于等于30，即为大样本。此时，两个样本均值之差$\bar{x}_1-\bar{x}_2\sim \mathrm{N}\left(\mu_1-\mu_2,\dfrac{\sigma_1^2}{n_1}+\dfrac{\sigma_2^2}{n_2}\right)$，标准化就得到服从标准正态分布的检验统计量，仍用$z$来表示。

（1）两个总体的方差已知

$$z=\frac{(\bar{x}_1-\bar{x}_2)-(\mu_1-\mu_2)}{\sqrt{\dfrac{\sigma_1^2}{n_1}+\dfrac{\sigma_2^2}{n_2}}}\sim \mathrm{N}(0,1) \tag{6-8}$$

（2）两个总体的方差未知，用样本方差代替总体方差

$$z=\frac{(\bar{x}_1-\bar{x}_2)-(\mu_1-\mu_2)}{\sqrt{\dfrac{s_1^2}{n_1}+\dfrac{s_2^2}{n_2}}}\sim \mathrm{N}(0,1) \tag{6-9}$$

确定了检验统计量及其分布，后面的程序和一个总体的假设检验完全相同。

【例 6-11】为了评价教师的教学质量差异，从两名教师的学生中各抽取一部分人进行了一次标准化考试。对两个样本数据进行计算之后，得到的信息如表 6-8 所示。

表 6-8 两位教师的学生成绩数据

样本	教师甲的学生	教师乙的学生
学生数/人	44	32
均值/分	75	70
方差/分 ^{2}	64	42.25

在显著性水平 $\alpha=0.05$ 的条件下，能否认为两名教师的教学效果有显著差异？

解：设 μ_1=教师甲的学生平均成绩；μ_2=教师乙的学生平均成绩。

$$\mathrm{H}_0: \mu_1-\mu_2=0; \mathrm{H}_1: \mu_1-\mu_2\neq 0$$

$$z_c=\frac{\bar{x}_1-\bar{x}_2}{\sqrt{\dfrac{s_1^2}{n_1}+\dfrac{s_2^2}{n_2}}}=\frac{75-70}{\sqrt{\dfrac{64}{44}+\dfrac{42.25}{32}}}=3.002$$

$\alpha=0.05$，双侧检验，临界值 $z_{\alpha/2}=1.96$，$|z_c|>z_{\alpha/2}$，拒绝原假设，可以认为两位教师的教学效果存在显著差异。

另外，经计算，该检验的 P 值=0.002 7<α，同样得出拒绝原假设的结论。

2. 小样本情况下的检验

两总体的参数检验中，若两个样本中至少有一个样本量小于 30，即为小样本。为实现小样本条件下的检验，必须首先假定两个总体都服从正态分布。

（1）正态总体，方差 σ_1^2、σ_2^2 已知，两个样本均值之差服从正态分布，使用 z 检验。

$$z=\frac{(\bar{x}_1-\bar{x}_2)-(\mu_1-\mu_2)}{\sqrt{\dfrac{\sigma_1^2}{n_1}+\dfrac{\sigma_2^2}{n_2}}} \tag{6-10}$$

（2）正态总体，方差 σ_1^2、σ_2^2 未知但相等，z 检验不再适用，需要构造新的检验统计量。方差虽未知但相等，所以 $\mathrm{Var}(\bar{x}_1-\bar{x}_2)=\dfrac{\sigma_1^2}{n_1}+\dfrac{\sigma_2^2}{n_2}=\sigma^2\left(\dfrac{1}{n_1}+\dfrac{1}{n_2}\right)$。

首先，用样本方差 s_1^2、s_2^2 代替总体方差 σ_1^2、σ_2^2，求出总体方差 σ^2 的合并估计量 $s_p^2=\dfrac{(n_1-1)s_1^2+(n_2-1)s_2^2}{n_1+n_2-2}$；其次，将 s_p^2 代入 $\mathrm{Var}(\bar{x}_1-\bar{x}_2)$，求出 $\bar{x}_1-\bar{x}_2$ 的方差的估计量；最后，将 $\bar{x}_1-\bar{x}_2$ 标准化得到检验统计量，服从自由度为 n_1+n_2-2 的 t 分布。

$$t=\frac{(\bar{x}_1-\bar{x}_2)-(\mu_1-\mu_2)}{s_p\sqrt{\dfrac{1}{n_1}+\dfrac{1}{n_2}}} \tag{6-11}$$

【例 6-12】为了协助系统分析员节约项目完成时间，开发了一种新的软件。随机抽选 8 名系统分析员，使用新软件完成某项目，又随机抽选另外 7 名系统分析员，使用原来的技术完成该项目，记录他们完成项目的时间如表 6-9 所示。

表 6-9 使用两种技术的项目完成时间 单位：小时

使用新软件	20.5	19.8	19.7	20.4	20.1	20.0	19.0	19.9
使用当前技术	20.7	19.8	19.5	20.8	20.4	19.6	20.2	

已知使用两种技术的项目完成时间分别服从正态分布 $N(\mu_1,\sigma_1^2)$ 、$N(\mu_2,\sigma_2^2)$ ，并且 $\sigma_1^2=\sigma_2^2$ 。在 $\alpha=0.05$ 的显著性水平下，样本数据是否提供证据支持“新软件能使项目完成时间缩短”的说法？

解：

$$H_0:\mu_1-\mu_2\geqslant 0;\ H_1:\mu_1-\mu_2<0$$

根据样本数据计算得

$$\bar{x}_1=19.925,\quad \bar{x}_2=20.143,\quad s_1^2=0.2164,\quad s_2^2=0.2729$$

两个样本都是小样本，总体方差未知但相等。

$$s_p^2=\frac{(n_1-1)s_1^2+(n_2-1)s_2^2}{n_1+n_2-2}=\frac{(8-1)\times 0.2164+(7-1)\times 0.2729}{8+7-2}=0.2425$$

$$t_c=\frac{\bar{x}_1-\bar{x}_2}{s_p\sqrt{\dfrac{1}{n_1}+\dfrac{1}{n_2}}}=\frac{(19.925-20.143)}{\sqrt{0.2425}\times\sqrt{\dfrac{1}{8}+\dfrac{1}{7}}}=-0.855$$

左侧检验，临界值 $-t_\alpha(n_1+n_2-2)=-t_{0.05}(13)=-1.771$ 。$t_c>-t_\alpha(n_1+n_2-2)$ ，不拒绝原假设，即没有理由认为新软件能使项目完成时间缩短。

另外，也可计算出 P 值=0.204 0>α ，同样得出不能拒绝原假设的结论。

（3）正态总体，方差 σ_1^2 、σ_2^2 未知且不相等，但样本量相等，检验统计量服从自由度为 $n_1+n_2-2=2n-2$ 的 t 分布。

$$t=\frac{(\bar{x}_1-\bar{x}_2)-(\mu_1-\mu_2)}{\sqrt{\dfrac{s_1^2}{n_1}+\dfrac{s_2^2}{n_2}}}=\frac{(\bar{x}_1-\bar{x}_2)-(\mu_1-\mu_2)}{\sqrt{\dfrac{s_1^2+s_2^2}{n}}} \tag{6-12}$$

【例 6-13】为了解商业银行和证券公司高管人员的收入，劳动保障部门随机抽取了 12 名人员，其年薪如表 6-10 所示。

表 6-10 商业银行高管和证券公司高管的年薪 单位：万元

人员编号	1	2	3	4	5	6	7	8	9	10	11	12
商业银行高管	28.3	30.1	29.0	37.6	32.1	28.8	36.0	37.2	38.5	34.4	28.0	30.0
证券公司高管	27.6	22.2	31.0	33.8	20.0	30.2	31.7	26.0	32.0	31.2	33.4	26.5

假定两类人员的年薪服从正态分布，方差未知且不相等。取显著性水平 α =0.05，能否认为商业银行高管的年薪显著地高于证券公司高管？

解：

$$H_0:\mu_1-\mu_2\leqslant 0;\ H_1:\mu_1-\mu_2>0$$

根据样本数据计算得

$$\bar{x}_1 = 32.5,\quad \bar{x}_2 = 28.8,\quad s_1^2 = 15.996,\quad s_2^2 = 19.358$$

$$t_c = \frac{(\bar{x}_1 - \bar{x}_2) - (\mu_1 - \mu_2)}{\sqrt{\frac{s_1^2 + s_2^2}{n}}} = \frac{(32.5 - 28.8)}{\sqrt{\frac{15.996 + 19.358}{12}}} = 2.155\,6$$

右侧检验，临界值$t_\alpha(2n-2) = t_{0.05}(22) = 1.7171$，$t_c > t_\alpha(2n-2)$，拒绝原假设，有理由认为商业银行高管的年薪显著地高于证券公司高管。

另外，P 值=0.021 2<α =0.05，同样得出拒绝原假设的结论。

（4）正态总体，方差σ_1^2、σ_2^2未知且不相等，样本量不相等，此时，检验统计量服从自由度为v的t分布。

$$v = \frac{\left(\frac{s_1^2}{n_1} + \frac{s_2^2}{n_2}\right)^2}{\frac{(s_1^2/n_1)^2}{n_1 - 1} + \frac{(s_2^2/n_2)^2}{n_2 - 1}} \text{（四舍五入取整数）} \tag{6-13}$$

$$t = \frac{(\bar{x}_1 - \bar{x}_2) - (\mu_1 - \mu_2)}{\sqrt{\frac{s_1^2}{n_1} + \frac{s_2^2}{n_2}}} \tag{6-14}$$

【例 6-14】以例 6-12 为背景，假设使用两种技术的项目完成时间分别服从正态分布$N(\mu_1,\sigma_1^2)$、$N(\mu_2,\sigma_2^2)$，并且$\sigma_1^2 \neq \sigma_2^2$。在$\alpha$ =0.05 的显著性水平下，样本数据是否提供证据支持“新软件能使项目完成时间缩短”的看法？

解：

$$H_0\text{：}\mu_1 - \mu_2 \geqslant 0;H_1\text{：}\mu_1 - \mu_2 < 0$$

方差未知且不相等，样本量不相等，检验统计量服从自由度为v的t分布。

经计算v=12，$t_c = -0.847\,8 > -t_\alpha(v) = -t_{0.05}(12) = -1.782\,3$，不能拒绝原假设，即样本数据没有提供证据支持“新软件能使项目完成时间缩短”的看法。

（二）两个总体均值之差的检验：使用匹配样本

独立样本提供的数据可能因为样本个体在其他因素方面的“不同质”而对它们所提供的有关总体均值的信息产生干扰，为有效地排除样本个体之间这些“额外”差异带来的误差，可以考虑选用匹配样本。也正因为匹配样本的这一特点，我们在检验时应关注的是每一对样本数据的差值，对这些差值进行分析和加工。

1. 匹配样本检验的几个符号

为便于介绍匹配样本时两个总体均值之差的假设检验，首先定义三个符号。

d_i——第 i 个配对样本数据的差值，$i = 1,2,\cdots,n$。

$\bar{d}$——配对样本数据差值的平均值，即$\bar{d} = \frac{\sum_{i=1}^{n} d_i}{n}$。

s_d^2——配对样本数据差值的方差，即 $s_d^2 = \frac{\sum_{i=1}^{n}(d_i - \overline{d})^2}{n-1}$。

2. 检验统计量及其分布

检验时，需假定配对差值构成的总体服从正态分布，而且样本配对差值是从差值总体中随机抽取的。对于小样本情形，配对差值经标准化后服从自由度为 $n-1$ 的 t 分布。因此选择的检验统计量为

$$t = \frac{\overline{d} - (\mu_1 - \mu_2)}{s_d / \sqrt{n}} \tag{6-15}$$

【例 6-15】外科手术前病人应接受多大的麻醉量已经受到广泛关注。某医学机构研究发现，每 140 个受麻醉者中就有 1 个人因为抗药性或剂量太小而经历暂时清醒的情况，这些病人反映在手术中无意听到医生护士的对话。抽取需对两只眼睛进行手术的 8 个病人进行一项研究，对两只眼分开治疗，对第一只眼进行手术时，使用较轻的麻醉剂量，一周后，对第二只眼进行手术时使用较重的麻醉剂量。每次手术两天后，要求病人对其疼痛和不舒服的程度进行评分，从最轻的 0 分到最重的 10 分，评分结果如表 6-11 所示。

表 6-11　不同麻醉程度的病人疼痛和不舒服程度评分

病人	1 号	2 号	3 号	4 号	5 号	6 号	7 号	8 号
轻剂量麻醉	5	4	7	3	5	8	5	6
重剂量麻醉	6	6	7	4	3	9	7	6

取显著性水平 $\alpha=0.05$，是否有证据认为两种麻醉剂量下，病人的疼痛和不舒服程度评分存在显著差异？

解：设 μ_1 为轻麻醉剂量下病人疼痛和不舒服度的平均评分，μ_2 为重麻醉剂量下病人疼痛和不舒服度的平均评分。

$$H_0: \mu_1 - \mu_2 = 0; H_1: \mu_1 - \mu_2 \neq 0$$

根据样本数据计算 $\overline{d} = -0.625$，$s_d = 1.302\,5$。

检验统计量 $t_c = \frac{\overline{d} - (\mu_1 - \mu_2)}{s_d / \sqrt{n}} = \frac{-0.625}{1.302\,5 / \sqrt{8}} = -1.357\,2$

双侧检验，临界值 $t_{\alpha/2}(n-1) = t_{0.025}(7) = 2.364\,6$。$|t_c| < t_{\alpha/2}(n-1)$，不能拒绝原假设，即样本数据没有提供足够的证据证明不同的麻醉剂量下，病人的疼痛和不舒服程度有显著性差异。

另外，该检验的 P 值=0.216 8>α=0.05，同样得出不能拒绝原假设的结论。

二、两个总体比例之差的检验

我们常常需要比较相关联的两个总体的比例。例如，经济学院和管理学院学生的“统计学”课程及格率是否有区别？哪个供应商提供的产品合格率更高？哪个候选人获胜的概

率更大？上述的问题都可以用两总体比例的检验来解决。与两个总体的均值检验相似，两个总体比例的检验也表现为对两个总体的比例之差的检验。这里只讨论如何使用独立样本对两总体比例之差进行检验。

（一）假设形式

两个总体比例之差的检验也有三种基本假设检验形式。

双侧检验 H_0: $\pi_1-\pi_2=0$; H_1: $\pi_1-\pi_2\neq 0$

左侧检验 II_0: $\pi_1-\pi_2\geqslant 0$; II_1: $\pi_1-\pi_2<0$

右侧检验 H_0: $\pi_1-\pi_2\leqslant 0$; H_1: $\pi_1-\pi_2>0$

（二）检验统计量及其分布

当样本量充分大时［ $n_1p_1, n_1(1-p_1), n_2p_2, n_2(1-p_2)$ 都大于或等于 5］，两个样本的比例之差 $p_1-p_2\sim N\left(\pi_1-\pi_2,\dfrac{\pi_1(1-\pi_1)}{n_1}+\dfrac{\pi_2(1-\pi_2)}{n_2}\right)$。对 p_1-p_2 进行标准化，得到检验统计量，服从标准正态分布。

$$z=\frac{(p_1-p_2)-(\pi_1-\pi_2)}{\sqrt{\dfrac{\pi_1(1-\pi_1)}{n_1}+\dfrac{\pi_2(1-\pi_2)}{n_2}}} \tag{6-16}$$

原假设是两个总体比例相等，p_1-p_2 的方差可以写成 $\pi(1-\pi)\left(\dfrac{1}{n_1}+\dfrac{1}{n_2}\right)$。对 π 的最佳估计量是将两个样本合并后得到的合并比例 p_p。以 x_1 和 x_2 表示样本 1 和样本 2 中具有某种属性的单位数，则

$$p_p=\frac{x_1+x_2}{n_1+n_2}=\frac{p_1n_1+p_2p_2}{n_1+n_2} \tag{6-17}$$

因此，两个总体比例之差检验最终的检验统计量是

$$z=\frac{p_1-p_2}{\sqrt{p_p(1-p_p)\left(\dfrac{1}{n_1}+\dfrac{1}{n_2}\right)}} \tag{6-18}$$

此检验的决策准则与一般的 z 检验完全相同，这里不予赘述。

【例 6-16】为了解工人对增加福利费和基本工资的偏好，从甲、乙两公司随机抽取了一部分工人进行调查。甲公司抽取的 150 名工人中，有 75 人愿意增加基本工资而非福利费；乙公司抽取的 200 名工人中，103 人愿意增加基本工资而非福利费。$\alpha=0.01$，可以判定两公司愿意增加基本工资的工人比例不同吗？

解：

$$H_0:\ \pi_1-\pi_2=0;\ H_1:\ \pi_1-\pi_2\neq 0$$

$$p_1=75/150=0.5;p_2=103/200=0.515$$

$$p_p=\frac{x_1+x_2}{n_1+n_2}=\frac{75+103}{150+200}=0.509$$

$$z_c=\frac{p_1-p_2}{\sqrt{p_p(1-p_p)\left(\frac{1}{n_1}+\frac{1}{n_2}\right)}}=\frac{0.50-0.515}{\sqrt{0.509\times(1-0.509)\times\left(\frac{1}{150}+\frac{1}{200}\right)}}=-0.278$$

$\alpha=0.01$，双侧检验，临界值 $z_{\alpha/2}=2.58$，$|z_c|<z_{\alpha/2}$，不拒绝原假设 H_0，即无法判定这两个公司中愿意增加基本工资的工人所占的比例不同。

三、两个总体方差比的检验

两个总体方差的检验表现为两个总体方差比的检验，两总体方差比的检验有极广泛的用途。例如，在小样本的两个总体均值检验中，首先就需要确定两个总体的方差是否相同。在进行两个总体方差比的检验时也需要一些假定：首先，样本都是由正态总体中抽取出来的；其次，两组样本是独立抽取出来的。

（一）假设形式

两个总体方差比的检验也有三种基本假设检验形式。

双侧检验 $H_0:\frac{\sigma_1^2}{\sigma_2^2}=1;H_1:\frac{\sigma_1^2}{\sigma_2^2}\neq 1$

左侧检验 $H_0:\frac{\sigma_1^2}{\sigma_2^2}\geqslant 1;H_1:\frac{\sigma_1^2}{\sigma_2^2}<1$

右侧检验 $H_0:\frac{\sigma_1^2}{\sigma_2^2}\leqslant 1;H_1:\frac{\sigma_1^2}{\sigma_2^2}>1$

（二）检验统计量及其分布

如果两个总体方差相等，两样本的样本方差 s_1^2 和 s_2^2 应该十分接近，即两样本的方差比应接近于 1，否则该比率就会较大地偏离 1。两总体均为正态总体的条件下，如果原假设成立，该比率服从 F 分布。检验两个总体方差是否相等，可用两样本的方差比作为检验统计量。

$$F=\frac{s_1^2}{s_2^2} \tag{6-19}$$

两样本的样本量分别记为 n_1 和 n_2，该检验统计量服从自由度为 n_1-1 和 n_2-1 的 F 分布。

两个总体方差比的检验方法见表 6-12。

表 6-12　两个总体方差比的检验方法

检验统计量	$F=\frac{s_1^2}{s_2^2}$		
检验类型	双侧检验	左侧检验	右侧检验
假设形式	$H_0: \frac{\sigma_1^2}{\sigma_2^2}=1; H_1: \frac{\sigma_1^2}{\sigma_2^2}\neq 1$	$H_0: \frac{\sigma_1^2}{\sigma_2^2}\geqslant 1; H_1: \frac{\sigma_1^2}{\sigma_2^2}<1$	$H_0: \frac{\sigma_1^2}{\sigma_2^2}\leqslant 1; H_1: \frac{\sigma_1^2}{\sigma_2^2}>1$
拒绝域	$F>F_{\alpha/2}(n_1-1,n_2-1)$ $F<F_{1-\alpha/2}(n_2-1,n_1-1)$	$F<F_{1-\alpha}(n_1-1,n_2-1)$	$F>F_{\alpha}(n_1-1,n_2-1)$

F 分布是非对称分布。由于 F 分布的上侧分位数 $F_{\alpha/2}$ 与 $F_{1-\alpha/2}$ 之间存在如下关系：

$$F_{1-\alpha/2}(v_1,v_2)=\frac{1}{F_{\alpha/2}(v_2,v_1)} \tag{6-20}$$

所以 F 分布表只给出其中一种分位数，另外一种分位数可根据上述关系式求出。

【例 6-17】一家房地产开发公司准备购进一批灯泡，有两个供应商可供选择，两家供货商生产的灯泡平均寿命差别不大，价格也很相近，考虑的主要因素是灯泡寿命的方差大小。如果方差相同，就选择距离比较近的一家供货商进货。为此，公司管理人员对两家供货商提供的样品进行了检验，得到如表 6-13 所示的数据资料。

表 6-13　两家供货商的灯泡使用寿命数据　　单位：天

供货商 1	650	569	622	630	596
	637	628	706	617	624
	563	580	711	480	688
	723	651	569	709	632
供货商 2	568	681	636	607	555
	496	540	539	529	562
	589	646	596	617	584

α =0.05，检验两家供货商提供的灯泡使用寿命的方差是否有显著差异？

解：本例属于双侧检验。

$$H_0: \frac{\sigma_1^2}{\sigma_2^2}=1; H_1: \frac{\sigma_1^2}{\sigma_2^2}\neq 1$$

由样本数据计算得到

$$s_1^2=3\,675.46,\quad s_2^2=2\,341.43$$

$$F_c=\frac{s_1^2}{s_2^2}=\frac{3\,675.46}{2\,341.43}=1.569\,8$$

$$F_{\alpha/2}(n_1-1,n_2-1)=F_{0.025}(19,14)=2.860\,7\ ,$$

$$F_{1-\alpha/2}(n_1-1,n_2-1)=F_{0.975}(19,14)=\frac{1}{F_{0.025}(14,19)}=\frac{1}{2.646\,9}=0.377\,8$$

$F_{1-\alpha/2}(n_1-1,n_2-1)<F_c<F_{\alpha/2}(n_1-1,n_2-1)$，不能拒绝原假设，即不能认为这两个总体的方差有显著差异。

对两个总体参数的假设检验做一个总结，如表 6-14 所示。

表 6-14　两个总体参数的假设检验

待检参数	样本类型	样本规模	条件	检验统计量	服从的分布
总体均值之差	独立样本	大样本	σ_1^2、σ_2^2 已知	$z=\dfrac{(\bar{x}_1-\bar{x}_2)-(\mu_1-\mu_2)}{\sqrt{\dfrac{\sigma_1^2}{n_1}+\dfrac{\sigma_2^2}{n_2}}}$	N(0,1)
			σ_1^2、σ_2^2 未知	$z=\dfrac{(\bar{x}_1-\bar{x}_2)-(\mu_1-\mu_2)}{\sqrt{\dfrac{s_1^2}{n_1}+\dfrac{s_2^2}{n_2}}}$	N(0,1)
		小样本（正态总体）	σ_1^2、σ_2^2 已知	$z=\dfrac{(\bar{x}_1-\bar{x}_2)-(\mu_1-\mu_2)}{\sqrt{\dfrac{\sigma_1^2}{n_1}+\dfrac{\sigma_2^2}{n_2}}}$	N(0,1)
			σ_1^2、σ_2^2 未知，但相等	$t=\dfrac{(\bar{x}_1-\bar{x}_2)-(\mu_1-\mu_2)}{s_p\sqrt{\dfrac{1}{n_1}+\dfrac{1}{n_2}}}$ $s_p^2=\dfrac{(n_1-1)s_1^2+(n_2-1)s_2^2}{n_1+n_2-2}$	$t(n_1+n_2-2)$
			σ_1^2、σ_2^2 未知且不相等，但样本容量相等	$t=\dfrac{(\bar{x}_1-\bar{x}_2)-(\mu_1-\mu_2)}{\sqrt{\dfrac{s_1^2+s_2^2}{n}}}$	$t(2n-2)$
			σ_1^2、σ_2^2 未知且不相等，样本容量不相等	$t=\dfrac{(\bar{x}_1-\bar{x}_2)-(\mu_1-\mu_2)}{\sqrt{\dfrac{s_1^2}{n_1}+\dfrac{s_2^2}{n_2}}}$	$t(v)$ 其中，$v=\dfrac{\left(\dfrac{s_1^2}{n_1}+\dfrac{s_2^2}{n_2}\right)^2}{\dfrac{\left(\dfrac{s_1^2}{n_1}\right)^2}{n_1-1}+\dfrac{\left(\dfrac{s_2^2}{n_2}\right)^2}{n_2-1}}$
	匹配样本	小样本	差值 d 服从正态分布	$t=\dfrac{d-(\mu_1-\mu_2)}{s_d/\sqrt{n}}$	$t(n-1)$
比例之差	独立样本	样本足够大		$z=\dfrac{p_1-p_2}{\sqrt{p_p(1-p_p)\left(\dfrac{1}{n_1}+\dfrac{1}{n_2}\right)}}$	N(0,1)
方差比	独立样本		两样本都取自正态总体	$F=\dfrac{s_1^2}{s_2^2}$	$F(n_1-1,n_2-1)$

本章小结

（1）假设检验是先对总体参数提出某种假设，然后利用样本信息判断假设是否成立。假设检验通常使用两种不同的方法，即古典方法和 P 值方法。

（2）古典方法包括提出原假设和备择假设，识别检验统计量及其分布，由样本数据计算检验统计量的值、确定显著性水平及拒绝域，根据检验统计量是否落入拒绝域来判断是否拒绝原假设共四个步骤。

（3）P 值是原假设成立的条件下，所得的样本结果出现实际观测结果那么极端的概率。若 P 值 $<\alpha$，拒绝原假设。P 值越小，拒绝原假设的证据越强。

（4）一个总体参数的检验包括对总体均值、总体比例、总体方差的检验。

（5）两个总体参数的检验包括对总体均值之差、总体比例之差、总体方差之比的检验。

第七章

方差分析

本章系统介绍方差分析的基本原理、单因素方差分析与双因素方差分析。具体要求：①了解方差分析的有关概念、基本思想和原理、方差分析中的基本假设等；②掌握单因素方差分析的数据结构及分析步骤；③了解双因素方差分析的原理和基本思想。

一家咨询公司分别为国有企业、集体企业、股份合作企业、联营企业和私营企业提供讲座，讲座的内容是基本相同的，但不同性质企业听过讲座人员对讲座的满意度是不同的。如何判断不同性质企业对讲座满意度是否有差别呢？这就需要用方差分析来解决。

第一节　方差分析概述

方差分析（analysis of variance，ANOVA）的基本原理是由英国统计学家费歇尔在进行实验设计时为解释实验数据而首先引入的，并被广泛应用于心理学、生物学、工程和医药等领域。方差分析是假设检验的分支，但方差分析在很大程度上弥补了假设检验在实际应用方面的缺憾。从形式上看，方差分析是检验多个总体均值是否相等的一种统计分析方法；从内容上看，它是研究多个变量之间关系的一种实用、有效的统计方法。

一、方差分析中的几个术语

从本质上讲，方差分析也是一种假设检验。它通过对样本观测数据的波动性进行分析、分解，然后将某因素下各组样本数据间可能存在的系统性波动与随机波动加以比较，据此推断各总体之间是否存在显著性差异，若存在显著性差异，就说明该因素的影响是显著的。

为了更好地理解方差分析的含义，我们先通过一个简单的例子说明方差分析的有关概念及所要解决的问题。

【例 7-1】一家咨询公司为内资企业（以企业在工商行政管理机关登记的注册类型为依据进行划分）提供讲座，每次讲座的内容基本相同，但是不同性质企业听过讲座人员对讲座的满意度是不同的。咨询公司在讲座结束后，分别对 5 种企业听过讲座的人员进行随机调查，满意度评分如表 7-1 所示。

表 7-1　5 种企业听过讲座人员对咨询公司讲座的满意度

企业性质	国有企业	集体企业	股份合作企业	联营企业	私营企业
1	81	72	77	85	79
2	82	72	76	86	89
3	79	66	78	77	87
4	81	72	89	81	84
5	78	76	92	77	87
6	71	79	87	73	87

评分越高，说明企业对讲座的满意度越高。要分析这 5 种企业对讲座的满意度是否存在显著性差异，实际上就要判断“企业性质”对“讲座满意度”是否有显著影响，做出这种判断最终可归纳为检验这 5 种企业对讲座满意度的均值是否相等。如果它们的均值全部相等，就意味着“企业性质”对“讲座满意度”没有影响，也就是说这 5 种企业对讲座的满意度没有显著差异；如果均值不全相等，则意味着“企业性质”对“讲座满意度”是有影响的，表明这 5 种企业对讲座的满意度有显著差异。

1．因素

在方差分析中，所要检验的对象称为因素或因子（factor）。例 7-1 中，企业性质是所要检验的对象，为因素或因子。

2．水平

因素的不同取值称为水平（treatment）。例 7-1 中，国有企业、集体企业、股份合作企业、联营企业、私营企业是企业性质这一因素的具体表现，为水平。

3．观测值

每个因素水平下得到的样本数据称为观测值。例 7-1 中，“听过讲座人员对讲座的满意度”就是观测值。

例 7-1 中只涉及“企业性质”一个因素，5 种性质企业就是 5 种水平，因此就可以称为一个单因素 5 种水平的试验。

如果把因素的每一个水平看做一个总体，例 7-1 中有 5 种企业，就可以认为有 5 个总体。在表 7-1 中的数据是从这 5 个总体中随机抽取的样本数据（各样本数据的个数可以相等，也可以不等）。在例 7-1 中，我们要研究企业性质对讲座满意度是否有影响，这里的企业性质就是自变量，它是一个分类型变量，听过讲座人员对讲座的满意度是因变量，它是一个数值型变量。因此，方差分析所要回答的问题便是：分类型自变量对数值型因变量是否有显著性影响。

二、方差分析的基本思想

在例 7-1 中，共有 5 个总体，记这 5 个总体的均值分别为 μ_1、μ_2、μ_3、μ_4、μ_5。为了观察每一个总体的样本观测值，作图 7-1。

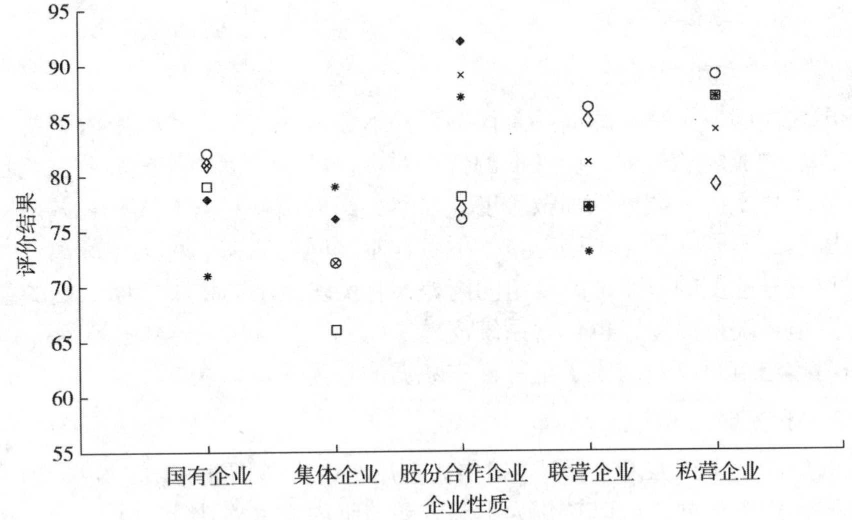

图 7-1　不同类型企业对讲座评价结果散点图

从图 7-1 中可以直观地看出，不同性质企业对讲座的满意度存在着明显的差异，而且，即使是同一性质企业不同人员对讲座的满意度也有明显不同。还可以看出，股份合作企业和私营企业对讲座的满意度较高，集体企业对讲座的满意度较低，这表明企业性质与讲座的满意度之间存在一定的关系。如果企业性质与讲座的满意度之间没有关系，那么，不同性质企业对讲座的满意度应该大致相同，表现在散点图上不同性质企业对讲座满意度的均值应当大体处于同一高度，即 μ_1、μ_2、μ_3、μ_4、μ_5 应大体上相等。如果我们提出假设 H_0：$\mu_1=\mu_2=\mu_3=\mu_4=\mu_5$，问题便转化为对 H_0 进行检验。

如何进行检验呢？怎样判断不同性质企业与讲座满意度之间是否有显著影响呢？仅仅从散点图上观察，我们还不能提供充分的证据证明不同性质企业与讲座的满意度之间存在显著差异。为了分析不同性质企业对讲座满意度的影响，我们需要从分析数据离差的来源入手。

（一）数据离差分解

首先，我们分析某一总体下观测值不等的原因。在同一总体中，样本各个观测值是不同的。例如，在国有企业听过讲座的人员构成的总体中，所抽取的 6 个听过讲座的人员，对讲座的满意度就不完全相同，由于随机因素的影响造成来自国有企业总体的 6 个样本观测值不等。同一个总体这种观测值之间的波动差异可以看做是随机因素的影响造成的，或者说是由抽样的随机性造成的，称为随机离差。其次，分析不同性质企业之间对讲座的满意度不等的原因。我们发现不同性质企业对讲座满意度的各观测值也是不同的。原因有两个，一是抽样的随机性因素的影响，二是企业性质不同使听过讲座人员对讲座的满意度不同所导致的。后者所形成的数据波动离差称为系统离差。这样就可以将不同总体之间样本观测值不等的原因分解为两方面，一方面来自于随机波动，另一方面来自于系统波动。

（二）数据离差的表示

1．组内离差和组间离差

衡量因素的同一水平（即同一总体）下样本数据的离差，称为组内离差。由国有企业听过讲座人员构成的总体中，所抽取的6人对讲座的满意度之间的离差，就是组内离差。它反映了一个样本内部数据的离散程度。显然，组内离差只含有随机离差。

衡量因素的不同水平（不同总体）下各样本之间的离差，称为组间离差。5种性质企业之间对讲座满意度的离差，就是组间离差。它反映了不同样本之间数据的离散程度。组间离差中既包含随机离差，也包含系统离差。

组内离差与组间离差构成了全部样本数据的总离差。

2．平方和分解

数据间的波动常用方差来描述。组内离差用组内方差描述，组间离差用组间方差描述，组间离差与组内离差之比可以转化为组间方差与组内方差之比。

反映全部数据离差大小的平方和，称为总离差平方和（sum of squares for total），记为SST。在例7-1中，所抽取的30个听过讲座人员对讲座满意度的离差平方和就是总离差平方和，它反映了全部观测值的离散状况。

反映组内离差大小的平方和，称为组内平方和，也称为离差平方和（sum of squares for error），记为SSE。在例7-1中，每种企业6个听过讲座人员对讲座满意度的离差平方和就是组内平方和，它反映了每个样本内各观测值的总离散状况。

反映组间离差大小的平方和，称为组间平方和，也称为水平项离差平方和（sum of squares for factor A），记为SSA。在例7-1中，不同企业听过讲座人员对讲座满意度的离差平方和是组间平方和，它反映了样本均值之间的差异程度。

3．分析思想

现在假设不同性质企业听过讲座人员之间对讲座满意度没有影响，即不同性质企业听过讲座人员对讲座满意度无差异，那么反映在组间离差上，则意味着不存在系统波动，只含有随机波动，此时，组间离差与组内离差经过平均后的数据就应该大体相等，其比值会接近于1；反之，如果不同性质企业听过讲座人员对讲座满意度存在着差异，则意味着组间离差中除了含有随机波动外，还含有系统波动，则它们的比值会大于1。这给我们的启示就是：一方面，组间离差与组内离差经过平均后数据的比值可以用来判断总离差中是否存在系统波动；另一方面，组间离差与组内离差经过平均后数据的比值大到什么程度，我们就可以说因素（企业性质）的不同水平之间存在着显著性差异，即分类型自变量对数值型因变量是有影响的。因此，要判断企业性质对讲座满意度是否有显著影响这一问题，实际上也就是对讲座满意度的差异主要是由什么引起的。如果这种差异主要是系统离差，我们就认为不同性质企业对讲座满意度有显著影响。

综上所述，方差分析的思想可以归纳为：将试验得到的样本数据总波动按来源的不同分解为随机性波动和系统性波动，然后比较它们的平均波动，构造离差比（均方差比），建立相应统计量，判定试验观察因素的影响是否显著。

三、方差分析中的基本假定

（1）每个总体都应服从正态分布。

对于因素的每一个水平，其观测值是来自正态总体的简单随机样本，即每种性质企业听过讲座人员对讲座满意度构成的总体应服从正态分布。

（2）各个总体的方差σ^2应相等。

对于各组观测数据，它们是从具有相同方差的正态分布中抽取的，即每种性质企业听过讲座人员对讲座满意度的方差都相同。

（3）观测值是独立的。

每一个听过讲座人员对讲座满意度与其他听过讲座人员对讲座满意度是独立的。

四、问题的一般提法

设因素有k个水平，每个水平的均值分别用$\mu_1,\mu_2,\cdots,\mu_k$表示，要检验k个水平（总体）的均值是否相等，需要提出如下假设。

$H_0:\mu_1=\mu_2=\cdots=\mu_k$，即自变量对因变量没有显著影响。

$H_1:\mu_1,\mu_2,\cdots,\mu_k$不全相等，即自变量对因变量有显著影响。

例如，在例 7-1 中，假设如下。

$H_0:\mu_1=\mu_2=\mu_3=\mu_4=\mu_5$（5 种性质企业听过讲座人员对讲座满意度没有显著影响）。

$H_1:\mu_1,\mu_2,\mu_3,\mu_4,\mu_5$不全相等（5 种性质企业听过讲座人员对讲座满意度有显著影响）。

五、方差分析的分类

按照方差分析中涉及自变量个数的多少，方差分析可以分为单因素方差分析和双因素方差分析。

当方差分析中只涉及一个分类型自变量时，称为单因素方差分析（one-way analysis of variance）。

当方差分析中涉及两个分类型自变量时，称为双因素方差分析（two-way analysis of variance）。

◎想一想

1. 方差分析与假设检验的联系与区别各是什么？
2. 方差分析中离差平方和的分解式是如何推导出来的？分解出的各项，其表达式是什么？

第二节 单因素方差分析

例 7-1 只涉及企业性质这一个因素，所以是单因素方差分析。

一、数据结构

在进行单因素方差分析时，得到下面的数据结构，如表 7-2 所示。

表 7-2 单因素方差分析时的数据结构

观测值（j）	因素（i）			
	A_1	A_2	…	A_k
1	x_{11}	x_{21}	…	x_{k1}
2	x_{12}	x_{22}	…	x_{k2}
⋮	⋮	⋮		⋮
n	x_{1n}	x_{2n}	…	x_{kn}

在单因素方差分析中，为了叙述和计算使用方便，用 A 表示因素，因素的 k 个水平分别用 A_1，A_2，…，A_k 表示，每个观测值用 x_{ij} 表示（$i=1,2,\cdots,k$；$j=1,2,\cdots,n$），x_{ij} 表示第 i 个水平的第 j 个观测值，如 x_{12} 表示第 1 个水平的第 2 个观测值。

二、单因素方差分析步骤

（一）提出假设

$H_0:\mu_1=\mu_2=\cdots=\mu_i=\cdots=\mu_k$（自变量对因变量没有显著影响）。

$H_1:\mu_1,\mu_2,\cdots,\mu_i,\cdots,\mu_k$ 不全相等（自变量对因变量有显著影响）。

如果拒绝原假设 H_0，则意味着自变量对因变量有显著影响，也就是说自变量与因变量之间有显著关系；如果不拒绝原假设 H_0，则没有充分证据显示自变量对因变量有显著影响，也就是说不能认为自变量与因变量之间有显著关系。

需要注意的是，当拒绝原假设 H_0 时，只表明 $\mu_1,\mu_2,\cdots,\mu_i,\cdots,\mu_k$ 中至少有两个总体的均值不相等，并不意味着所有的总体均值都不相等。

（二）构造检验统计量

为了检验 H_0 是否成立，需要确定检验的统计量。

1. 计算因素各水平的均值

$$\overline{x}_i=\frac{\sum_{j=1}^{n_i}x_{ij}}{n_i},\quad i=1,2,\cdots,k \tag{7-1}$$

式中，n_i 为第 i 个总体样本观测值的个数；x_{ij} 为第 i 个总体的第 j 个观测值；$\overline{x}_i$ 为第 i 个总体的样本均值。

例如，根据表 7-1 中的数据计算国有企业听过讲座人员对讲座满意度 A_1 的样本均值为

$$\overline{x}_1=\frac{\sum_{j=1}^{n_1}x_{1j}}{n_1}=\frac{6+8+7+7+10+8}{6}=7.67$$

同理，其他性质企业听过讲座人员对讲座满意度计算方法相同，结果见表 7-3。

表 7-3　样本均值计算表

企业性质	国有企业	集体企业	股份合作企业	联营企业	私营企业
1	81	72	77	85	79
2	82	72	76	86	89
3	79	66	78	77	87
4	81	72	89	81	84
5	78	76	92	77	87
6	71	79	87	73	87
样本容量	6	6	6	6	6
样本均值	78.67	72.82	83.17	79.83	85.50

2. 计算全部观测值的总均值

$$\overline{\overline{x}} = \frac{\sum_{i=1}^{k}\sum_{j=1}^{n_i} x_{ij}}{n} = \frac{\sum_{i=1}^{k} n_i \overline{x}_i}{n} \tag{7-2}$$

式中，$n = n_1 + n_2 + \cdots + n_k$。

例如，根据表 7-1 中的数据计算全部观测值的总均值为

$$\overline{\overline{x}} = \frac{81+82+\cdots+87+87}{30} = 80$$

3. 计算离差平方和

为构造检验统计量，共需要计算 3 个离差平方和，即 SST、SSA、SSE。

其计算公式为

$$\text{SST} = \sum_{i=1}^{k}\sum_{j=1}^{n_i}(x_{ij} - \overline{\overline{x}})^2 \tag{7-3}$$

$$\text{SSA} = \sum_{i=1}^{k}\sum_{j=1}^{n_i}(\overline{x}_i - \overline{\overline{x}})^2 = \sum_{i=1}^{k} n_i(\overline{x}_i - \overline{\overline{x}})^2 \tag{7-4}$$

$$\text{SSE} = \sum_{i=1}^{k}\sum_{j=1}^{n_i}(x_{ij} - \overline{x}_i)^2 \tag{7-5}$$

例如，根据表 7-1 中的数据计算的 3 个离差平方和为

$$\text{SST} = (81-80)^2 + \cdots + (87-80)^2 = 1\ 174$$

$$\begin{aligned}\text{SSA} &= \sum_{i=1}^{k} n_i(\overline{x}_i - \overline{\overline{x}})^2 \\ &= 6\times(78.67-80)^2 + \cdots + 6\times(85.50-80)^2 \\ &= 560.67\end{aligned}$$

$$\begin{aligned}\text{SSE}&=\sum_{i=1}^{k}\sum_{j=1}^{n_i}(x_{ij}-\overline{x}_i)^2\\&=\sum_{j=1}^{6}(x_{1j}-\overline{x}_1)^2+\cdots+\sum_{j=1}^{6}(x_{5j}-\overline{x}_5)^2\\&=613.33\end{aligned}$$

三者之间的关系为

$$\sum_{i=1}^{k}\sum_{j=1}^{n_i}(x_{ij}-\overline{\overline{x}})^2=\sum_{i=1}^{k}n_i(\overline{x}_i-\overline{\overline{x}})^2+\sum_{i=1}^{k}\sum_{j=1}^{n_i}(x_{ij}-\overline{x}_i)^2 \tag{7-6}$$

即

$$\text{SST}=\text{SSA}+\text{SSE}$$

通过上面的计算结果，也可以证明这一点：

$$1\,174=560.67+613.33$$

如果原假设成立，即 H_0：$\mu_1=\mu_2=\cdots=\mu_i=\cdots=\mu_k$ 为真，表明没有系统离差，组间平方和 SSA 除以它的自由度后的均方与组内平方和 SSE 除以它的自由度后的均方相比较，两者的差异就不会太大；如果组间均方显著大于组内均方，说明各水平（总体）之间的差异显然不仅仅有随机离差，还有系统离差。因此，要判断因素的水平是否对其观测值有显著影响，实际就是比较组间均方与组内均方之间差异的大小。那么，它们之间的差异大到何种程度才表明存在系统离差呢？要检验这种差异，我们就需要构造一个用于检验的统计量。

4．构造检验统计量并且计算各统计量的值

各离差平方和的大小与观测值的个数有关，为了消除观测值个数对离差平方和大小的影响，需要将其平均，也就是用各平方和除以它们所对应的自由度，这一结果称为均方（mean square）。三个平方和所对应的自由度如下：SST 的自由度为 $n-1$，其中 n 为全部观测值的个数；SSA 的自由度为 $k-1$，其中 k 为因素水平（总体）的个数；SSE 的自由度为 $n-k$ 。SSA 的均方也称为组间均方或组间方差，记为 MSA。其计算公式为

$$\text{MSA}=\frac{\text{组间平方和}}{\text{自由度}}=\frac{\text{SSA}}{k-1} \tag{7-7}$$

SSE 的均方也称为组内均方或组内方差，记为 MSE。其计算公式为

$$\text{MSE}=\frac{\text{组内平方和}}{\text{自由度}}=\frac{\text{SSE}}{n-k} \tag{7-8}$$

可以证明：组间均方与组内均方之比是一个服从 F 分布的统计量。

将 MSA 与 MSE 进行对比，即得到所需要的 F 检验统计量。

$$F=\frac{\text{MSA}}{\text{MSE}}\sim F(k-1,n-k) \tag{7-9}$$

◎**知识窗**

罗纳德·艾尔默·费希尔（Ronald Aylmer Fisher，1890—1962）（图 7-2）是英国统计学家和遗传学家，他的思想为现代统计学打下了基础。

图 7-2　费希尔

1912 年，费希尔毕业于著名的剑桥大学，在 1919 年，他加入了一家名为罗森斯得实验站（Rothamsted experimental station）的农业实验研究站。在那里，他进行了作物育种的统计实验，并因此最终发明了一种在实验中改变不同因素的技术，这种技术还可以确定这些因素可能造成的不同实验结果。这一技术被称为方差分析，与当时流行的方法相比，这种方法有了重要的进步，因为当时的方法在实验中一次只能改变一个因素。方差分析非常重要，因为它还可以解决其他科学分支里相似的数据分析问题。

费希尔推动了理论统计学和应用统计学很多具体方面的发展。他的贡献被认为为现代统计奠定了基础。他被誉为"几乎独立建立现代统计科学的天才"和"达尔文最伟大的继承者"。

在例 7-1 中，

$$\text{MSA}=\frac{\text{SSA}}{k-1}=\frac{560.67}{4}=140.17$$

$$\text{MSE}=\frac{\text{SSE}}{n-k}=\frac{613.33}{25}=24.53$$

$$F=\frac{\text{MSA}}{\text{MSE}}=\frac{140.17}{24.53}=5.71$$

方差分析中，常将分析结果以方差分析表（analysis of variance table）的形式表示。其一般形式如表 7-4 所示。

表 7-4　单因素方差分析表

离差来源	平方和	自由度	均方	F 值	P 值	F 临界值
组间（因素影响）	SSA	$k-1$	MSA	$\frac{\text{MSA}}{\text{MSE}}$		$F_{\alpha}(k-1,n-k)$
组内（随机影响）	SSE	$n-k$	MSE			
总和	SST	$n-1$				

利用 Excel 计算方差分析的结果如表 7-5 所示。

表 7-5 5 种企业听过讲座人员对咨询公司讲座的满意度方差分析表

差异来源	平方和	自由度	均方	F 值	P 值	F 临界值
组间	560.666 7	4	140.166 7	5.713 3	0.002 1	2.758 71
组内	613.333 3	25	24.533 3			
总计	1 174.000 0	29				

（三）做出统计决策

计算出检验统计量之后，将统计量的 F 值与给定的显著性水平 α 的临界值 $F_\alpha(k-1, n-k)$ 进行比较，则可对原假设 H_0 做出决策。

根据给定的显著性水平 α，在 F 分布表中查找与分子自由度 $df_1=k-1$ 和分母自由度 $df_2=n-k$ 相应的临界值 $F_\alpha(k-1,n-k)$。

若 $F>F_\alpha$，则拒绝原假设 H_0，即 $\mu_1=\mu_2=\cdots=\mu_i=\cdots=\mu_k$ 的假设不成立，表明自变量对因变量有显著影响；$F<F_\alpha$，则不能拒绝原假设 H_0，不能认为自变量对因变量有显著影响。例 7-1 中，计算出 $F=5.7133$。假定取显著性水平 $\alpha=0.05$，根据分子 $df_1=k-1=5-1=4$ 和分母自由度 $df_2=n-k=30-5=25$，查 F 分布表得到 $F_{0.05}(4,25)=2.7587$。由于 $F>F_\alpha$，所以拒绝原假设，即 $\mu_1=\mu_2=\mu_3=\mu_4=\mu_5$ 的假设不成立，表明自变量对因变量有显著影响，也就是说，不同性质企业听过讲座人员对讲座满意度有显著影响。

在进行决策时，还可以直接利用方差分析表中的 P 值与显著性水平 α 进行比较。若 $P>\alpha$，则不拒绝原假设；若 $P<\alpha$，则拒绝原假设。在本例中，$P=0.0021<\alpha=0.05$，所以拒绝原假设 H_0，可以认为不同性质企业听过讲座人员对讲座满意度有显著影响。

◎想一想

单因素方差分析的步骤是怎样的?

第三节 双因素方差分析

【例 7-2】为检验广告媒体和广告方案对产品销售量的影响，一家营销公司做了一项调查，考察四种广告媒体和五种广告方案，获得以下销售数据（表 7-6），试分析广告媒体和广告方案对产品的销售量是否有显著影响（$\alpha=0.05$）？

表 7-6 不同广告方案和广告媒体作用下的产品销售量

项目		广告方案				
		方案 1	方案 2	方案 3	方案 4	方案 5
广告媒体	电视	12.0	13.7	14.3	14.2	13.0
	电台	9.5	11.5	12.3	14.0	14.0
	报纸	10.4	12.4	11.4	12.5	13.1
	杂志	9.7	9.6	11.1	12.0	11.4

在例 7-2 中，广告媒体和广告方案为分类型自变量，产品的销售量为数值型因变量，同时分析广告媒体和广告方案对产品销售量的影响，就是要回答究竟是一个因素在起作用，还是两个因素都起作用，还是两个因素都不起作用，这就是双因素方差分析。

在双因素方差分析中，关键是要判断两因素之间的关系。例 7-2 中如果广告媒体和广告方案两个因素对产品销售量的影响是相互独立的，这时的双因素方差分析称为无交互作用的双因素方差分析；如果除了广告媒体和广告方案两个因素对产品销售量单独影响外，两个因素的搭配还会对销售量产生一种新的影响效应，也就是说两因素之间的关系不相互独立，这样的双因素方差分析叫有交互作用的双因素方差分析。

一、无交互作用的双因素方差分析

（一）数据结构

无交互作用的双因素方差分析的数据结构如表 7-7 所示。

表 7-7　无交互作用的双因素方差分析数据结构表

因素 B / 因素 A		列 $B(j)$			
		B_1	B_2	…	B_r
行 $A(i)$	A_1	x_{11}	x_{12}	…	x_{1r}
	A_2	x_{21}	x_{22}	…	x_{2r}
	⋮	⋮	⋮		⋮
	A_k	x_{k1}	x_{k2}	…	x_{kr}

在双因素方差分析中，由于有两个因素，在获取数据时，要将一个因素安排在“行”的位置，称为行因素；另一个因素安排在“列”的位置，称为列因素。我们设行因素有 k 个水平：行 1，行 2，…，行 k；列因素有 r 个水平：列 1，列 2，…，列 r。行因素和列因素的每一个水平都可以搭配成一组，观察它们对试验指标的影响，这样共抽取了 kr 个观测数据。例 7-2 中，我们对不同广告媒体和不同广告方案的产品销售量进行随机抽取，共抽取到 20 个观测数据。

（二）分析步骤

无交互作用的双因素方差分析相当于两个单因素方差分析，分析的步骤大致上同单因素方差分析一致。

1. 第一步：提出假设

由于有两个影响因素，且两者之间无交互作用，所以要提出两个假设。

对行因素提出假设：

$H_0: \mu_1 = \mu_2 = \cdots = \mu_i = \cdots = \mu_k$（行因素对因变量没有显著影响）

$H_1: \mu_1, \mu_2, \cdots, \mu_i, \cdots, \mu_k$ 不全相等（行因素对因变量有显著影响）

对列因素提出假设：

$H_0: \mu_1 = \mu_2 = \cdots = \mu_i = \cdots = \mu_k$（列因素对因变量没有显著影响）

$H_1: \mu_1, \mu_2, \cdots, \mu_j, \cdots, \mu_r$ 不全相等（列因素对因变量有显著影响）

2. 第二步：构造检验统计量

1）计算行平均值和列平均值

记 $\bar{x}_{i\cdot}$ 为行因素的第 i 个水平下各观测值的平均值，称为行均值，计算公式为

$$\bar{x}_{i\cdot} = \frac{\sum_{j=1}^{r} x_{ij}}{r}, \quad i = 1, 2, \cdots, k \tag{7-10}$$

记 $\bar{x}_{\cdot j}$ 为列因素的第 j 个水平下各观测值的平均值，称为列均值，计算公式为

$$\bar{x}_{\cdot j} = \frac{\sum_{i=1}^{r} x_{ij}}{k}, \quad j = 1, 2, \cdots, r \tag{7-11}$$

2）计算全部观测值的总均值

记 $\bar{\bar{x}}$ 为全部 kr 个观测值的总均值，计算公式为

$$\bar{\bar{x}} = \frac{\sum_{i=1}^{k}\sum_{j=1}^{r} x_{ij}}{kr}, \quad i = 1,2,\cdots,k; j=1,2,\cdots,r \tag{7-12}$$

3）计算离差平方和

为检验原假设 H_0 是否成立，需要分别检验行因素和列因素的统计量。构造方法同单因素一样，也需要用到总离差平方和的分解。

SST 是全部样本观测值 $x_{ij}\,(i=1,2,\cdots,k; j=1,2,\cdots,r)$ 与总均值 $\bar{\bar{x}}$ 之间的离差平方和。计算公式为

$$\begin{aligned}\text{SST} &= \sum_{i=1}^{k}\sum_{j=1}^{r}\left(x_{ij} - \bar{\bar{x}}\right)^2 \\ &= \sum_{i=1}^{k}\sum_{j=1}^{r}\left(\bar{x}_{i\cdot} - \bar{\bar{x}}\right)^2 + \sum_{i=1}^{k}\sum_{j=1}^{r}\left(\bar{x}_{\cdot j} - \bar{\bar{x}}\right)^2 + \sum_{i=1}^{k}\sum_{j=1}^{r}\left(x_{ij} - \bar{x}_{i\cdot} - \bar{x}_{\cdot j} - \bar{\bar{x}}\right)^2\end{aligned} \tag{7-13}$$

行因素产生的离差平方和（sum of squares for row，SSR）是行均值 $\bar{x}_{i\cdot}$ 与总均值 $\bar{\bar{x}}$ 之间的离差平方和。计算公式为

$$\text{SSR} = \sum_{i=1}^{k}\sum_{j=1}^{r}\left(\bar{x}_{i\cdot} - \bar{\bar{x}}\right)^2 \tag{7-14}$$

列因素产生的离差平方和（sum of squares for column，SSC）是列均值 $\bar{x}_{\cdot j}$ 与总均值 $\bar{\bar{x}}$ 之间的离差平方和。计算公式为

$$\text{SSC} = \sum_{i=1}^{k}\sum_{j=1}^{r}\left(\bar{x}_{\cdot j} - \bar{\bar{x}}\right)^2 \tag{7-15}$$

SSE 是指除行因素和列因素之外，由剩余因素影响产生的离差平方和。计算公式为

$$SSE=\sum_{i=1}^{k}\sum_{j=1}^{r}\left(x_{ij}-\bar{x}_{i.}-\bar{x}_{.j}+\bar{\bar{x}}\right)^2 \tag{7-16}$$

上述各平方和之间的关系式为

$$SST=SSR+SSC+SSE \tag{7-17}$$

4）计算统计量

三个平方和对应的自由度分别为 SST 的自由度为$kr-1$；SSR 的自由度为$k-1$；SSC 的自由度为$r-1$；SSE 的自由度为$(k-1)(r-1)$。

为构造检验统计量，需要计算各个平方和的均方。

行因素的均方，简记为 MSR，计算公式为

$$MSR=\frac{SSR}{k-1} \tag{7-18}$$

列因素的均方，简记为 MSC，计算公式为

$$MSC=\frac{SSC}{k-1} \tag{7-19}$$

随机离差项的均方，简记为 MSE，计算公式为

$$MSE=\frac{SSR}{(k-1)\times(r-1)} \tag{7-20}$$

所以，行因素对因变量影响显著性检验的统计量为

$$F_R=\frac{MSR}{MSE}\sim F\left((k-1),(k-1)(r-1)\right) \tag{7-21}$$

列因素对因变量影响显著性检验的统计量为

$$F_C=\frac{MSC}{MSE}\sim F\left((r-1),(k-1)(r-1)\right) \tag{7-22}$$

3. 第三步：做出统计决策

若$F_R>F_\alpha$，则拒绝原假设H_0，表明行因素对因变量的影响是显著的；反之，若$F_R<F_\alpha$，则不拒绝原假设H_0，表明行因素对因变量无显著影响。

若$F_C>F_\alpha$，则拒绝原假设H_0，表明列因素对因变量的影响是显著的；反之，若$F_C<F_\alpha$，则不拒绝原假设H_0，表明列因素对因变量无显著影响。

以上内容列成方差分析表，见表 7-8。

表 7-8 无交互作用的双因素方差分析表

离差来源	平方和	自由度	均方	F 值	P 值	F 临界值
行因素	SSR	$k-1$	MSR	$F_R=\frac{MSR}{MSE}$		
列因素	SSC	$r-1$	MSC	$F_C=\frac{MSC}{MSE}$		
随机离差	SSE	$(k-1)(r-1)$	MSE			
总和	SST	$kr-1$				

根据例 7-2 中的数据，分析广告媒体和广告方案对产品的销售量是否有显著影响（$\alpha=0.05$）？

解：首先对两个因素分别提出假设。

广告媒体（行因素）：

$$H_0: \mu_1=\mu_2=\mu_3=\mu_4 \text{（广告媒体对产品的销售量没有显著影响）}$$

$$H_0: \mu_1,\mu_2,\mu_3,\mu_4 \text{不全相等（广告媒体对产品的销售量有显著影响）}$$

广告方案（列因素）：

$$H_1: \mu_1=\mu_2=\mu_3=\mu_4=\mu_5 \text{（广告方案对产品的销售量没有显著影响）}$$

$$H_1: \mu_1,\mu_2,\mu_3,\mu_4,\mu_5 \text{不全相等（广告方案对产品的销售量有显著影响）}$$

利用 Excel 计算方差分析的结果如表 7-9 所示。

表 7-9　无交互作用的双因素方差分析结果

离差来源	平方和	自由度	均方	F 值	P 值	F 临界值
广告媒体	18.181 5	3	6.060 5	9.204 7	0.001 9	3.490 3
广告方案	19.067 0	4	4.766 8	7.239 7	0.003 3	3.259 2
离差	7.901 0	12	0.658 4			
总计	45.149 5	19				

根据表 7-9 的计算结果，我们得到如下结论。

由于 $F_R=9.204\,7>F_\alpha=3.490\,3$，所以拒绝原假设 H_0，表明广告媒体对产品的销售量有显著影响。

由于 $F_C=7.239\,7>F_\alpha=3.259\,2$，所以拒绝原假设 H_0，表明广告方案对产品的销售量有显著影响。

以上也可以使用 P 值进行决策，结论也是一样的。用于检验行因素的 P 值=0.001 9＜α=0.05，所以拒绝原假设 H_0，广告媒体对产品的销售量有显著影响；用于检验列因素的 P 值=0.003 3＜α=0.05，所以拒绝原假设 H_0，广告方案对产品的销售量有显著影响。

二、有交互作用的双因素方差分析

如果除了两个因素对因变量的单独影响外，两个因素搭配在一起还会对因变量产生一种新的效应，就需要考虑交互作用对因变量的影响，这就是有交互作用的双因素方差分析。

【例 7-3】城市道路交通管理部门为研究不同的路段和不同的时间段对行车时间的影响，让一名交通警察分别在三个路段的高峰期与非高峰期亲自驾车进行试验，通过试验共获得 30 个行车时间（单位：分钟）的数据，见表 7-10。试分析路段、时段以及路段和时段的交互作用对行车时间的影响（α=0.05）。

表 7-10　30 个行车时间数据表　　单位：分钟

项目		路段		
		路段 1	路段 2	路段 3
时段	高峰期	36.5	28.1	32.4
		34.1	29.9	33.0
		37.2	32.2	36.2
		35.6	31.5	35.5
		38.0	30.1	35.1
	非高峰期	30.6	27.6	26.8
		27.9	24.3	28.0
		22.4	22.0	26.7
		28.8	25.4	29.3
		27.3	21.7	25.6

在本例中，行变量有 2（$k=2$）个水平，分别是“高峰期”和“非高峰期”；列变量有 3（$r=3$）个水平，分别是“路段 1”、“路段 2”和“路段 3”。行变量中每一个水平的行数为 m，如本例中，$m=5$；观测值的总个数为 n，本例中 $n=30$。

与无交互作用的双因素方差分析的步骤相同，这里不予赘述。只不过在提出假设时，需要分别对行因素、列因素和交互作用提出假设。有交互作用的双因素方差分析常用的符号有：x_{ijl} 为对应于行因素的第 i 个水平和列因素的第 j 个水平的第 l 行的观测值；$\bar{x}_{i\cdot}$ 为行因素的第 i 个水平的样本均值；$\bar{x}_{\cdot j}$ 为列因素的第 j 个水平的样本均值；$\bar{x}_{ij}$ 为对应于行因素的第 i 个水平和列因素的第 j 个水平组合的样本均值；$\bar{\bar{x}}$ 为全部 n 个观测值的总均值。

各平方和的计算公式如下。

总平方和 SST：

$$\mathrm{SST}=\sum_{i=1}^{k}\sum_{j=1}^{r}\sum_{l=1}^{m}\left(x_{ijl}-\bar{\bar{x}}\right)^2 \tag{7-23}$$

行变量平方和 SSR：

$$\mathrm{SSR}=rm\sum_{i=1}^{k}\left(\bar{x}_{i\cdot}-\bar{\bar{x}}\right)^2 \tag{7-24}$$

列变量平方和 SSC：

$$\mathrm{SSC}=km\sum_{i=1}^{k}\left(\bar{x}_{\cdot j}-\bar{\bar{x}}\right)^2 \tag{7-25}$$

交互作用平方和 SSRC：

$$\mathrm{SSRC}=m\sum_{i=1}^{k}\sum_{j=1}^{r}\left(\bar{x}_{ij}-\bar{x}_{i\cdot}-\bar{x}_{\cdot j}+\bar{\bar{x}}\right)^2 \tag{7-26}$$

离差项平方和 SSE：

$$\mathrm{SSE}=\mathrm{SST}-\mathrm{SSR}-\mathrm{SSC}-\mathrm{SSRC} \tag{7-27}$$

根据例 7-3 中的数据，分析路段、时段以及路段和时段的交互作用对行车时间的影响（α =0.05）。

利用 Excel 计算方差分析的结果如表 7-11 所示。

表 7-11　有交互作用的双因素方差分析表

离差来源	平方和	自由度	均方	F 值	P 值	F 临界值
时段	410.70	1	410.70	98.98	5.43×10^{-10}	4.26
路段	115.23	2	57.62	13.89	9.95×10^{-10}	3.40
交互	9.46	2	4.73	1.14	0.336	3.40
内部	99.58	24	4.15			
总计	643.97	29				

由表 7-11 的输出结果可知：用于检验行因素（时段）的 P 值=$5.43\times10^{-10}<\alpha$ =0.05，所以拒绝原假设，表明不同时段的行车时间之间有显著差异，即时段对行车时间有显著影响；用于检验列因素（路段）的 P 值=$9.95\times10^{-5}<\alpha$ =0.05，同样拒绝原假设，表明不同路段的行车时间之间有显著差异，即路段对行车时间有显著影响；用于检验交互作用（时段和路段）的 P 值=0.336> α =0.05，因此不拒绝原假设，表明时段和路段的交互作用对行车时间没有显著影响。

◎想一想

单因素方差分析与双因素方差分析的异同点有哪些？

本 章 小 结

（1）方差分析是检验多个总体均值是否相等的统计方法。

（2）方差分析通过对数据离差的分析来判断不同总体之间均值是否相等，进而分析一个分类型自变量与一个数值型因变量之间是否有关系。

（3）数据的离差可分解为组间离差和组内离差两部分，可以分别用组间方差和组内方差来表示，将组间方差与组内方差进行比较，利用 F 分布来判断二者之间的关系是否显著。

（4）单因素方差分析是只涉及一个分类型自变量的方差分析，其分析的步骤与假设检验类似。

（5）双因素方差分析是涉及两个分类型自变量的方差分析，可以分为无交互作用的双因素方差分析和有交互作用的双因素方差分析。

第八章

列　联　表

本章主要介绍如何利用列联表判断定性变量之间是否存在相关关系以及测量定性变量之间的相关程度。具体要求：①准确理解列联表的概念和构造；②熟练掌握列联表的独立性检验和拟合优度检验的方法，并能运用于实际问题；③了解相关系数的测算。

某医疗机构为了解患肺癌与吸烟是否有关，进行了一次抽样调查，共调查了100个成年人，其中吸烟者54人，不吸烟者46人，调查结果是：吸烟的54人中39人患病，15人不患病；不吸烟的46人中21人患病，25人不患病。根据该结果能否判定患肺癌与吸烟有关需要使用列联表来反映。

第一节　列联表概述

在许多实际问题中，要考察两种定性数据之间的关系。例如，在研究职工性别与职工离职申请之间的关系时，职工性别表示为“男”“女”，职工离职申请表示为“提出申请”和“没提出申请”；研究原料的质量与产地之间的关系时，原料质量可以分为“一级品”“二级品”“三级品”等，原料的产地可以分为“甲地区”“乙地区”等。定量数据也可以通过定性数据表示。例如，“收入”是一个定量数据，可以按照一定的标准把不同收入的被调查者分为“高收入者”、“较高收入者”、“中等收入者”及“低收入者”等。上述问题的研究通常采用列联表。

一、列联表的概念

列联表（contingency table）是由两个或两个以上的变量进行交叉分类的频数分布表，由于表内的每一个频数都需同时满足所有变量的要求，所以列联表又称条件频数表。列联表中每个变量都可以有两个或两个以上的类别，用r表示横向变量（行），r_i表示第i个类别；用c表示纵向变量（列），c_j表示第j个类别，每种组合的观察频数则可以表示为f_{ij}，那么每一个具体的列联表就可以表示成$r \times c$列联表，见表8-1。

表 8-1 列联表的一般表示形式

行 r	列 c				行和
	1	2	…	c	
1	f_{11}	f_{12}	…	f_{1c}	$n_{1\cdot}$
2	f_{21}	f_{22}	…	f_{2c}	$n_{2\cdot}$
⋮	⋮	⋮		⋮	⋮
R	f_{r1}	f_{r2}	…	f_{rc}	$n_{c\cdot}$
列和	$n_{\cdot 1}$	$n_{\cdot 2}$	…	$n_{\cdot c}$	n

只有两行两列的列联表称为 2×2 列联表，其是最简单的列联表。例如，某调查机构要考察选民受教育程度与投票行为之间的关系，现调查了 357 名选民，调查结果见表 8-2。

表 8-2 关于投票行为的调查结果 单位：人

投票行为	受教育程度		合计
	大学以上（含大学）	大学以下	
投票	160	129	289
弃权	7	61	68
合计	167	190	357

表 8-2 中的行变量是投票行为，其可以划分为投票和弃权两类；表中的列变量是受教育程度，其可以划分大学以上（含大学）和大学以下两类。

二、列联表的构造

列联表中的频数既可以表示为条件频数，也可以表示为相对频数。

（一）条件频数

表 8-2 就是一个条件频数的分布，表中有两个变量，即“受教育程度”和“投票行为”，表的中间部分为各类的频数，其中每一个频数都同时满足上述两个条件。例如，第二行第一列的“7”，表示大学以上受教育程度且弃权的有 7 人，这就是条件频数，列联表中的观测值分布称为条件分布。表 8-2 的最右边列和最下边行的频数分别表示列联表中横行和纵列的频数之和，称为边缘频数。例如，最右边显示了投票的共有 289 人，弃权的共有 68 人，这是行边缘频数；最下边显示了所有接受调查的人数中受教育程度是大学以上（含大学）的人数为 167 人，大学以下的人数为 190 人，这是列边缘频数。条件频数反映了数据的分布，但是不适合进行对比。

（二）相对频数

为了能在相同基数上比较，使列联表中的数据提供更多的信息，可以计算相应的百分比，即相对频数。表 8-3 就是一个相对频数的列联表。

表 8-3　2×2 相对频数列联表

投票行为	受教育程度		合计
	大学以上（含大学）	大学以下	
投票/人	160	129	289
行占比/%	55.36	44.64	80.95
列占比/%	95.80	67.89	—
总占比/%	44.82	36.13	—
弃权/人	7	61	68
行占比/%	10.29	89.71	19.15
列占比/%	4.20	32.11	—
总占比/%	1.96	17.09	—
合计/人	167	190	357
行占比/%	46.78	53.22	100.00

表 8-3 中主栏的每个单元中有四个数据，分别为条件频数、行占比、列占比、总占比。例如，第一个单元（受教育程度大学以上投票）中，160 为条件频数；55.36%为行占比，即 160/289=55.36%；95.80%为列占比，即 160/167=95.80%，行占比和列占比统称为条件频率；44.82%为总占比，即 160/357=44.82%，称为联合频率。在最右边和最下边的合计栏中各有两行数据，第一行是边缘频数，第二行是边缘频数的占比，称为边际频率，如最右边的 80.95%、最下边的 46.78%。

相对频数的列联表能够更清晰地表达变量之间的关系，一般形式见表 8-4。

表 8-4　列联表相对频数分布的一般形式

行 r	列 c				行和
	1	2	…	c	
1	p_{11}	p_{12}	…	p_{1c}	$p_{1\cdot}$
2	p_{21}	p_{22}	…	p_{2c}	$p_{2\cdot}$
⋮	⋮	⋮		⋮	⋮
r	p_{r1}	p_{r2}	…	p_{rc}	$p_{c\cdot}$
列和	$p_{\cdot 1}$	$p_{\cdot 2}$	…	$p_{\cdot c}$	1

◎**想一想**

为提高竞争力以争取更多的客户，一家网站对在其网站购物的来自不同地区的客户做了满意度的调查。你认为满意度与地区之间有关系吗？

第二节　列联表的检验

列联表中表达的所有关系都需要进行检验，检验方法包括独立性检验和拟合优度检验。

一、独立性检验

由于列联表是定性变量的频数交叉分类形成的，判断变量之间是否相互关联，称为独立性检验（test of independence），应使用χ^2检验。

令f_{ij}表示条件频数，$f_{e_{ij}}$表示期望频数，χ^2统计量的计算公式为

$$\chi^2=\sum_{j=1}^{c}\sum_{i=1}^{r}\frac{\left(f_{ij}-f_{e_{ij}}\right)^2}{f_{e_{ij}}} \tag{8-1}$$

这里的关键问题是如何计算期望频数和χ^2分布自由度。

（一）期望频数的计算

在列联表中，如果两个变量是独立的，那么表格中任意特定单元的概率是相应的边缘概率的乘积，在独立性假定下，根据表 8-4，有$p_{11}=p_{1\cdot}p_{\cdot 1}$，$p_{12}=p_{1\cdot}p_{\cdot 2}$，以此类推$p_{ij}=p_{i\cdot}p_{\cdot j}=\frac{n_{i\cdot}}{n}\times\frac{n_{\cdot j}}{n}$，期望频数为$f_{e_{ij}}=np_{ij}$，经过计算可以得到如下公式：

$$f_{e_{ij}}=\frac{n_{i\cdot}n_{\cdot j}}{n} \tag{8-2}$$

式中，$n_{i\cdot}$为第i行条件频数之和；$n_{\cdot j}$为第j行条件频数之和。

（二）自由度的确定

运用χ^2统计量进行独立性检验时，χ^2统计量的自由度的计算公式为

$$\mathrm{df}=(r-1)(c-1) \tag{8-3}$$

式中，r为行数；c为列数

下面举例说明自由度的计算，假如有一 4×4 个的列联表，见表 8-5。

表 8-5　自由度计算说明表

项目	c_1	c_2	c_3	c_4	合计
r_1	√	√	√	*	$n_{1\cdot}$
r_2	√	√	√	*	$n_{2\cdot}$
r_3	√	√	√	*	$n_{3\cdot}$
r_4	*	*	*	0	$n_{4\cdot}$
合计	$n_{\cdot 1}$	$n_{\cdot 2}$	$n_{\cdot 3}$	$n_{\cdot 4}$	n

表 8-5 中的第一行，在行合计$n_{1\cdot}$已经确定的情况下，该行可以自由取值的数据只有 3 个（这里假定取前 3 个），用√表示，最后一个无法自由取值，用 * 表示，以此类推。在第四行中，第一个数据（r_4，c_1）不能自由取值，因为在列合计$n_{\cdot 1}$已经确定的情况下，第一列的前三个数据已经自由取值，同理，第四行中的第二和第三个数据也不能自由取值，因此这一行的前三个数据均为 * 。需要注意的是第四行的第四个数据，其前三行和前三列的数据都无法自由取值（意味该取值已经确定），在行、列合计确定的情况下，这个值

也就无法自由取值，通常用 0 表示，因此该列联表中自由度的个数为 9。即

$$\mathrm{df}=(r-1)(c-1)=(4-1)\times(4-1)=9$$

（三）独立性检验的步骤

第一步，提出假设。

H_0：行变量和列变量之间是独立的（不存在相关关系）。

H_1：行变量和列变量之间不独立（存在相关关系）。

第二步，计算检验统计量。

第三步，做出决策。

根据显著性水平 α 和自由度 $(r-1)(c-1)$ 得到相应的临界值 χ_α^2，若 $\chi^2>\chi_\alpha^2$，拒绝 H_0，证明两个变量之间存在相关关系；若 $\chi^2<\chi_\alpha^2$，不拒绝 H_0，没有证据表明两个变量之间存在相关关系。

【例 8-1】某超市引进一批水果，该批水果来自三个不同的地区，水果质量分成三个不同等级。从这批水果中随机抽取 500 件进行检验，结果见表 8-6。要求检验地区与水果质量之间是否存在相关关系（$\alpha=0.05$）。

表 8-6 水果的抽样结果

项目	一级	二级	三级	合计
甲地区	52	64	24	140
乙地区	60	59	52	171
丙地区	50	65	74	189
合计	162	188	150	500

解：第一步，H_0：地区和水果等级之间是独立的（不存在相关关系），H_1：地区和水果等级之间不独立（存在相关关系）。

第二步，列表计算检验统计量 χ^2 的值，计算过程见表 8-7。

表 8-7 期望频数的计算过程

行	列	f_{ij}	$f_{e_{ij}}$	$f_{ij}-f_{e_{ij}}$	$\left(f_{ij}-f_{e_{ij}}\right)^2$	$\dfrac{\left(f_{ij}-f_{e_{ij}}\right)^2}{f_{e_{ij}}}$
1	1	52	45.36	6.64	44.09	0.97
1	2	64	52.64	11.36	129.05	2.45
1	3	24	42.00	−18.00	324.00	7.71
2	1	60	55.40	4.60	21.16	0.38
2	2	59	64.30	−5.30	28.09	0.44
2	3	52	51.30	0.70	0.49	0.01
3	1	50	61.24	−11.24	126.34	2.06
3	2	65	71.06	−6.06	36.72	0.52
3	3	74	56.70	17.30	299.29	5.28

$$\chi^2=\sum_{j=1}^{3}\sum_{i=1}^{3}\frac{\left(f_{ij}-f_{e_{ij}}\right)^2}{f_{e_{ij}}}=19.82$$

第三步，做出决策。

根据显著性水平（$\alpha=0.05$）和χ^2的自由度=$(r-1)(c-1)=4$，查χ^2分布表，得到相应的临界值$\chi^2_{0.05}(0.4)=9.488$。由于$\chi^2>\chi^2_{0.05}(0.4)$，故拒绝$H_0$，即地区和水果等级之间存在相关关系，表明水果的质量受地区的影响。

在检验过程中，每一个单元中的期望频数不能过小。因为单元期望频数过小，计算χ^2统计量的值时会出现较大的波动，检验统计量值的分布不服从χ^2分布，不能使用χ^2检验。一般来说，如果列联表中只有两个单元，这两个单元的期望频数都应大于 5；如果单元数多于两个，期望频数小于 5 的单元数不能超过总单元数的 20%。

二、拟合优度检验

拟合优度检验（goodness of fit test）是关于给定模型或分布与观测数据拟合程度优劣的检验。在列联表中该检验包括多个比例是否相等和单个比例是否发生变化两种情况。

◎知识窗

英国的统计学家 K. 皮尔逊在 1900 年发表了一篇文章提出了拟合优度检验，就是卡方拟合优度检验，主要用于在总体分布未知的情况下根据来自总体的样本来检验关于总体分布的假设。

（一）多个比例是否相等的检验

【例 8-2】一所中学的领导欲推行一项新教学方法，在其所在的中学四个年级进行抽样调查，共抽取 400 名学生调查其是否赞成新的教学方法，调查结果见表 8-8，以$\alpha=0.1$的显著性水平检验四个年级学生对新教学方法的看法是否存在差异。

表 8-8 关于新教学方法的调查结果

项目	一年级	二年级	三年级	四年级	合计
赞成	60	67	55	70	252
反对	40	23	45	40	148
合计	100	90	100	110	400

解：第一步，提出假设。

如果不存在差异，四个年级赞成使用新的教学方法比例应当是一致的，都是 63%，即 252/400=63%。

$H_0:\pi_1=\pi_2=\pi_3=\pi_4=0.63$ 赞成比例一致

$H_1:\pi_1,\pi_2,\pi_3,\pi_4$ 不全相等赞成比例不一致

第二步，计算检验统计量χ^2的值（表 8-9）。

表 8-9　期望值计算过程表

f_{ij}	$f_{e_{ij}}$	$f_{ij}-f_{e_{ij}}$	$\left(f_{ij}-f_{e_{ij}}\right)^2$	$\frac{\left(f_{ij}-f_{e_{ij}}\right)^2}{f_{e_{ij}}}$
60	63	−3	9	0.14
67	57	10	100	1.75
55	63	−8	64	1.02
70	69	1	1	0.01
40	37	3	9	0.24
23	33	−10	100	3.03
45	37	8	64	1.73
40	41	−1	1	0.02

其中，期望值 63=200×63%，57=90×63%，37=100×37%，以此类推。

$$\chi^2=\sum_{j=1}^{2}\sum_{i=1}^{2}\frac{\left(f_{ij}-f_{e_{ij}}\right)^2}{f_{e_{ij}}}=8.50$$

第三步，做出决策。

根据显著性水平（$\alpha=0.1$）和χ^2的自由度$(r-1)(c-1)=3$，查χ^2分布表，得到相应的临界值$\chi^2_{0.1}(3)=6.251$。由于$\chi^2>\chi^2_{0.1}(3)$，故拒绝H_0，即认为不同年级对赞成使用新教学方法的比例不一致。

（二）单个比例是否发生变化的检验

【例 8-3】在过去的一年中，A 公司的市场份额稳定于 30%，B 公司为 50%，C 公司为 20%。最近 C 公司开发了一种新型改进的产品，该产品已经取代了其当前占有市场的产品。某调查公司受雇于 C 公司，判断新产品是否使市场份额发生了改变。调查公司抽取了 200 名顾客，向每个人询问他们对于 A 公司、B 公司、C 公司的购买偏好。其中 48 人表示准备购买 A 公司产品，98 人表示准备购买 B 公司产品，另外 54 人表示准备购买 C 公司产品。以$\alpha=0.05$的显著性水平检验 C 公司新产品是否使市场份额发生了改变。

解：第一步，建立假设。

$$H_0:\pi_1=0.3,\pi_2=0.5,\pi_3=0.2$$

H_1:原假设的等式中至少有一个不成立

第二步，计算检验统计量的值。

首先计算期望值，计算公式为

$$f_{e_i}=n\times\pi_i \tag{8-4}$$

由计算公式得

$$f_{e1}=60,\ f_{e2}=100,\ f_{e3}=40$$

$$\chi^2=\sum_{j=1}^{2}\sum_{i=1}^{2}\frac{\left(f_{ij}-f_{e_{ij}}\right)^2}{f_{e_{ij}}}=7.34$$

第三步，做出决策。

当$\alpha=0.05$和χ^2的自由度$=(r-1)(c-1)=(2-1)\times(3-1)=2$时，查$\chi^2$分布表，得到相应的临界值$\chi^2_{0.05}(2)=5.9915$，由于$\chi^2>\chi^2_{0.05}(2)$，故拒绝$H_0$，可以认为 C 公司新产品使市场份额发生了改变。

◎想一想

拟合优度检验和独立性检验各自的用途。

第三节　列联表中的相关程度测量

通过独立性检验，变量之间存在相关关系，需要计算相关系数。相关系数的计算方法主要有以下三种。

一、φ相关系数

φ相关系数（φcorrelation coefficient）是测量2×2列联表数据相关程度最常用的一种相关系数。计算公式为

$$\varphi=\sqrt{\chi^2/n} \tag{8-5}$$

φ系数的取值范围是在 0~1，且φ值越大，变量之间的相关程度越高。

但是，当列联表$r\times c$中的行数r或列数c大于 2 时，φ系数将随着r或c的取值的增大而增大，且φ值没有上限。这时用φ系数测定两个变量的相关程度就不够清晰，可以用c相关系数。

二、c相关系数

c系数（coefficient of contingency）又称列联系数，主要用于大于 2×2 列联表的情况。计算公式为

$$c=\sqrt{\frac{\chi^2}{\chi^2+n}} \tag{8-6}$$

当列联表中的变量之间相互独立时，c=0，但它不可能大于 1。c系数的特点是，其可能的最大值依赖于列联表的行数和列数，且随着r和c的增大而增大。因此，根据不同的行和列计算的列联系数不便于比较，这是列联系数的局限。

三、V相关系数

鉴于φ系数无上限，c系数小于 1 的情况，克莱默（Cramer）提出了V相关系数。V系数的计算公式为

$$V=\sqrt{\frac{\chi^2}{n\times\min[(r-1),(c-1)]}} \tag{8-7}$$

它的计算也是以χ^2值为基础。式中的$\min[(r-1),(c-1)]$表示取$[(r-1),(c-1)]$中较小的一个。当两个变量相互独立时，V=0；当两个变量完全相关时，V=1。所以V的值取值在0~1。如果列联表中有一个变量分类为 2，即$\min[(r-1),(c-1)]=1$时，则V值就等于φ值。

对例 8-1 中水果的等级和产地之间的关系进行独立性检验，结果表明二者存在相关关系。那么这种相关程度有多高，需要计算相关系数来进行数量化描述，计算V系数。

根据表 8-6 得到$\chi^2=19.82, n=500, \min[(r-1),(c-1)]=3-1=2$。

$$V=\sqrt{\frac{\chi^2}{n\times\min[(r-1),(r-1)]}}=\sqrt{\frac{19.82}{500\times 2}}=0.141$$

可见，虽然检验表明水果质量和产地存在一定关系，但这种关系的密切程度并不太高，这意味着除了产地外，还有其他因素对水果质量起着更重要的影响。

◎想一想

φ系数、c系数、V系数的各自特点。

本 章 小 结

（1）列联表是用于分析定性变量之间依存关系的一种分析方法。列联表是由两个以上的变量进行交叉分类的频数分布表，它有两种分布条件——频数分布和相对频数分布。

（2）独立性检验检验的是列联表中变量之间是否存在关联性。

（3）拟合优度检验包括多个比例是否相等和单个比例是否发生变化两种情况。

（4）通过了独立性检验的定性变量之间可以计算三种相关系数，它们的计算公式以及适用条件也不同。

第九章

相关与回归分析

相关和回归分析是处理变量之间统计关系的一种方法。具体要求：①掌握散点图的绘制，相关系数的计算、应用及其显著性检验；②掌握一元线性回归分析的原理及应用，包括一元线性回归模型和参数的最小二乘估计、回归方程的评价与显著性检验、利用回归方程进行预测；③了解多元线性回归分析方法；④了解非线性回归分析方法。

在很多问题的研究中，需要分析变量之间的关系。例如，学生的学习成绩与学习时间之间是否存在关联，是否学习时间越长，成绩就越好。为了检验这一说法，可以对学习时间与成绩的数据进行相关与回归分析，考察它们之间是否存在关联以及关联的大小。

第一节　变量间关系的度量

一、变量间的关系

对于现实世界，我们经常需要对变量间的关系进行分析。例如，要研究农作物产量与化肥施用量之间的关系；分析广告费支出与产品销售量之间的关系；了解影响顾客满意程度的因素，这些因素是如何起作用的。

变量之间的关系形态，依其相互关系的密切程度，可以概括为函数关系和相关关系。

函数关系是指变量之间存在的一种完全确定的数量关系。在这一关系中，对于某变量的每一个取值，另一个变量都会有唯一确定的数值与之相对应，可用一个数学表达公式表示，如圆的面积与其半径之间的关系。

在现实问题中，变量之间的关系往往不会那么简单。例如，家庭的消费支出与其可支配收入之间不存在完全确定的关系。收入相同的家庭，消费支出的数量却不相同。这是因为家庭的消费支出除了受收入影响之外，还会受到其他因素的影响，如物价水平的高低、消费偏好等。影响消费支出的因素非常多，使得这两个变量之间的关系具有不确定性。但一般来说，家庭的收入增加，消费支出也随之增加。把变量之间不确定的数量关系称为相关关系（correlation）。

在相关关系中，一个变量的取值虽然受另一个变量取值的影响，但并不完全由另一变量的取值所决定，即当给定一个变量的某一个值时，另一个变量不是只有一个确定值与之相对应，而是有若干个随机值与之相对应，其数值表现出一定的波动性。

◎想一想

下列变量之间是否具有相关关系，并从中选出一个你认为相关关系显著的例子。

（1）公司科研投入额与利润额之间的关系。

（2）不同省份流动人口数量与犯罪率大小之间的关系。

（3）航空公司航班正点率与乘客投诉次数的关系。

（4）人们体重与摄入食品的种类的关系。

（5）汽车的重量与汽车发动机的型号的关系。

（6）写字楼出租率与每平方米月租金之间的关系。

（7）货物运送距离与运输时间的关系。

二、相关关系的描述与测度

相关分析是对变量之间相关关系的描述与度量，要解决的主要问题是：①变量之间是否存在关系？②如果存在关系，它们之间是什么样的关系？③它们之间关系的密切程度如何？④样本所反映的变量之间的关系能否代表总体变量之间的关系？

（一）散点图

散点图（scatter diagram）是描述变量之间关系的一种直观方法。对于两个变量 x 和 y，用坐标的横轴代表变量 x，用纵轴代表变量 y，则每组数据（x_i，y_i）在坐标系中就可表示为一个点，n 组数据在坐标系中形成的 n 个点称为散点，由坐标及其散点构成的二维数据图称为散点图。从散点图中可以大体看出变量之间的关系形态及关系强度。四种常见的散点图见图 9-1。

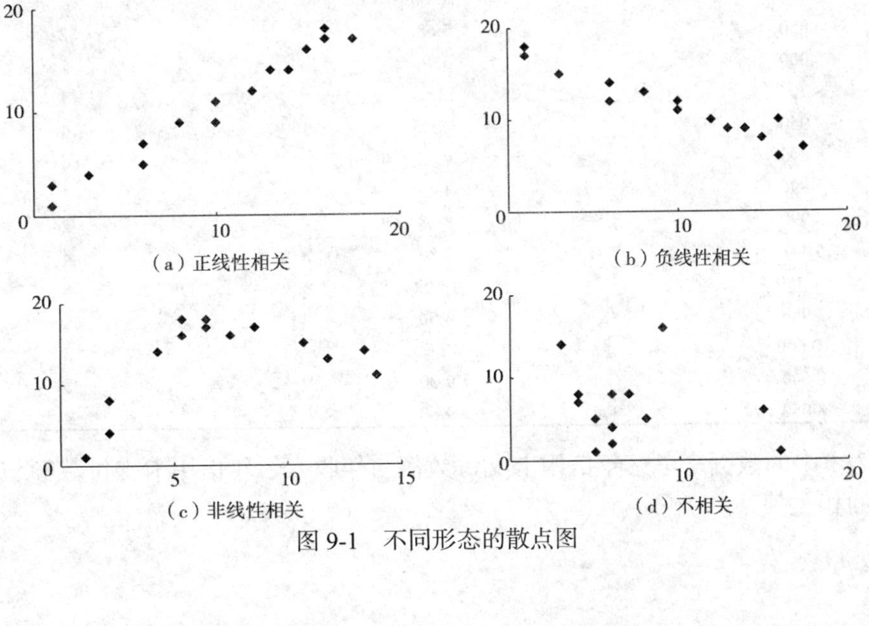

图 9-1 不同形态的散点图

从相关的形式来看，相关关系可分为线性相关和非线性相关。当一个变量变动时，另一个变量随之发生大致均匀的变动，在散点图上，其观测值的分布近似地表现为一条直线，这种相关关系称为线性相关，见图 9-1（a）和图 9-1（b）。当一个变量变动时，另一个变量也随之发生变动，但这种变动是不均匀的，在散点图上，其观测值的分布表现为曲线的形式，这种相关关系称为非线性相关，见图 9-1（c）。从相关的方向来看，有正相关和负相关。若两个变量的变动方向相同，如图 9-1（a）显示当 x 增加时，y 大体也增加，称为正相关；图 9-1（b）中的两个变量，当 x 增加时，y 呈现出递减趋势，称为负相关。按相关的程度，相关关系可分为完全相关、不完全相关和不相关。图 9-1（a）和图 9-1（b）显示的是不完全相关的情形，而在图 9-1（d）中，看不出 x 和 y 有任何相关关系，这些点完全是杂乱无章的，称为不相关。

【例 9-1】在某调查公司的一项消费研究中，为了预测使用信用卡支付的数额，要对消费者的特点进行调查研究，并找出影响使用信用卡支付数额的因素。从由 25 名消费者组成的样本中，采集了有关年收入、家庭成员人数和年信用卡支付数额的数据，见表 9-1。

表 9-1　25 名消费者的年收入、家庭成员人数和年信用卡支付数额的数据

信用卡支付金额/元	年收入/万元	家庭成员人数/人
8 500	10.34	4
4 920	6.50	2
5 600	7.72	3
9 480	11.50	5
5 728	7.60	2
10 140	12.00	4
5 600	8.00	2
6 290	8.40	2
15 120	13.85	5
9 620	11.72	4
4 416	5.25	3
8 438	10.08	4
4 850	5.68	2
5 000	6.96	2
8 500	13.65	3
9 950	13.23	4
8 890	9.82	4
4 896	4.42	1
5 990	8.28	2
6 442	7.80	4
11 350	13.02	5
3 966	4.50	2
10 600	12.00	3
8 640	9.00	3
8 050	9.60	4

通过表 9-1 的数据来考察年信用卡支付数额与年收入、年信用卡支付数额与家庭成员人数之间的相关关系。

解：用 Excel 绘制的散点图如图 9-2、图 9-3 所示。

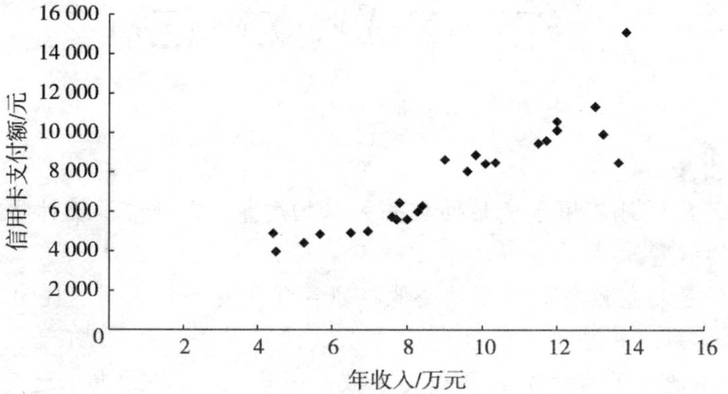

图 9-2　信用卡支付额与年收入的散点图

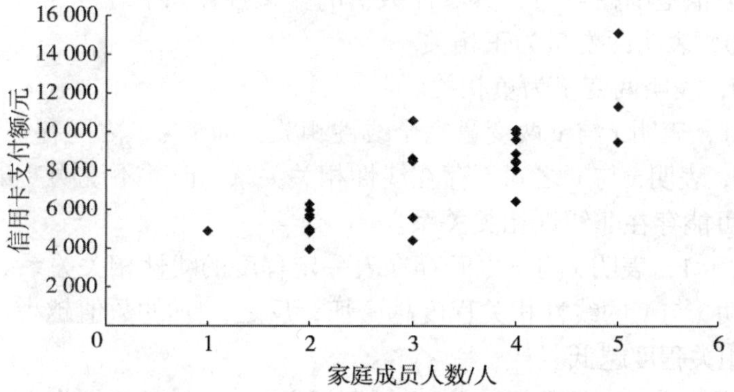

图 9-3　信用卡支付额与家庭人数的散点图

在图 9-2 所示的散点图中，高的年收入值对应的信用卡支付额也高，图中的点可以近似连成一条直线，表明信用卡支付额与年收入具有较强的线性相关关系。

图 9-3 的散点图则显示信用卡支付额与家庭人员数之间具有一定的线性关系，但不如与年收入的关系密切。

用散点图只能表明两个变量之间是否具有相关关系及其相关的方向，但无法确切地表明两个变量之间相关关系的密切程度，因此，还需要较为准确、客观地测度这种关系，即需要计算相关系数（correlation coefficient）。

（二）相关系数

若相关系数是根据总体全部数据计算的，称为总体相关系数，记为 ρ；若是根据样本数据计算的，则称为样本相关系数，通常用 r 表示。其计算公式为

$$r = \frac{s_{xy}^2}{x_x x_y} - \frac{\sum(x_i-\overline{x})(y_i-\overline{y})}{\sqrt{\sum(x_i-\overline{x})^2}\sqrt{\sum(y_i-\overline{y})^2}} \tag{9-1}$$

为了计算 r 的方便，可以推导出计算相关系数的简化式，即

$$r=\frac{n\sum x_i y_i-\sum x_i\sum y_i}{\sqrt{n\sum x_i^2-\left(\sum x_i\right)^2}\times\sqrt{n\sum y_i^2-\left(\sum y_i\right)^2}} \tag{9-2}$$

◎**知识窗**

相关系数的由来

相关系数现已广泛地应用于变量间相关关系的度量。它凝结了统计学家弗朗西斯·高尔顿与 K. 皮尔逊的智慧。

“相关”一词是高尔顿首先提出的。他在研究父子身高关系时，提出了用“相关系数”进行度量二者的关系，并给出了明确的公式以及计算方法。K. 皮尔逊则完善了高尔顿提出的相关系数，并证明了回归中的复相关系数，可以认为，K. 皮尔逊是复相关系数的提出人。

相关系数的取值范围在–1~1，其具体数值的含义解释如下。

（1）若 $r>0$，表明两变量为正相关。

（2）若 $r<0$，表明两变量为负相关。

（3）若 $|r|=1$，表明 x 与 y 两变量完全线性相关，即 x 与 y 之间存在着函数关系。

（4）若 $r=0$，表明 x 与 y 之间不存在线性相关关系。但并不说明变量之间没有其他关系，如它们之间可能存在非线性相关关系。

（5）若 $0<|r|<1$，表明 x 与 y 之间存在着一定程度的线性相关关系。$|r|$ 的数值越大，即越接近 1，表明 x 与 y 的线性相关程度越密切；反之，$|r|$ 的数值越小，越接近 0，则表明 x 与 y 的线性相关程度越低。

【例 9-2】根据表 9-1 中的数据，分别计算信用卡支付数额与年收入、家庭人员数之间的相关系数。

解：根据表 9-1 中的数据计算信用卡支付数额与年收入的相关系数如下：

$$\sum x_i-230.92,\sum y_i=190\,976,\sum x_i y_i-1\,932\,029$$
$$\sum x_i^2=2\,330.041,\sum y_i^2=1\,632\,621\,320$$

并将其代入式（9-2），可得

$$\begin{aligned}r&=\frac{n\sum x_i y_i-\sum x_i\sum y_i}{\sqrt{n\sum x_i^2-\left(\sum x_i\right)^2}\ \sqrt{n\sum y_i^2-\left(\sum y_i\right)^2}}\\&=\frac{25\times1\,932\,029-230.92\times190\,976}{\sqrt{25\times2\,330.041-(230.92)^2}\ \sqrt{25\times1\,632\,621\,320-(190\,976)^2}}\\&=0.907\,998\end{aligned}$$

信用卡支付额与年收入、家庭人员数之间的相关矩阵见表 9-2。

表 9-2　信用卡支付额与年收入、家庭人员数之间的相关矩阵

项目	信用卡支付数额	年收入	家庭成员人数
信用卡支付金额	1		
年收入	0.907 998 075	1	
家庭成员人数	0.802 511 49	0.758 410 31	1

从相关矩阵可以看出，信用卡支付额与年收入相关程度更高。

三、相关系数的显著性检验

一般地，总体相关系数 ρ 是未知的，通常是计算样本相关系数作 r 为 ρ 的近似估计值。但 r 是根据样本数据计算得到的，由于抽样的随机性，样本相关系数 r 也具有随机性，即抽取的样本不同，r 的数值就可能不同。这就要对样本相关系数进行显著性检验，r 的显著性检验通常采用费希尔提出的 t 检验。该检验的基本步骤如下。

第一步，提出假设。

$$H_0:\rho=0, H_1:\rho\neq 0$$

第二步，计算检验统计量 t 值。

计算 t 值的公式为

$$t=r\sqrt{\frac{n-2}{1-r^2}}\sim t(n-2) \tag{9-3}$$

第三步，做出判断。

根据给定的显著性水平 α 和自由度 $\mathrm{df}=n-2$，可查出 t 检验的临界值 $t_{\alpha/2}(n-2)$。如果 t 的绝对值大于临界值，就拒绝原假设，表明总体的两个变量之间存在显著的线性关系。

◎想一想

为什么要对相关系数进行显著性检验?

【例 9-3】根据表 9-1 中计算出的相关系数，检验信用卡支付数额与年收入之间的相关系数是否显著（$\alpha=0.05$）。

解：第一步，提出假设。

$$H_0: \rho=0, H_1: \rho\neq 0$$

第二步，计算检验的统计量 t 值。

$$t=r\sqrt{\frac{n-2}{1-r^2}}=0.907\,998\sqrt{\frac{25-2}{1-0.907\,998^2}}=10.393\,5$$

第三步，做出判断。

根据给定的显著性水平 $\alpha=0.05$ 和自由度 $\mathrm{df}=n-2=25-2=23$ 查 t 分布表可知 $t_{\alpha/2}(23)=2.068\,7$。由于 t 的绝对值大于临界值，所以拒绝原假设，表明信用卡支付数额与年收入之间存在显著的正线性关系。

第二节　一元线性回归分析

相关分析给出了变量之间相互关系强度的测度。回归分析通过建立一定的数学表达式（回归方程），进一步地研究变量之间的数量依存关系，具体地确定一个或几个变量（自变量）的变动对另一个特定变量（因变量）的影响程度。回归分析的目的在于，描述变量之间具体的数量依存关系，及在给定自变量某一数值的条件下，通过回归方程预测。

只有一个因变量和一个自变量的线性回归分析，称为一元线性回归分析或简单线性回归分析。包括两个或两个以上自变量的回归分析称为多元回归分析。

回归分析主要步骤包括：①从一组样本数据出发，建立变量之间的数学关系式，即回归方程；②对回归方程进行统计检验；③根据自变量的取值来预测因变量的取值。

◎知识窗

弗朗西斯·高尔顿（Francis Galton，1822—1911，生物学家达尔文的表弟）（图 9-4），英国科学家和探险家。他的学术研究兴趣广泛，包括人类学、地理、数学、力学、气象学、心理学、统计学等方面，并做出卓越的贡献。“回归”是高尔顿在研究人类遗传问题时提出来的。为了研究父代与子代身高的关系，高尔顿搜集了 1 078 对父亲及其儿子的身高数据。他发现这些数据的散点图大致呈直线状态，也就是说，总的趋势是父亲的身高增加时，儿子的身高也倾向于增加。但是，高尔顿对搜集到的数据进行了深入的分析，发现了一个很有趣的现象——回归效应。因为当父亲高于平均身高时，他们的儿子身高比他更高的概率要小于比他更矮的概率；父亲矮于平均身高时，他们的儿子身高比他更矮的概率要小于比他更高的概率。它反映了一个规律，即这两种身高父亲的儿子的身高，有向他们父辈的平均身高回归的趋势。这是一种奇妙的约束力，使人类身高的分布相对稳定而不产生两极分化，即所谓的回归效应。

图 9-4　高尔顿

高尔顿所提出的“向平均数回归”这一说法，是近代回归分析的起源。尽管现在统计书中的“回归”已经远远超出了当初高尔顿所提出的“回归”的概念，但高尔顿对回归的建立确实功不可没。

一、一元线性回归模型

（一）回归模型

进行回归分析通常要设定一定的数学模型。在回归分析中，被解释的变量称为因变量，用 y 表示；用来解释因变量的一个或多个变量，称为自变量，用 x 表示。最简单的模型就是一元线性回归模型。这里假定自变量 x 是非随机的，而因变量 y 是随机的。

一元线性回归模型假定因变量 y 主要受一个自变量 x 的影响，它们之间存在着近似的线性函数关系，即有

$$y_i = \beta_0 + \beta_1 x_i + \varepsilon_i \qquad (9\text{-}4)$$

式中，y_i为x_i的线性函数$\beta_0+\beta_1 x$加上误差项ε。将描述因变量y如何依赖于自变量x和误差项ε的方程，称为回归模型（regression model）。$\beta_0+\beta_1 x_i$反映了由于x_i的变化而引起y_i的线性变化；ε_i称为随机误差项，反映除x与y之间的线性关系之外的随机因素对y的影响，是不能由x与y之间的线性关系所解释的变异性。β_0和β_1是模型的参数，又叫回归系数。式（9-4）称为理论回归模型。对于该模型，理论上有3个主要假定。

假定1：误差项的期望值为0，即$E(\varepsilon)=0$。这意味着在式（9-4）中，由于β_0和β_1都是常数，所以就有$E(\beta_0)=\beta_0$，$E(\beta_1)\beta_1$。因此，对于一个给定的x值，y的期望$E(y)=\beta_0+\beta_1 x$。

假定2：对于所有的x值，误差项ε的方差都相同，为常数σ^2。这意味着对于一个给定的x值，y的方差等于σ^2。

假定3：误差项ε是一个服从正态分布的随机变量，即$\varepsilon \sim \mathrm{N}(0,\sigma^2)$，而且它是独立的。独立性意味着对于一个特定的$x$值，它所对应的$\varepsilon$与其他$x$值所对应的$\varepsilon$不相关。因此，对于一个特定的$x$值，它所对应的$y$值与其他$x$值所对应的$y$值也不相关。由于模型假定自变量$x$是预先确定的，所以对于任何一个给定的$x$值，$y$都服从期望值为$\beta_0+\beta_1 x$，方差为$\sigma^2$的正态分布。

（二）回归方程

根据回归模型中的假定，因变量y的期望值$E(y)=\beta_0+\beta_1 x$。也就是说，y的期望值是x的线性函数。将描述因变量y的期望值如何依赖于自变量x的方程，称为回归方程（regression equation）。一元线性回归方程也称为直线回归方程，其形式为

$$E(y_i)=\beta_0+\beta_1 x_i \tag{9-5}$$

式中，β_0为回归直线在y轴上的截距，为x=0时y的期望值；β_1为直线的斜率，它表明自变量每变动一个单位时，因变量平均变化的数量。

（三）估计的回归方程

由于总体回归参数β_0和β_1是未知的，所以回归方程也是未知的，需要利用样本数据对其进行估计。根据样本数据拟合的直线，称为样本回归直线，也称估计的回归方程（estimated regression equation）。可表示为

$$\hat{y}_i=\hat{\beta}_0+\hat{\beta}_1 x_i \tag{9-6}$$

式中，$\hat{\beta}_0$为估计的回归直线在y轴上的截距；$\hat{\beta}_1$为估计的回归直线的斜率，它是对回归系数β_1的估计，表示x每变动一个单位时，y的平均变动值；$\hat{y}_i$为样本回归线上与x相对应的y值，可视为$E(y_i)$的估计值。

实际观测到的因变量值y_i，并不完全等于$\hat{y}_i$，如果用e_i表示二者之差，即有

$$e_i=y_i-\hat{y}_i=y_i-(\hat{\beta}_0+\hat{\beta}_1 x_i) \tag{9-7}$$

式中，e称为残差，在概念上e与总体误差项ε相互对应。

◎**想一想**

你是否认同学生在考试前用于复习的时间越长，考试分数就越高。如果有了复习时间和考生分数的数据，你可以做一条回归直线吗？

二、一元线性回归模型的估计——最小二乘估计

回归分析的主要任务就是要建立能够近似反映真实总体回归模型的样本回归函数。在根据样本数据确定样本回归方程时，一般总是希望 y 的估计值从整体来看尽可能地接近其实际观测值，也就是要找到一条直线来适当地代表实际观测值 y 的趋势。这样做就要在所有可能的直线中进行挑选。用最小二乘法（method of least squares）所确定的直线，能使所有观测值到该直线的垂直距离平方和最小。也就是使因变量的观测值 y_i 与估计值 $\hat{y}_i$ 之间的离差平方和最小来估计 $\hat{\beta}_0$ 和 $\hat{\beta}_1$。最小二乘法的示意图见图 9-5。

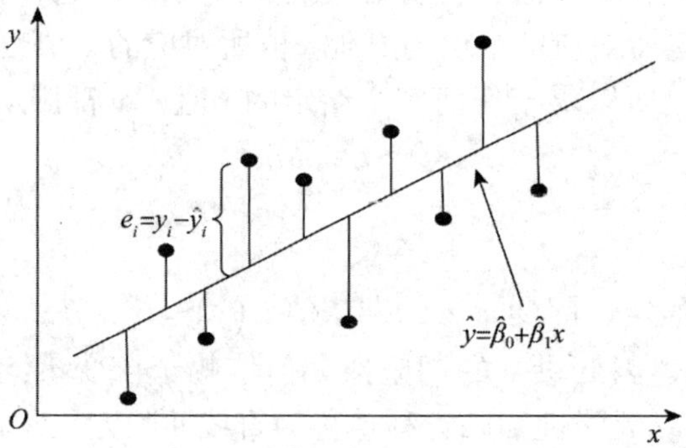

图 9-5　最小二乘法的示意图

根据最小二乘法，有

$$Q=\sum e_i^2=\sum\left(y_i-\hat{y}_i\right)^2=\sum\left(y_i-\hat{\beta}_0-\hat{\beta}_1x_i\right)^2 \tag{9-8}$$

在给定了样本数据后，Q 是 $\hat{\beta}_0$ 和 $\hat{\beta}_1$ 的函数。根据微积分中求极小值的原理，当 Q 存在极小值，Q 对 $\hat{\beta}_0$ 和 $\hat{\beta}_1$ 的偏导数同时等于零。将 Q 对 $\hat{\beta}_1$ 和 $\hat{\beta}_0$ 求偏导数，并令其等于零，可得

$$\begin{aligned}\sum y_i&=n\hat{\beta}_0+\hat{\beta}_1\sum x_i\\ \sum x_iy_i&=\hat{\beta}_0\sum x_i+\hat{\beta}_1\sum x_i^2\end{aligned} \tag{9-9}$$

求解这一方程组可得

$$\hat{\beta}_1=\frac{n\sum x_iy_i-\sum x_i\sum y_i}{n\sum x_i^2-\left(\sum x_i\right)^2} \tag{9-10}$$

$$\hat{\beta}_0=\overline{y}-\hat{\beta}_1\overline{x} \tag{9-11}$$

式（9-10）和式（9-11）是估计总体回归系数的公式。用最小二乘法拟合的直线具有一些优良性质。回归系数的最小二乘估计量是最优线性无偏估计量和一致估计量。

【例 9-4】根据例 9-1 的数据，求信用卡支付数额对年收入的回归估计方程。

解：根据式（9-10）和式（9-11），利用表 9-1 中 y 和 x 的数据计算可得

$$\sum x_i y_i = 1\,932\,029, \sum x_i = 230.92, \sum x_i^2 = 2\,330.041$$

则有

$$\hat{\beta}_1 = \frac{n\sum x_i y_i - \sum x_i \sum y_i}{n\sum x_i^2 - \left(\sum x_i\right)^2}$$
$$= \frac{25\times 1\,932\,029 - 230.92\times 190\,976}{25\times 2\,330.041 - 230.92^2} = 852.559\,6$$

$$\hat{\beta}_0 = \overline{y} - \hat{\beta}_1\overline{x}$$
$$= 190\,976 \div 25 - 852.559\,6\times 230.92 \div 25 = -235.882$$

信用卡支付数额对年收入的回归估计方程为

$$\hat{y} = -235.882 + 852.559\,6x$$

$\hat{\beta}_1 = 852.559\,6$ 表示年收入每增加 1 万元，信用卡支付数额将平均增加 852.559 6 元；$\hat{\beta}_0 = -235.882$，在回归分析中，对截距 $\hat{\beta}_0$ 通常不做实际意义上的解释。

回归模型中的参数估计后，还必须对其进行检验。检验可分为拟合程度检验和显著性检验。

三、回归直线的拟合优度

回归直线 $\hat{y}_i = \hat{\beta}_0 + \hat{\beta}_1 x_i$ 在一定程度上描述了变量 x 与 y 之间的数量关系，可根据自变量 x 的取值预测因变量 y 的取值。但是预测的精度如何，取决于回归直线对观测数据的拟合程度。各观测点越是紧密围绕直线，说明直线对观测数据的拟合程度越好，预测的精度就越好；反之则越差。各观测值与回归直线的接近程度称为回归直线对数据的拟合优度（goodness of fit）。

（一）判定系数

判定系数（coefficient of determination）是对估计的回归方程拟合优度优劣的度量，又称可决系数。为说明它的含义，需要对因变量 y 取值的变差予以分析。判定系数是建立在对总离差平方和进行分解的基础之上的。

因变量 y 的取值是不同的，y 取值的这种波动称为变差。对一个具体的观测值来说，变差的大小可以用实际观测值 y_i 与其均值 $\overline{y}$ 之（$y_i - \overline{y}$）差来表示，见图 9-6。n 次观测值的总变差可由这些变差的平方和来表示，称为总平方和（total sum of squares），记为 SST，即

$$\text{SST} = \sum\left(y_i - \overline{y}\right)^2 \tag{9-12}$$

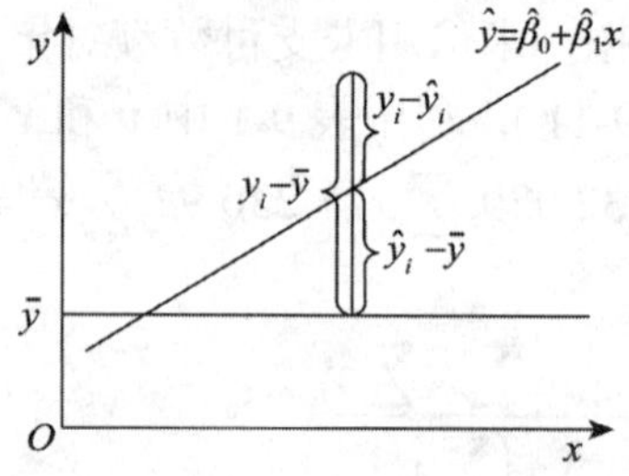

图 9-6　变差分解图

从图 9-5 中可以看出，每个观测值的变差可以分解为

$$y_i-\bar{y}=(\hat{y}_i-\bar{y})(y_i-\hat{y}_i) \tag{9-13}$$

可以证明

$$\sum(y_i-\bar{y})^2=\sum(\hat{y}_i-\bar{y})^2+\sum(y_i-\hat{y}_i)^2 \tag{9-14}$$

式（9-14）的左边称为 SST，它可以分解为两部分。一部分是回归值 $\hat{y}_i$ 与其均值 $\bar{y}$ 的变差平方和 $\sum(\hat{y}_i-\bar{y})^2$ 。根据估计的回归方程，估计值 $\hat{y}_i=\hat{\beta}_0+\hat{\beta}_1 x_i$，可以把 $(\hat{y}_i-\bar{y})$ 看成是由自变量 x 的变化引起 y 的变化，其平方和 $\sum(\hat{y}_i-\bar{y})^2$ 则反映了 y 的总变差中由于 x 与 y 之间的线性关系引起的 y 的变化部分，它是能够出回归直线解释的 y_i 的变差部分，称为回归平方和 SSR。另一部分是各实际观测值与回归值的残差平方和 $\sum(y_i-\hat{y}_i)^2$，它是除了 x 之外的其他因素对 y 变化的作用，是不能用回归直线加以解释的 y_i 的变差部分，称为残差平方和或误差平方和 SSE。用公式表示这三个平方和的关系

$$\text{SST=SSR+SSE}$$

两边同除以 SST，得

$$1=\frac{\text{SSR}}{\text{SST}}+\frac{\text{SSE}}{\text{SST}} \tag{9-15}$$

显而易见，样本观测值与样本回归直线靠得越近，SSR 在 SST 中所占的比重就越大，这一比重即为判定系数，有

$$R^2=\frac{\text{SSR}}{\text{SST}}=1-\frac{\text{SSE}}{\text{SST}} \tag{9-16}$$

判定系数 R^2 是对回归直线拟合程度的综合度量。R^2 的取值范围是［0，1］。R^2 越接近于 1，表明回归平方和占总平方和比重越大，可用 x 的变化来解释 y 值变差的部分就越多，回归直线的拟合程度越高；反之，R^2 越接近于 0，则回归直线的拟合程度越差。

判定系数的特性如下：①判定系数具有非负性。判定系数的分子分母均是不可能为负值的平方和，因此其比值必大于零。②判定系数的取值范围为 $0\leqslant R^2\leqslant 1$。③判定系数是样本观测值的函数，它也是一个统计量。

【例 9-5】利用例 9-4 的数据，计算信用卡支付数额对年收入回归方程的判定系数。

解：利用表 9-3 中 Excel 输出的回归分析结果可计算判定系数为

$$R^2 = \frac{\text{SSR}}{\text{SST}} = \frac{143\,248\,377.6}{173\,748\,017} = 0.824\,5$$

说明在信用卡支付数额取值的变动中，有 82.45%是由年收入决定的。可见信用卡支付数额与年收入之间有较强的线性关系，回归方程线的拟合程度较高。

（二）估计标准误差

除回归系数外，一元线性回归模型还包括另一个未知参数，那就是总体随机误差项的方差 σ^2。σ^2 可以反映理论模型误差的大小，它是检验模型时必须使用的一个重要参数。随机误差项本身是不能直接观测的，因此，需要用最小二乘残差代替随机误差项来估计。数学上可以证明，σ^2 的无偏估计 s_y^2 可由式（9-17）计算：

$$s_y^2 = \frac{\sum e_i^2}{n-k-1} \tag{9-17}$$

式中，分子为残差平方和；分母为残差 e 的自由度 $n-2$；k 为线性回归方程中自变量的个数。

s_y^2 的正平方根叫做估计量的标准误差，即

$$s_y = \sqrt{\frac{\sum (y_i - \hat{y}_i)^2}{n-2}} = \sqrt{\frac{\sum e^2}{n-2}} \tag{9-18}$$

s_y 越小，表明实际观测点与所拟合的样本回归线的离差程度越小，即回归线的代表性越强；反之，s_y 越大，表明实际观测点与所拟合的样本回归线的离差程度越大，即回归线的代表性较差。可见，s_y 从另一个角度说明了回归直线的拟合优度。

【例 9-6】根据例 9-1 中给出的有关数据，计算信用卡支付数额对年收入的回归估计标准误差。

解：利用 Excel 输出的回归分析结果可计算估计标准误差为

$$\sum e_i^2 = 30\,499\,639$$

$$s_y^2 = \frac{\sum e_i^2}{n-2} = \frac{30\,499\,639}{23} = 1\,326\,071$$

进而有

$$s_y = 1151.55 \text{（元）}$$

这就是说，根据年收入来估计信用卡支付数额时，平均的估计误差为 1 151.55 元。

四、显著性检验

回归分析的主要目的是根据所建立的估计方程，用自变量 x 值来预测因变量 y 的取值。回归方程估计出来后，不能直接用于 y 的预测，因为该估计的回归方程是根据样本数据得出的，它是否真实地反映了变量 x 和 y 之间的关系，还需要通过检验予以证实。

回归分析中的显著性检验包括两方面的内容：一是对整个回归方程线性关系的显著性

检验；二是对各回归系数的显著性检验。前者通常是在方差分析的基础上采用F检验，后者则采用t检验。在一元线性回归模型中，由于只有一个解释变量，对整个方程的F检验与对回归系数的t检验是等价的。

（一）线性关系的检验

线性关系的检验是检验自变量x与因变量y之间的线性关系是否显著，或者说，它们之间能否用一个线性模型来表示。这种检验是在方差分析的基础上利用F检验进行的。F统计量的构造以SSR及SSE为基础。将SSR除以其自由度（自变量的个数，一元线性回归中自由度为1）后的结果称为均方回归，记为MSR；将SSE除以其自由度（$n-k-1$，一元线性回归中自由度为$n-2$）后的结果称为均方残差，记为MSE；其比值$\frac{\text{MSR}}{\text{MSE}}$的抽样分布服从分子自由度为1、分母自由度为$n-2$的$F$分布，即

$$F=\frac{\text{SSR}/1}{\text{SSE}/(n-2)}=\frac{\text{MSR}}{\text{MSE}}\sim F(1,n-2) \tag{9-19}$$

当原假设$\text{H}_0:\beta_1=0$成立时，$\frac{\text{MSR}}{\text{MSE}}$的值应接近于1，但如果当原假设$\text{H}_0:\beta_1=0$不成立，那么$\frac{\text{MSR}}{\text{MSE}}$的值将会很大。因此，较大的$\frac{\text{MSR}}{\text{MSE}}$的值将导致拒绝原假设，此时就可以断定自变量$x$与因变量$y$之间存在着显著的线性关系。检验的具体步骤如下。

第一步，提出假设。

$\text{H}_0:\beta_1=0$（y不随x的变化而线性变化）

$\text{H}_1:\beta_1\neq 0$（y与x之间的线性关系显著）

第二步，计算检验统计量F。

$$F=\frac{\text{SSR}/1}{\text{SSE}/(n-2)}=\frac{\text{MSR}}{\text{MSE}}$$

第三步，做出决策。确定显著性水平α，并根据分子自由度$\text{df}_1=1$和分母自由度$\text{df}_2=n-2$，查F分布表，查出相应的临界值F_α。若$F>F_\alpha$，拒绝H_0，表明两个变量之间的线性关系是显著的；若$F\leqslant F_\alpha$，不拒绝H_0，没有证据表明两个变量之间的线性关系是显著的。

【例9-7】根据例9-1中给出的有关数据，检验信用卡支付数额与年收入之间线性关系的显著性（$\alpha=0.05$）。

解：第一步，提出假设。

$\text{H}_0:\beta_1=0$（两个变量之间的线性关系不显著）

$\text{H}_1:\beta_1\neq 0$（两个变量之间的线性关系显著）

第二步，计算检验统计量F。

$$F=\frac{\text{SSR}/1}{\text{SSE}/(n-2)}=\frac{143\,248\,377.6/1}{30\,499\,639/23}=108.024\,6$$

第三步，做出决策。根据显著性水平α=0.05，分子自由度df_1=1和分母自由度

$df_2 = n-2=23$，查 F 分布表，查出相应的临界值 $F_\alpha=4.28$。由于 $F > F_\alpha$，拒绝 H_0，表明信用卡支付数额与年收入两个变量之间的线性关系是显著的。

实际上，在 Excel 输出的回归结果中，方差分析表已经给出了线性关系显著性检验的全部结果。它除了给出了检验统计量 F 值，还给出了用于检验的 P 值。因此除了可以用统计量进行决策外，利用 P 值可以得出相同的结论，而且很简单。具体方法是：将 P 值与给定的显著性水平 α 进行比较，如果 P 值小于 α 的值，拒绝原假设，表明两个变量之间有显著的线性关系；如果 P 值大于 α 的值，不拒绝原假设，即没有证据表明两个变量之间有显著的线性关系。

在本例的输出结果中，$P\text{值}=3.67\times10^{-10} < \alpha = 0.05$，这也表明信用卡支付数额与年收入两个变量之间的线性关系是显著的。

（二）回归系数的检验

回归系数的显著性检验，就是要检验自变量对因变量的影响是否显著。在一元线性回归模型 $y=\beta_0+\beta_1 x+\varepsilon$ 中，两个变量之间是否存在线性关系的一个主要标志是 β_1 是否为零。因此，可以通过检验回归系数 β_1 是否等于 0 来确定两个变量之间是否存在线性关系。由于样本是随机选取的，所以回归系数 $\hat{\beta}_0$、$\hat{\beta}_1$ 也是随机变量。统计证明，$\hat{\beta}_1$ 服从正态分布，其数学期望为 β_1，标准差为

$$\sigma_{\hat{\beta}_1}=\frac{\sigma}{\sqrt{\sum x_i^2-\frac{1}{n}\left(\sum x_i\right)^2}} \qquad (9\text{-}20)$$

式中，σ 为误差项 ε 的标准差。

由于 σ 未知，用其估计量 s_y 代替，$\hat{\beta}_1$ 的估计的标准差为

$$s_{\hat{\beta}_1}=\frac{s_y}{\sqrt{\sum x_i^2-\frac{1}{n}\left(\sum x_i\right)^2}} \qquad (9\text{-}21)$$

则有统计量

$$t=\frac{\hat{\beta}_1-\beta_1}{s_{\hat{\beta}_1}}\sim t(n-2) \qquad (9\text{-}22)$$

即该统计量服从自由度为 $n-2$ 的 t 分布。因而可以用 t 检验的方法检验回归系数 β_1 是否显著地不等于 0，从而判断 x 与 y 之间是否有线性关系。

回归系数显著性检验的基本步骤如下。

第一步：提出假设。

$$H_0:\beta_1=0\ ,\quad H_1:\beta_1\neq 0$$

第二步：计算检验的统计量 t 值。

$$t=\frac{\hat{\beta}_1}{s_{\hat{\beta}_1}}$$

第三步：做出决策。确定显著水平α，并根据自由度$\mathrm{df}=n-2$查t分布表，找到相应的临界值$t_{\alpha/2}$。若$|t|>t_{\alpha/2}$，拒绝H_0，表明自变量x对因变量y的影响是显著的，两个变量之间存在显著的线性关系；若$|t|\leqslant t_{\alpha/2}$，则不拒绝$\mathrm{H}_0$，没有证据表明$x$对$y$的影响显著，两个变量之间不存在显著的线性关系。

【例 9-8】利用前面例中的有关结果，对回归系数进行显著性检验（$\alpha=0.05$）。

解：第一步，提出假设。

$$\mathrm{H}_0:\beta_1=0\text{，}\quad \mathrm{H}_1:\beta_1\neq 0$$

第二步，计算检验的统计量t值。

$$s_{\hat{\beta}_1}=\frac{s_y}{\sqrt{\sum x_i^2-\frac{1}{n}\left(\sum x_i\right)^2}}=\frac{1151.552}{\sqrt{2\,330.041-230.92^2/25}}=82.028\,2$$

则

$$t=\frac{\hat{\beta}_1}{s_{\hat{\beta}_1}}=\frac{852.559\,6}{82.028\,2}=10.393\,49$$

第三步，做出决策。根据给定的显著性水平$\alpha=0.05$，由自由度 df=n−2=25−2=23，查t分布表，得到相应的临界值$t_{\alpha/2}$=2.068 7。因为$10.393\,49>2.068\,7$，所以拒绝H_0，可以认为在显著性水平$\alpha=0.05$下，β_1显著不等于零。这就是说，统计资料足以使我们认定，信用卡支付数额与年收入之间存在显著的线性关系，表明年收入对信用卡支付数额的影响显著。

实际应用中，可以直接利用 Excel 输出的参数估计表进行检验。表中除了给出检验的统计量外，还给出了用于检验的P值。在检验时可直接将P值与给定的显著性水平α进行比较。若P值<α，则拒绝H_0；若P值>α，则不能拒绝H_0。在本例中，P值=3.67×10^{-10}<$\alpha=0.05$，所以拒绝H_0。

五、利用回归方程进行估计和预测

回归分析的目的之一是进行预测。如果所拟合的回归方程经过检验，被认为具有实际意义，同时被证明有较高的拟合程度，就可以利用其来进行预测，即将x的值代入回归方程之后得出一个y的预测值。回归预测的基本公式如下：

$$\hat{y}_0=\hat{\beta}_0+\hat{\beta}_1x_0 \tag{9-23}$$

这里有两个问题需要注意：①这一回归方程是根据样本数据确定的，因此通过这一方程估计y值，会产生抽样误差。但是数理统计学证明了在线性模型的条件下，用最小二乘法得到的估计量是无偏的，因此$\hat{y}_0$是$E(y_0)$的无偏估计，所以往往用$\hat{y}_0$来作$E(y_0)$的点估计。②有关直线回归方程的假设条件中，当x为一固定值时，y有一个条件分布，因此预测时，要明确是预测y_i这一条件分布的均值$E(y_i)$，还是预测个别的y_i值，这一问题在进行区间估计时是不同的，即这两个预测值的置信区间有所不同。

（一）点预测

利用估计的回归方程，对于 x 的一个特定值 x_0，求出 y 的一个估计值就是点预测。

例如，在例 9-4 中，$\hat{y}=-235.882+852.5596x$ 给出了年收入 x 与信用卡支付数额 y 之间关系的一个估计。利用该估计的回归方程，对于 x 的一个特定值，可求出 y 的平均值及 y 的一个个别值的点预测值。现假定消费者年收入是 8 万元，即 $x=8$，则有 $\hat{y}=-235.882+852.5596x=6584.595$。于是，对于年收入是 8 万元的消费者，平均信用卡支付数额的点估计值是 6 584.595 元。

（二）区间预测

点预测不能提供有关估计量精度的任何概念，因此必须建立区间预测。利用估计的回归方程，对于 x 的一个给定值 x_0，求出 y 的一个预测值的区间就是区间预测。区间预测有两种类型。第一种类型是置信区间预测，它是对 x 的一个给定值 x_0，求出 y 的平均值的区间预测。第二种类型是预测区间预测，它是对 x 的一个给定值 x_0，求出 y 的一个个别值的区间预测。

1．y 的平均值的区间预测

对于 x 的一个给定值，估计的回归方程给出了 y 的平均值的一个点预测。设 x_0 为自变量 x 的一个给定值，$E(y_0)$ 为给定 x_0 时因变量 y 的平均值。当 $x=x_0$ 时，$\hat{y}_0=\hat{\beta}_0+\hat{\beta}_1x_0$ 为 $E(y_0)$ 的预测值。

一般来说，我们不能期望预测值 $\hat{y}_0$ 精确地等于 $E(y_0)$。因此，要做出 $\hat{y}_0$ 如何接近真实的平均值 $E(y_0)$ 的推断，必须考虑根据估计的回归方程得到的预测值 $\hat{y}_0$ 的方差。对于给定的 x_0，用 s_{y_0} 表示 $\hat{y}_0$ 标准差的估计量，其计算公式为

$$s_{y_0}=s_y\sqrt{\frac{1}{n}+\frac{(x_0-\bar{x})^2}{\sum_{i=1}^{n}(x_i-\bar{x})^2}} \tag{9-24}$$

也可用简捷计算公式：

$$s_{y_0}=s_y\sqrt{\frac{1}{n}+\frac{(x_0-\bar{x})^2}{\sum x_i^2-\left(\sum x_i\right)^2/n}} \tag{9-25}$$

对于给定的 x_0，$E(y_0)$ 在 $1-\alpha$ 置信水平下的置信区间可表示为

$$\hat{y}_0\pm t_{\alpha/2}s_y\sqrt{\frac{1}{n}+\frac{(x_0-\bar{x})^2}{\sum_{i=1}^{n}(x_i-\bar{x})^2}} \tag{9-26}$$

【例 9-9】根据例 9-4 中求得的估计方程，取 $x_0=8$，建立信用卡支付数额 95%的置信区间。

解：前面已给出了 $s_y=709.993$ 的计算结果。且有

$$\sum x_i^2 = 2\,330.041，\sum x_i = 230.92，\overline{x} = \sum x_i / n = 230.92 / 25 = 9.236\,8$$

$$x_0 = 8，t_{\alpha/2}(n-2) = t_{0.025}(25-2) = 2.068$$

可得到

$$s_{\hat{y}_0} = 1\,152.552\sqrt{\frac{1}{25} + \frac{(8-9.236\,8)^2}{2\,330.041 - 230.92^2 / 25}}$$

$$= 1\,152.552\sqrt{0.218\,545} = 251.884$$

当年收入为 8 万元时，信用卡支付数额与的点预测值为

$$\hat{y} = -235.882 + 852.559\,6x = 6\,584.595$$

则得 $E(y_0)$ 的置信区间为

$$6\,584.595 \pm 2.068\,7 \times 1\,152.552 \times \sqrt{\frac{1}{25} + \frac{(8-9.236\,8)^2}{2\,330.041 - 230.92^2 / 25}}$$

化简得

$$6\,584.595 \pm 2.068\,7 \times 251.884$$

$$6\,584.595 \pm 521.072\,4$$

对所有收入是 8 万元的消费者，平均信用卡支付数额的置信度为 95% 的置信区间是 6 063.522 6~7 105.667 4。

2. y的个别值的区间预测

预测区间预测是指对于 x 的一个给定值 x_0，求出 y 的一个个别值的区间预测。

为了求出预测区间预测，必须考虑 $\hat{y}_0$ 作为 y 的一个个别值的估计的方差，用 s_{ind} 表示 y 的一个个别预测值 $\hat{y}_0$ 的标准差估计量。其计算公式为

$$s_{\text{ind}_0} = s_y\sqrt{1 + \frac{1}{n} + \frac{(x_0 - \overline{x})^2}{\sum_{i=1}^{n}(x_i - \overline{x})^2}} \tag{9-27}$$

也可用简捷计算公式：

$$s_{\text{ind}} = s_y\sqrt{1 + \frac{1}{n} + \frac{(x_0 - \overline{x})^2}{\sum x_i^2 - \left(\sum x_i\right)^2 / n}} \tag{9-28}$$

因此对于给定的 x_0，y 的一个个别值 y_0 在 $1-\alpha$ 置信水平下的置信区间可表示为

$$\hat{y}_0 \pm t_{\alpha/2}s_y\sqrt{1 + \frac{1}{n} + \frac{(x_0 - \overline{x})^2}{\sum_{i=1}^{n}(x_i - \overline{x})^2}} \tag{9-29}$$

【例 9-10】根据例 9-4 中求得的估计方程，给出有 8 万元年收入（x_0=8）的消费者的信用卡支付数额 95%的预测区间。

解：根据前面的计算结果，已知 $s_y = 1\,152.552$，且 $\sum x_i^2 = 2\,330.041$，$\sum x = 230.92$，$\overline{x} = \sum x_i / n = 230.92 / 25 = 9.236\,8$ 及 $x_0 = 8$，$t_{\alpha/2}(n-2) = t_{0.025}(25-2) = 2.068$。

当年收入为 8 万元时，信用卡支付数额与的点预测值为

$$\hat{y} = -235.882 + 852.559x = 6\,584.595$$

则可得到信用卡支付数额的 95%的预测区间为

$$6\,584.595 \pm 2.068\,7 \times 1\,152.552 \times \sqrt{1 + \frac{1}{25} + \frac{(8 - 9.236\,8)^2}{2330.041 - 230.92^2 / 25}}$$

化简得

$$6\,584.595 \pm 2.068\,7 \times 1178.731$$

$$6\,584.595 \pm 2\,438.441$$

对收入是 8 万元的那一名消费者，其信用卡支付数额的置信度为 95%的预测区间是 4 146.154~9 023.036 元。注意，与所有收入是 8 万元的消费者的平均信用卡支付数额的置信区间（5 506.653~7 662.537 元）相比，这个 y 的个别值的预测区间是比较宽的。二者的区别说明了一个事实，估计的平均值比预测 y 的个别值更精确。

通过 Excel 计算回归分析的结果见表 9-3。

表 9-3　回归分析计算结果

	复相关系数 R				0.907 998 075	
	R^2				0.824 460 504	
	R_a^2				0.816 828 352	
	S_y				1 151.551 683	
	自由度	平方和	平均平方和	F	P 值	
回归分析	1	1.43×10^8	1.43×10^8	108.024 6	$3.672\,43 \times 10^{-10}$	
残差	23	30 499 639	1 326 071			
总计	24	1.74×10^8				
	系数	标准误差	T	P 值	95%置信下限	95%置信上限
截距	−235.882	791.908 6	−0.297 87	0.768 48	−1 874.07	1 402.305
年收入/万元	852.559 6	82.028 23	10.393 49	3.67×10^{-10}	682.871 3	1 022.248

表 9-3 中，R^2 代表判定系数；R_a^2 是修正后的 R^2；F 代表 F 检验统计量的值；标准误差代表截距和斜率的标准误差；t 是检验回归系数的 t 统计量。

第三节　多元线性回归分析

简单线性回归分析主要研究两个变量之间的关系。然而现实世界比较复杂，影响因变量的因素往往很多，需要了解多个因素对因变量的影响并对其进行计量。研究两个或两个以上自变量的回归问题称为多元回归分析。当因变量与各个自变量之间为线性关系时，称为多元线性回归。其分析原理与一元线性回归分析的原理基本相同，但在计算上复杂得多，

需借助计算机来完成。

一、多元线性回归模型

多元线性回归模型的一般形式为

$$y=\beta_0+\beta_1x_1+\beta_2x_2+\cdots+\beta_kx_k+\varepsilon \tag{9-30}$$

式中，x_1，x_2，…，x_k为k个自变量；β_0，β_1，β_2，…，β_k为模型的参数，又叫回归系数；ε为误差项。模型可以理解为两部分：y为关于x_1，x_2，…，x_k的线性函数（$\beta_0+\beta_1x_1+\beta_2x_2+\cdots+\beta_kx_k$）加上误差项$\varepsilon$。前者反映由自变量$x$的变化而引起$y$的线性变化；后者反映除了$x_1$，$x_2$，…，$x_k$对$y$的线性关系之外的随机因素对$y$的影响，是不能由$x_1$，$x_2$，…，$x_k$与$y$之间的线性关系所解释的变异项。

与一元线性回归模型类似，多元线性回归模型中的误差项ε有同样的三个基本假定。假定之一是ε的平均值或期望值是零。由这一假定，可以得到回归方程为

$$E(y)=\beta_0+\beta_1x_1+\beta_2x_2+\cdots+\beta_kx_k \tag{9-31}$$

多元回归方程描述了$E(y)$与自变量x_1，x_2，…，x_k之间的关系。

由于回归方程中的参数β_0，β_1，β_2，…，β_k是未知的，所以回归方程也是未知的，需要利用样本数据对其进行估计。利用一个简单随机样本计算样本统计量$\hat{\beta}_0$，$\hat{\beta}_1$，$\hat{\beta}_2$，…，$\hat{\beta}_k$去估计参数β_0，β_1，β_2，…，β_k，就得到了估计的多元线性回归方程

$$\hat{y}_i=\hat{\beta}_0+\hat{\beta}_1x_1+\hat{\beta}_2x_2+\cdots+\hat{\beta}_kx_k \tag{9-32}$$

式中，$\hat{\beta}_0$，$\hat{\beta}_1$，$\hat{\beta}_2$，…，$\hat{\beta}_k$为参数β_0，β_1，β_2，…，β_k的估计值；$\hat{y}$为因变量y的估计值。其中$\hat{\beta}_1$，$\hat{\beta}_2$，…，$\hat{\beta}_k$称为偏回归系数。$\hat{\beta}_1$表示当x_2，x_3，…，x_k不变时，x_1每变动一个单位，因变量y的平均变动量；$\hat{\beta}_2$表示当x_1，x_3，…，x_k不变时，x_2每变动一个单位，因变量y的平均变动量。其余偏回归系数的含义类似。

二、多元线性回归模型的估计——参数的最小二乘估计

回归方程中的$\hat{\beta}_0$，$\hat{\beta}_1$，$\hat{\beta}_2$，…，$\hat{\beta}_k$仍然是根据最小二乘法求得，即有

$$Q=\sum(y_i-\hat{y}_i)^2=\sum\left(y_i-\hat{\beta}_0-\hat{\beta}_1x_1-\cdots-\beta_kx_k\right)^2=\min \tag{9-33}$$

由此可得求解$\hat{\beta}_0$，$\hat{\beta}_1$，$\hat{\beta}_2$，…，$\hat{\beta}_k$的标准方程组为

$$\left.\frac{\partial Q}{\partial\beta_0}\right|_{\beta_0=\hat{\beta}_0}=0$$

$$\left.\frac{\partial Q}{\partial\beta_1}\right|_{\beta_1=\hat{\beta}_1}=0$$

$$\vdots$$

$$\left.\frac{\partial Q}{\partial \beta_k}\right|_{\beta_k=\hat{\beta}_k}=0 \tag{9-34}$$

求解上述方程组需要借助计算机，在此我们给出由 Excel 输出的回归结果。本节重点将是解释计算机输出的结果，而不是如何进行多元回归的计算。

【例 9-11】根据例 9-1 中的数据，建立信用卡支付数额与年收入和家庭人员数线性回归方程，并解释各回归系数的含义。

解：通过 Excel 计算出多元线性回归结果见表 9-4。

表 9-4 多元线性回归结果

	复相关系数 R				0.924 655	
	R^2				0.854 986	
	R_a^2				0.841 803	
	标准误差				1 070.17	
	自由度	平方和	平均平方和	F	P 值	
回归分析	2	148 552 196	74 276 098	64.854 97	5.96×10^{-10}	
残差	22	25 195 821	1 145 265			
总计	24	173 748 017				
	系数	标准误差	t	P 值	95%置信下限	95%置信上限
截距	–466.543	743.708 019 1	–0.627 32	0.536 906	–2 008.9	1 075.813
年收入/万元	661.671 4	116.958 959 4	5.657 295	1.09×10^{-5}	419.113 3	904.229 4
家庭成员人数/人	630.967 5	293.201 091	2.151 996	0.042 632	22.905 63	1 239.029

表 9-3 中，R^2 代表判定系数；R_a^2 是修正后的 R^2；F 代表检验统计量的 F 值；标准误差代表截距和斜率的标准误差；t 是检验回归系数的 t 统计量。

从多元线性回归分析结果，可得到信用卡支付数额与年收入和家庭人员数的多元线性回归方程为

$$\hat{y}=-466.543+661.671\,4x_1+630.967\,5x_2$$

对每个回归系数的解释如下：$\hat{\beta}_1=661.671\,4$ 显示，在家庭成员人数保持不变时，年收入每增加 1 万元，信用卡支付数额平均增加 661.671 4 元。类似地，$\hat{\beta}_2=630.967\,5$ 表示，在年收入保持不变时，家庭成员人数每增加 1 人，信用卡支付数额平均增加 630.967 5 元。

三、回归方程的拟合优度

（一）多重判定系数

类似于一元回归，对于多元线性回归方程，要用多重判定系数对其进行拟合优度优劣的评价。多重判定系数是建立在对总变差平方和进行分解的基础之上。

一元回归中因变量变差平方和的分解同样适用于多元回归，即

$$\text{SST}=\text{SSR}+\text{SSE} \tag{9-35}$$

式中，$\text{SST}=\sum(y_i-\bar{y})^2$；$\text{SSR}=\sum(\hat{y}_i-\bar{y})^2$；$\text{SSE}=\sum(y_i-\hat{y}_i)^2$ 。

用如下公式表示这三个平方和的关系：

$$\sum(y_i-\bar{y})^2=\sum(\hat{y}_i-\bar{y})^2+\sum(y_i-\hat{y}_i)^2 \tag{9-36}$$

由于这三个平方和的计算非常困难，所以可直接利用 Excel 输出结果。

本例中，SST=173 748 017，SSR=148 552 195.7，SSE=25 195 821.31。

一元回归中，我们利用判定系数度量估计回归方程的拟合优度。将同样的概念应用到多元线性回归方程。多重判定系数是对估计的多元线性回归方程拟合优度的度量。我们用 R^2 表示多重判定系数，计算公式如下：

$$R^2=\frac{\text{SSR}}{\text{SST}}=1-\frac{\text{SSE}}{\text{SST}} \tag{9-37}$$

多重判定系数 R^2 反映了因变量 y 的变差中可以被估计的多元线性回归方程解释的比例。

对于多重判定系数，我们发现自变量个数的增加会影响因变量中可由估计回归方程解释的变差数量。因此，如果模型中增加了一个自变量，即使这个自变量在统计上并不显著，R^2 也会变大。为了避免因自变量的增加而高估 R^2，需要计算修正的多重判定系数。

修正的多重判定系数的计算公式为

$$R_\alpha^2=1-(1-R^2)\times\frac{n-1}{n-k-1} \tag{9-38}$$

R_α^2 的解释与 R^2 类似。

根据例 9-11 中 Excel 输出的回归分析结果（表 9-7）可计算多重判定系数为

$$R^2=\frac{\text{SSR}}{\text{SST}}=\frac{148\,552\,195.7}{173\,748\,017}=0.854\,986$$

说明在信用卡支付数额 y 的变动中，能被年收入和家庭人员数的多元回归方程所解释的比例为 85.50%。

同样根据表 9-4 的输出结果可知，修正的多重判定系数为

$$R_\alpha^2=0.841\,803=84.18\%$$

其意义与 R^2 类似。

（二）估计标准误差

类似于一元线性回归，多元线性回归中的估计标准误差也是对误差项 ε 的方差 σ^2 的一个估计值。其计算公式为

$$s_y=\sqrt{\frac{\text{SSE}}{n-k-1}}=\sqrt{\frac{\sum(y_i-\hat{y}_i)^2}{n-k-1}}=\sqrt{\text{MSE}} \tag{9-39}$$

式中，k 为自变量的个数；s_y 表示根据自变量 x_1，x_2，⋯，x_k 来预测因变量 y 时的平均预测误差。

s_y 从另一个角度说明了回归方程的拟合优度，对于衡量多元线性回归方程的拟合优度

起着重要作用。

在 Excel 输出的回归结果中可以直接获得 s_y 的值。本例中 s_y =1 070.17，表明根据所建立的多元回归方程，在用年收入和家庭人员数来预测信用卡支付数额时，平均预测误差为 1 070.17。

四、显著性检验

在一元线性回归分析中，整个方程的线性关系的检验（F 检验）与回归系数的检验（t 检验）会给出同样的结论。但在多元线性回归中，这两种检验有不同的目的。F 检验主要是检验多元线性回归方程是否显著；t 检验则是对每个回归系数进行单独的检验，用于检验每个自变量对因变量的影响是否显著。

（一）线性关系的检验

线性关系检验是检验因变量 y 与 k 个自变量之间的线性关系是否显著，也称为总体显著性检验。该检验的具体步骤如下。

第一步，提出假设。

$$H_0:\beta_1=\beta_2=\cdots=\beta_k=0$$

$$H_1，\beta_1，\beta_2，\cdots，\beta_k \text{ 至少有一个不等于 } 0$$

第二步，计算检验统计量 F 值。

$$F=\frac{\mathrm{SSR}/k}{\mathrm{SSE}/(n-k-1)}\sim F(k,n-k-1) \tag{9-40}$$

第三步，做出决策。给定显著性水平 α，并根据分子自由度 $\mathrm{df}_1=k$ 和分母自由度 $\mathrm{df}_2=n-k-1$ 查 F 分布表，得到相应的临界值 F_α。若 $F>F_\alpha$，拒绝 H_0；若 $F<F_\alpha$，不拒绝 H_0。根据计算机输出的结果，可利用 P 值直接做出决策：若 P 值 $<\alpha$，拒绝 H_0；若 P 值 $>\alpha$，则不拒绝 H_0。

【例 9-12】 根据例 9-11 中给出的有关结果，对回归方程线性关系的显著性进行检验（α=0.05）。

解：第一步，提出假设。

$$H_0:\beta_1=\beta_0=0$$

$$H_1：\beta_1，\beta_2 \text{ 至少有一个不等于 } 0$$

第二步，计算检验统计量 F 值（也可直接用 Excel 输出的方差分析表中的有关结果）。

$$F=\frac{\mathrm{SSR}/k}{\mathrm{SSE}/(n-k-1)}=64.854\,97$$

第三步，做出决策。显著性水平 α=0.05，根据分子自由度 df_1=2 和分母自由度 df_2=25–2–1=22，查 F 分布表，得到相应的临界值 F_α=3.44。由于 $F>F_\alpha$，拒绝 H_0，表明信用卡支付数额与年收入和家庭人员数之间的线性关系是显著的。

也可将 Excel 输出的回归方差分析表中的 P 值与给定的显著性水平 α 进行比较，由于 P 值 $=5.96\times10^{-10}<\alpha=0.05$，所以拒绝原假设。

（二）回归系数的检验

如果F检验显示了多元回归关系在总体上是显著的，t检验是确定单个参数（回归系数）的显著性问题。t检验的基本步骤如下。

第一步，提出假设。对于任意参数β_i（$i=1,2,\cdots,k$），有

$$H_0:\ \beta_i=0\ ,\ H_1:\ \beta_i\neq 0$$

第二步，计算检验的统计量t值。

$$t=\frac{\hat{\beta}_i}{s_{\hat{\beta}_i}}\sim t(n-k-1) \tag{9-41}$$

式中，$s_{\hat{\beta}_i}$为回归系数$\hat{\beta}_i$的抽样分布的标准差，即

$$s_{\hat{\beta}_i}=\frac{s_y}{\sqrt{\sum x_i^2-\frac{1}{n}\left(\sum x_i\right)^2}} \tag{9-42}$$

第三步，做出决策。给定显著性水平α，并根据自由度$\mathrm{df}=n-k-1$查t分布表，得到相应的临界值$t_{\alpha/2}$。若$|t|>t_{\alpha/2}$，拒绝H_0，表明自变量x_i对因变量y的影响是显著的，两个变量之间存在显著的线性关系；若$|t|>t_{\alpha/2}$，则不拒绝H_0，没有证据表明x_i对y的影响显著，两个变量之间不存在显著的线性关系。

【**例 9-13**】利用前面例中的有关结果，对回归方程中的回归系数进行显著性检验（α =0.05）。

解：第一步，提出假设。对于任意参数$\beta_i\left(i=1,2,\cdots,k\right)$，有

$$H_0:\ \beta_i=0\ ,\ H_1:\ \beta_i\neq 0$$

第二步，计算检验的统计量t值。

$$t=\frac{\hat{\beta}_i}{s_{\hat{\beta}_i}}\sim t(n-k-1)$$

根据 Excel 输出的回归分析结果可知：

$$t_1=5.657\ 295$$

$$t_2=2.1519\ 96$$

第三步，做出决策。给定显著水平α=0.05，并根据自由度 df =22 查t分布表，得到相应的临界值$t_{0.025}=2.073\,9$。因为 5.657 295>2.073 9，拒绝$H_0\left(\beta_1=0\right)$。类似地，因为 2.151 996>2.073 9，则拒绝$H_0\left(\beta_2=0\right)$。另外，在 Excel 输出的回归分析结果中，$P$值分别为$1.09\times10^{-5}$和 0.042 632，均小于显著性水平$\alpha$，这同样表明能拒绝这些原假设。因此，这两个参数在统计上都是显著的。表明这两个自变量对因变量y的影响是显著的，均与因变量之间存在显著的线性关系。

第四节 非线性回归分析

在前两节中，因变量和自变量之间的相关关系可以用线性方程来近似地反映。但在许多实际问题中，因变量与自变量之间不具有线性关系，呈现为非线性关系，则要考虑采用非线性回归模型。

非线性回归分析必须着重解决以下两个问题：第一，如何确定非线性函数的具体形式。与线性回归分析的情况不同，非线性回归函数有多种具体形式，需要根据所研究问题的相关理论并结合实际的样本观测值做出恰当的选择。第二，如何估计函数中的参数。非线性回归分析最常用的方法仍然是最小二乘估计法。但需要根据函数的不同类型，作适当的处 理。

一、非线性函数形式的确定

在对实际问题进行非线性回归分析时，选择回归函数的具体形式应注意以下几点：方程形式应与相关的基本理论相一致；方程有较高的拟合程度；方程形式要尽可能简单，方程形式越简单，其可操作性就越强。

常见的非线性回归方程有二次曲线型、双曲线型、指数曲线型、幂函数型、对数曲线型、S 形曲线型等。

（1）二次曲线型：

$$y = a + bx + cx^2$$

（2）双曲线型：

$$y = a + \frac{b}{x}$$

（3）指数曲线方程：

$$y = ab^x$$

（4）幂函数型：

$$y = ax^b$$

（5）对数曲线型：

$$y = a + b\ln x$$

（6）S 形曲线型：

$$y = \frac{1}{a + be^{-x}}$$

二、非线性回归模型的估计

许多具有实用价值的非线性回归函数，可以通过适当的变换，转化为线性回归函数，将非线性问题线性化，然后再利用线性回归分析的方法进行估计和检验。常用的非线性函数的线性变换方法有以下几种。

1．倒数变换

倒数变换是用新的变量来替换原模型中变量的倒数，从而使原模型变成线性模型的一种方法。例如，对于双曲线函数，令 $x^*=1/x$ 并代入原方程式，可有

$$y=a+bx^*$$

2．半对数变换

这种方法主要应用于对数函数的线性变换。对于对数函数，令 $x^*=\ln x$，代入原方程，同样可得

$$y=a+bx^*$$

3．双对数变换

这种方法通过用新变量替换原模型中变量的对数，从而使原模型变换为线性模型。例如，对幂函数的两边求对数，可得

$$\ln y=\ln a+b\ln x$$

以上所述的线性变换方法在实际应用时要注意以下几个问题。

第一，在以上的讨论中，为了叙述方便，省略了非线性回归函数中包含的随机误差项。但事实上与线性回归分析一样，非线性回归分析也要考虑随机误差项的问题。当变换后的新模型中包含的误差项能够满足各种标准假定时，新模型中回归系数最小二乘估计量的各种理想性质才能成立。

第二，严格地说，上述各种线性变换方法只适用于变量为非线性的函数。对于参数为非线性或参数与变量均为非线性的函数来说，即使有可能进行线性变换和回归估计，也无法得到原方程中非线性参数的无偏估计量。

第三，并不是所有的非线性函数都可以通过变换得到与原方程完全等价的线性方程。在遇到这种情况时，还需要利用其他一些方法，如泰勒级数展开法等进行估计。这些方法比较复杂，这里不作进一步的介绍。

本章小结

（1）本章首先介绍了相关分析。相关分析是描述与测度变量间关系强度的统计方法。①利用散点图判断变量之间的关系形态；②计算相关系数测度变量之间的线性关系强度大小。

（2）回归分析。回归分析侧重于研究变量之间的数量伴随关系，并通过建立一定的数学表达式（回归方程）将这种关系描述出来，具体地确定一个或几个变量（自变量）的变动对另一个特定变量（因变量）的影响程度。回归分析主要解决的问题包括：从一组样本数据出发，建立变量之间的数学关系式，即回归方程；对回归方程的可靠性进行统计检验，以便确定出显著影响因变量变动的自变量；根据自变量的取值来估算或预测因变量的取值。

一元线性回归分析只涉及一个因变量和一个自变量的回归问题。其基本内容是对模型

的参数进行估计和检验，对模型的拟合优度进行评价，利用所建立的回归方程根据自变量的取值来预测因变量的数值。

多元线性回归分析的原理及内容与一元线性回归类似，但计算复杂得多，通常借助计算机来完成。

非线性回归分析的原理，包括非线性回归模型的建立及参数的估计问题。

第十章

时间序列分析与预测

本章主要讲解时间序列的一些基本分析方法。具体要求：①理解时间序列的概念；②掌握时间序列的描述分析方法；③理解时间序列的分解模型；④掌握含长期趋势变化时间序列的分析和预测；⑤掌握含季节变动时间序列的分析和预测。

统计数据分为截面数据和时间序列数据。截面数据是静态数据，数据的分布特征是统计分析的重点。时间序列数据是动态数据，时间序列分析旨在发掘数据随时间变化而变化的规律性，并利用这种规律对未来现象的变化进行预测。例如，对一个国家过去一段时期经济增长的统计分析，就可以对该国家未来几年的经济增长做出预测，对一个地区月降雨量的长期观测统计可以预测来年该地区的各月降雨量，一个企业的历史销售数据更是企业制订未来销售计划的重要依据。

第一节　时间序列的概念及统计描述

一、时间序列的概念

所谓时间序列（time series）是按照时间顺序取得的一系列同一现象的观测值，如股票市场中每天的收盘价格、某企业产品每季度的销量以及我国历年的 GDP 等。

时间序列由两个序列组成：一个序列表现现象数值所属的时间，即现象发生的时间，可以表现为年、季、月、周、日等时间单位；另一个序列反映现象在对应时间条件下的数量特征值。一个时期长度为 n 的时间序列可以表示为 Y_1，Y_2，…，Y_n，其中下标 i 表示时间顺序标量。表 10-1 是 2000~2003 年中国几个宏观经济指标时间序列。

表 10-1　2000~2003 年中国几个宏观经济指标时间序列

年份	国内生产总值/亿元	人均国内总产值/元	第一产业增加值比重/%	第二产业增加值比重/%	第三产业增加值比重/%
2000	99 215	7 858	15.1	45.9	39.0
2001	109 655	8 622	14.4	45.2	40.4
2002	120 333	9 398	13.7	44.8	41.5

续表

年份	国内生产总值/亿元	人均国内总产值/元	第一产业增加值比重/%	第二产业增加值比重/%	第三产业增加值比重/%
2003	135 823	10 542	12.8	46.0	41.2
2004	159 878	12 336	13.4	46.2	40.4
2005	184 937	14 185	12.1	47.4	40.5
2006	216 314	16 500	11.2	47.9	40.9
2007	265 810	20 169	10.8	47.3	41.9
2008	314 045	23 708	10.7	47.5	41.8
2009	340 903	25 608	10.3	46.3	43.4
2010	401 513	30 015	10.1	46.7	43.2
2011	473 104	35 198	10.0	46.6	43.4
2012	519 470	38 459	10.1	45.3	44.6
2013	588 019	41 908	9.4	43.7	46.9

资料来源：《中国统计年鉴》(2014 年)

二、时间序列的描述分析

(一)图形分析

与截面数据类似，对时间序列数据也可以计算均值、方差等统计量。由于时间序列数据前后之间的相关性，时间序列往往呈现出一定的随时间变化而变化的趋势规律，这种趋势是对时间序列进行分析和预测的基础。因此，在对时间序列进行进一步分析前，应首先利用统计图形对时间序列的变化特征进行直观描述。

线图是描述时间序列变化规律的常用统计图形，图 10-1 是 2000~2003 年中国三次产业增加值比重的线图。从图中可以看出，第一产业增加值比重呈逐年下降趋势，第二产业增加值比重呈平稳趋势，第三产业增加值比重呈上升趋势。

(二)指标分析

除了用图形展示变化规律外，社会经济时间序列分析还常常计算水平和速度两类统计分析指标。

1. 发展水平

发展水平是社会经济时间序列中具体时间条件下的指标数值。如果用 Y_1，Y_2，…，Y_n 表示社会经济时间序列，则第 i 期的指标值 Y_i 称为第 i 期的发展水平。时期初的发展水平 Y_1 称为期初水平，时期末的发展水平 Y_n 称为期末水平。发展水平还可分为基期水平和报告期水平，用于对比分析的基础时期发展水平称为基期水平，用于对比分析的研究时期发展水平称为报告期水平。

2. 平均发展水平

社会经济时间序列中各期发展水平的均值称为平均发展水平。计算平均发展水平的目的是反映社会经济现象在一定时期内所达到的一般规模和水平。

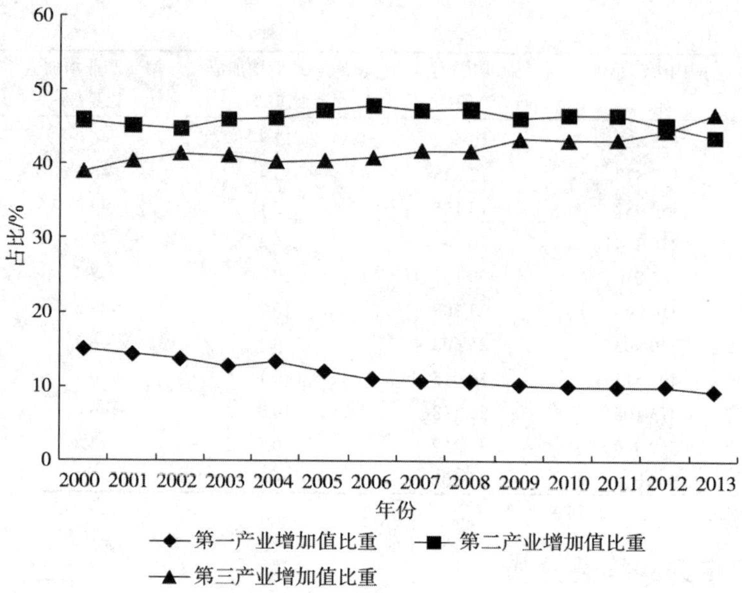

图 10-1　2000~2003 年中国三次产业增加值比重

1）绝对数时间序列的平均发展水平

绝对数时间序列又分为时期序列和时点序列，两类时间序列平均水平的计算有一定的差异。

时期序列中的每一期指标值可以直接相加，因此平均发展水平的计算可直接使用简单算术平均数计算。如果各期的发展水平为 Y_1，Y_2，…，Y_n，则该时期的平均发展水平 $\bar{Y}$ 的计算公式为

$$\bar{Y}=\frac{Y_1,\ Y_2,\cdots,\ Y_n}{n}=\frac{\sum Y_i}{n} \tag{10-1}$$

时点序列如果记录了对应社会经济指标（发展水平）的所有变化，则称为连续登记时点序列，否则称为间断登记时点序列。例如，企业中对职工人数的统计有多种形式，一种是每天都进行记录，一种是当职工人数发生变化时才进行记录，还有一种是在人为确定的时点（通常是月初或月末）进行记录。前两种统计方式由于记录了所有的职工人数变动，因此这两种统计方式得到的序列称为连续登记时点序列，后一种统计方式并不能反映两次记录之间职工人数的变动，因此得到的序列称为间断登记时点序列。

连续登记时点序列 Y_1，Y_2，…，Y_n 的时期间隔如果是相等的，可以采用与时期序列同样的计算公式。如果时期间隔不等，则可以使用时期间隔长度作为权数计算加权算术平均数，公式如下：

$$\bar{Y}=\frac{Y_1f_1+Y_2f_2+\cdots+Y_nf_n}{f_1+f_2+\cdots+f_n}=\frac{\sum Y_if_i}{\sum f_i} \tag{10-2}$$

间断登记时点序列没有记录对应社会经济指标（发展水平）的所有变化，首先对所有相邻两期的发展水平计算平均数，作为该时期发展水平的一般水平，再对其计算算术平均数。

如果每期间隔相等，使用简单算术公式计算。假设最初的水平指标为Y_0，计算公式如下：

$$\overline{Y}=\frac{\frac{Y_0+Y_1}{2}+\frac{Y_1+Y_2}{2}+\cdots+\frac{Y_{n-1}+Y_n}{2}}{n}=\frac{\frac{Y_0}{2}+Y_1+\cdots+Y_{n-1}+\frac{Y_n}{2}}{n} \tag{10-3}$$

如果每期间隔不等，利用时期间隔长度作为权数计算加权算术平均数。假设最初的水平指标为Y_0，计算公式如下：

$$\overline{Y}=\frac{\frac{Y_0+Y_1}{2}f_1+\frac{Y_1+Y_2}{2}f_2+\cdots+\frac{Y_{n-1}+Y_n}{2}f_n}{f_1+f_2+\cdots+f_n} \tag{10-4}$$

2）相对数或平均数时间序列的平均发展水平计算

相对数或平均数指标都是由两个指标对比衍生而来的，假设相对数或平均数指标用Y表示，则$Y=\frac{a}{b}$。例如，人均产值等于总产值除以职工总人数。计算相对数或平均数序列的平均发展水平，首先要计算分子和分母序列的平均发展水平，然后将两者相除，则相对数或平均数序列的平均发展水平的计算公式为

$$\overline{Y}=\frac{\overline{a}}{\overline{b}} \tag{10-5}$$

【例 10-1】某组装企业某年上半年产品产量和月末职工人数如表 10-2 所示。

表 10-2　某组装企业某年上半年产品产量和月末职工人数

月份	1	2	3	4	5	6
产量/件	532	603	680	711	712	695
月末人数/人	33	35	40	46	45	40

假设上年年末职工人数为 30 人，计算该企业上半年月平均产量、月平均职工人数和月平均劳动生产率。

解：产量是时期指标，月平均产量为

$$\overline{a}=\frac{\sum a_i}{n}=\frac{532+603+680+711+712+695}{6}=655.5(\text{件})$$

职工人数是时点指标，并且记录时间间隔相等，但并没有记录每个月中的人员变化情况，月平均职工人数为

$$\overline{b}=\frac{\frac{b_0}{2}+b_1+\cdots+b_{n-1}+\frac{b_n}{2}}{n-1}=\frac{\frac{30}{2}+33+35+40+46+45+\frac{40}{2}}{6}=39(\text{人})$$

月平均劳动生产率为

$$\overline{Y}=\frac{\overline{a}}{\overline{b}}=\frac{655.5}{39}=16.8(\text{件}/\text{人})$$

3. 发展速度和增长速度

在社会经济时间序列分析中，人们不仅观察各期发展水平及其绝对变化，也重视报告期水平对比基期水平的相对变化。发展速度和增长速度常用来反映这种相对变化。

$$发展速度=\frac{报告期水平}{基期水平}\times 100\% \tag{10-6}$$

$$增长速度=\frac{报告期水平-基期水平}{基期水平}=发展速度-1 \tag{10-7}$$

增长速度又称为增长率，在实践中的应用远远多于发展速度。

【**例 10-2**】我国“十一五”期间（2006~2010 年）各年的 GDP 分别为 216 314 亿元、265 810 亿元、314 045 亿元、340 903 亿元、401 513 亿元，“十五”末年 2005 年 GDP 为 184 937 亿元，计算我国“十一五”期间 GDP 各年的增长速度。

解：设我国 2005~2010 年 GDP 值分别为 Y_0，Y_1，Y_2，Y_3，Y_4，Y_5，由式（10-7）得

$$2006\text{ 年 GDP 增长速度}=\frac{Y_1}{Y_0}-1=\frac{216\,314}{184\,937}-1=16.97\%$$

$$2007\text{ 年 GDP 增长速度}=\frac{Y_2}{Y_1}-1=\frac{265\,810}{216\,314}-1=22.88\%$$

$$2008\text{ 年 GDP 增长速度}=\frac{Y_3}{Y_2}-1=\frac{314\,045}{265\,810}-1=18.15\%$$

$$2009\text{ 年 GDP 增长速度}=\frac{Y_4}{Y_3}-1=\frac{340\,903}{314\,045}-1=8.55\%$$

$$2010\text{ 年 GDP 增长速度}=\frac{Y_5}{Y_4}-1=\frac{401\,513}{340\,903}-1=17.78\%$$

◎知识窗

年度增长率在实际中经常被使用，所谓年度增长率（annualized rate，AR）或年度化增长率，是指在年内单期（月度或季度）增长率不变的假设下，变量在该年度的计算增长率。年度增长率的计算公式为 $AR=\left[\left(\frac{年度内报告期水平}{年度内基期水平}\right)^{\frac{m}{n}}-1\right]\times 100\%$，式中，$m$、$n$ 分别表示年内时期的总数和基期与报告期间所跨的时期个数。m=4 时，表示季度；m=12 时，表示月份。

◎想一想

某保险公司 2014 年 3 月的保费收入总额为 50 亿元，同年 8 月保费收入为 60 亿元。则该地区保费总额的年度化增长率是多少？

4. 平均发展速度和平均增长速度

平均发展速度和平均增长速度用于反映一段时期内社会经济现象的一般发展程度和增长程度。

平均发展速度等于各期环比发展速度的几何平均数。

$$平均发展速度=\sqrt[n]{\frac{Y_1}{Y_0}\times\frac{Y_2}{Y_1}\times\cdots\times\frac{Y_n}{Y_{n-1}}}=\sqrt[n]{\frac{Y_n}{Y_0}} \quad (10\text{-}8)$$

平均增长速度不能直接计算，应先计算平均发展速度，再使用下面公式：

$$平均增长速度=平均发展速度-1 \quad (10\text{-}9)$$

【例 10-3】根据例 10-2 中数据计算我国整个“十一五”期间 GDP 的年平均增长速度，预测如果按这个年增长速度我国“十二五”末 2015 年的 GDP 规模将达到多少？

解：欲计算 GDP 的年平均增长速度，首先要计算 GDP 的年平均发展速度，根据式（10-8）可得

$$“十一五”GDP年平均发展速度=\sqrt[n]{\frac{Y_1}{Y_0}\times\frac{Y_2}{Y_1}\times\cdots\times\frac{Y_n}{Y_{n-1}}}=\sqrt[n]{\frac{Y_n}{Y_0}}$$

$$=\sqrt[5]{\frac{401\,513}{184\,937}}=116.77\%$$

再计算 GDP 年平均增长速度，由式（10-9）得

$$“十一五”GDP年平均增长速度=GDP年平均发展速度-1$$

$$=1.167\,7-1=16.77\%$$

根据式（10-8）得

$$Y_n=Y_0\times平均发展速度^n$$

$$2015年GDP预测值=2010年GDP\times平均发展速度^5$$

$$=401\,513\times1.167\,7^5=871\,678（亿元）$$

第二节 时间序列的分解

一、时间序列的构成要素

不同的时间序列呈现出不同的变化特征，这主要是由时间序列不同构成要素的变化所引起的。一般认为时间序列由下列 4 个要素所构成，即长期趋势（long-term trend）、季节变动（seasonal variation）、循环变动（cyclical fluctuation）及不规则变动（irregular fluctuation）。

（一）长期趋势

长期趋势是指时间序列在长期内呈现出来的某种持续向上或持续下降的变动。时间序列在一个较长的时间内，往往会呈现出不变、递增或递减的趋向。例如，可支配收入、银行储蓄存款及货币供给量等每年均随时间而增长；人口数量逐年增长；人口死亡率有长期下降的趋势；几乎所有产品在整个生命周期均经过不同的长期趋势，在各时间点有不同的销售趋势，如在产品初期具有向上趋势、产品成长期加速向上趋势、产品成熟期缓慢成长、产品末期呈向下趋势。长期趋势一般用 T 表示，图 10-2 为几种常见时间序列趋势变化图。

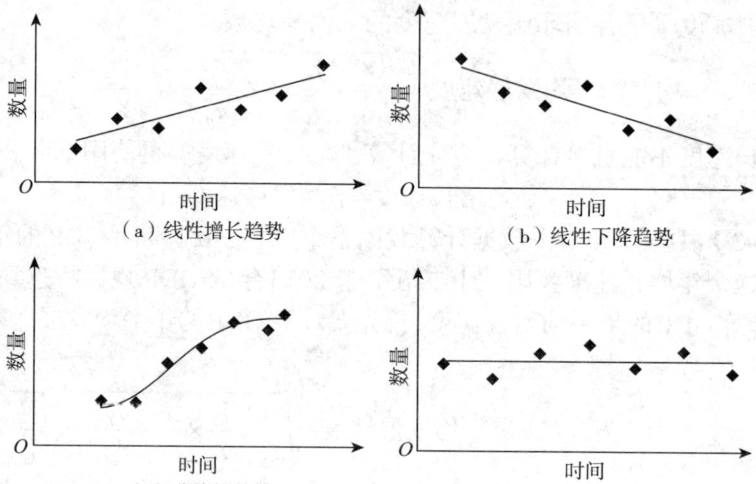

（a）线性增长趋势　（b）线性下降趋势　（c）非线性趋势　（d）无趋势

图 10-2　常见时间序列趋势变化图

（二）季节变动

季节变动是在一年中或固定时间内，时间序列呈现周期和幅度大致一样的变动。季节变动的发生，主要是受季节与社会习俗的影响。例如，电风扇与空调在夏季的销量多而冬季少；法定节假日交通流量和消费品销量的增加；一天的交通流量在上下班时间出现高峰，而其余时间流量较为稳定；等等。季节变动分析有广泛的实际背景，在市场预测、生产规划、交通管理以及水文气象等领域都有普遍应用。季节变动一般用 S 表示。

（三）循环变动

循环变动是指现象沿着趋势线上下波动，且波动的时间间隔超过一年。循环变动的原因很多，而且周期的长短与幅度也不一致，这是与季节变动的显著区别。通常一个时间序列的循环是由其他多个小的时间序列循环组合而成。例如，总体经济指标的循环往往是由各个产业的循环组合而成；有时国家经济会受到自然灾害或战争等重大事件的影响；同样的，各产业的循环往往受到整体经济环境的影响，如经济膨胀往往在循环的顶点，而经济萧条则在循环的谷底。循环变动一般用 C 表示。

（四）不规则变动

不规则变动是指在时间序列中剔除了长期趋势、季节变动和循环变动影响后的随机波动。一般而言，长期趋势、季节变动以及循环变动皆受到规则性因素的影响，而只有不规则因素是属于随机性的，其发生原因往往是一些短期的、无法预期的和不重复出现的因素，如自然灾害、突发事件、意外事故等。不规则变动一般用 I 表示。

二、时间序列的分解模型

传统时间序列分析的一项主要内容是将时间序列的上述构成要素从时间序列中分离出来，并将它们之间的关系用一定的模型表示，以便分别进行分析。按时间序列四种构成要素对其不同影响方式，时间序列可以分解为多种模型形式，如乘法模型、加法模型等。

（一）乘法模型

乘法模型假定时间序列变化是四种构成要素相乘的结果。乘法模型中，各要素之间存在相互交叉影响，时间序列中的观测值是四个构成要素之积，其表现形式为

$$Y = T \times C \times S \times I \tag{10-10}$$

在进行时间序列分析时，如果假设时间序列属于乘法模型，将其他构成要素除时间序列，就可以求出某种构成要素的变动。

例如，如果求出季节变动 S，用 Y 除以 S 就可以得到不含季节变动 S 的时间序列。

$$\frac{Y}{S} = \frac{T \times C \times S \times I}{S} = T \times C \times I$$

求出趋势变动 T 之后，即可由如下式子来表示去除趋势后的时间序列：

$$\frac{T \times C \times I}{T} = C \times I$$

进一步找出循环变动 C 后，即可由如下式子来表示去除循环变动后的时间序列，也就是不规则变动 I。

$$\frac{C \times I}{C} = I$$

（二）加法模型

加法模型假定时间序列变化是四种构成要素相加而成的。加法模型中，各成分彼此互相独立，无交互影响，时间序列观测值是四个构成要素之和，其表现形式为

$$Y = T + C + S + I \tag{10-11}$$

与乘法模型类似，如果假设时间序列属于加法模型，将其他构成要素的变动在时间序列中减掉就可求出某种构成要素的变动。例如，用时间序列观测值 Y 减去长期趋势 T、季节变动 S 和周期循环 C，剩余列即为不规则变动 I。

需要指出的是，乘法模型和加法模型并不是一成不变的，有时可以利用变换将两种模型形式互换。例如，实际当中经常将具有非线性关系的乘法模型通过对数变换转换成具有线性关系的加法模型，若 Y、T、C 和 I 均为正值，式（10-1）可有如下变形：

$$\lg Y = \lg T + \lg S + \lg C + \lg I$$

第三节　含长期趋势变化的时间序列分析及预测

时间序列分析的出发点是明确时间序列的各个构成要素，但由于不规则变动的影响，各构成要素的变化趋势往往隐藏其中，特别是当时间序列的时间间隔较短时，不规则变动对构成要素确定的影响更加明显。为了消除不规则变动的这种影响，可以对时间序列进行平滑法处理或建立趋势方程。

时间序列平滑法的原理是利用统计技术将不规则变动从时间序列中予以剔除，从而得到时间序列的长期变化趋势。趋势方程法的原理是利用数理方程对时间序列中的长期趋势直接进行拟合。无论是平滑方法还是趋势方程方法，除了可以用于时间序列的趋势分析以外，还可以对时间序列进行特定条件下的预测。

时间序列平滑方法主要有移动平均法和指数平滑法，趋势方程法有线性趋势方程法和非线性趋势方程法之分。

一、时间序列平滑方法

（一）移动平均法

移动平均法的原理是：不规则变动对时间序列每期的影响大小不同，方向也不同，将时间序列连续多期的观测值平均，数列中过大与过小的观测值就可以互相抵消，这样就剔除了随机波动的影响。将所分析的时间序列逐期顺序移动，依次计算包含连续若干期观测值的平均数，得到一连串由平均数构成的序列，称为移动平均列。

移动平均有中心移动平均和非中心移动平均两种。中心移动平均常用来对时间序列进行平滑，非中心移动平均常用来对时间序列进行预测。

设时间序列 Y_1，Y_2，…，Y_T，M_t 表示第 t 期移动平均值，则 n 期中心移动平均的计算公式为

$$M_t=\frac{Y_{t-\frac{n-1}{2}}+Y_{t-\frac{n+1}{2}}+\cdots+Y_t+\cdots+Y_{t+\frac{n-3}{2}}+Y_{t+\frac{n-1}{2}}}{n},\quad n\text{为奇数} \tag{10-12}$$

$$M_t=\frac{\frac{1}{2}Y_{t-\frac{n-1}{2}}+Y_{t-\frac{n}{2}+1}+\cdots+Y_t+\cdots+Y_{t+\frac{n}{2}-1}+Y_{t+\frac{n}{2}}}{n},\quad n\text{为偶数} \tag{10-13}$$

n期非中心移动平均的计算公式为

$$M_t=\frac{Y_{t-(n-1)}+\cdots+Y_{t-1}+Y_t}{n} \tag{10-14}$$

【例 10-4】表 10-3 为一个大型加油站历史销量的时间序列数据，分别对其进行 3 期移动平均和 4 期移动平均平滑，并绘制三个序列的图形。

表 10-3　某加油站四年各季度汽油销量时间序列

t	年份	季度	汽油销量/吨
1	1	1	28
2		2	27
3		3	52
4		4	46
5	2	1	7
6		2	45
7		3	71
8		4	19
9	3	1	32
10		2	58
11		3	38
12		4	54
13	4	1	43
14		2	31
15		3	79
16		4	55

解：设 t 为时间变量符号。利用中心移动平均进行平滑。对于 3 期移动平均，根据式（10-12），计算第一个 3 期移动平均值，就是对第 1~3 期的汽油销量求算术平均数，即

$$\frac{28+28+52}{3}=35.7$$

计算第二个 3 期移动平均值，就是对第 2~4 期的汽油销量求算术平均数，即

$$\frac{27+52+46}{3}=41.7$$

依次类推可以得到其他 3 期移动平均值。

对于 4 期移动平均，可以按式（10-13）直接计算，也可以将计算过程分解为两步。

第一步，利用移动平均计算形成一个移动平均列。第一个移动平均值为

$$\frac{28+27+52+46}{4}=38.3$$

这个值对应于 $t=2.5$ 的位置。第二个移动平均值为

$$\frac{27+52+46+7}{4}=33.0$$

这个值对应于 $t=3.5$ 的位置。依此类推得到其他值。

第二步，将第一步生成的移动平均列中心化。方法是再进行一次 2 期移动平均。第一个中心化移动平均值为

$$\frac{38.3+33.0}{2}=35.7$$

这个值对应于 $t=3$ 的位置。第二个中心化移动平均值为

$$\frac{33.0+37.5}{2}=35.3$$

这个值对应于$t=4$的位置。依此类推，得到最终 4 期中心化移动平均列。结果见表10-4。

表 10-4　某加油站四年各季度汽油销量时间序列中心化移动平均计算结果

t	汽油销量/吨	3 期中心化移动平均值/吨	4 期中心化移动平均第一步/吨	4 期中心化移动平均第二步/吨
1	28	—		—
			—	
2	27	35.7		—
			38.3	
3	52	41.7		35.7
			33.0	
4	46	35.0		35.3
			37.5	
5	7	32.7		39.9
			42.3	
6	45	41.0		38.9
			35.5	
7	71	45.0		38.7
			41.8	
8	19	40.7		43.4
			45.0	
9	32	36.3		40.9
			36.8	
10	58	42.7		41.2
			45.5	
11	38	50.0		46.9
			48.3	
12	54	45.0		44.9
			41.5	
13	43	42.7		46.7
			51.8	
14	31	51.0		51.9
			52.0	
15	79	55.0		—
			—	
16	55	—		—

图 10-3 为某加油站汽油销量及其 3 期和 4 期移动平均序列的图形。从图形中可以看出，3 期移动平均列比原序列平滑，并且很好地去除不规则变动的影响。在 3 期移动平均列中可以清楚看出汽油销量序列具有季节变动和长期趋势。

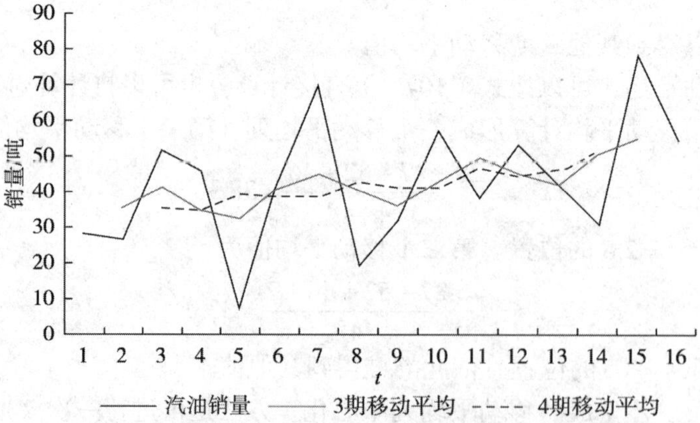

图 10-3　某加油站汽油销量及移动平均平滑图

需要指出的是，4 期移动平均列比 3 期移动平均列还要光滑，说明对不规则变动影响的剔除更加彻底，但在 4 期移动平均列中汽油销量的季节变动已不能很清楚地观察出来，只能看出长期趋势变化。在对时间序列进行移动平均时，移动平均项数越大对不规则变动的去除越彻底，所得到的移动平均列也越光滑，但过度的移动平均可能在剔除不规则变动的同时，时间序列的其他影响因素也可能被剔除。

例 10-4 介绍了中心移动平均的计算过程，非中心移动平均的计算过程见例 10-5。

（二）指数平滑法

利用移动平均法对时间序列进行平滑时，并没有充分利用原时间序列所有信息。例如，在进行 3 期移动平均时，第 2 个移动平均值没有包含原序列第 1 期的数值信息，第 3 个移动平均值没有包含原序列 1 期和 2 期的数值信息，……指数平滑法可以克服移动平均法的这个不足。

令 Y_t 为时间序列的观测值，S_t 为平滑后数值，α 为平滑系数，且 $0<\alpha<1$。则指数平滑法的表达式为

$$S_t=\alpha Y_t+(1-\alpha)S_{t-1} \tag{10-15}$$

越小的 α 值适用于变动越明显的时间序列数据，即不规则效应越明显的时间序列数据；相反，越大的 α 值适用于越稳定的时间序列数据。

指数平滑表达式实际上是一个差分方程，在实际操作中通常使 1 期的平滑值等于 1 期的原时间序列数值。

$$\begin{aligned}&S_1=Y_1\\&S_2=\alpha Y_2+(1-\alpha)S_1\\&S_3=\alpha Y_3+(1-\alpha)S_2\\&\quad\vdots\\&S_t=\alpha Y_t+(1-\alpha)S_{t-1}\end{aligned} \tag{10-16}$$

指数平滑法之所以称为“指数”平滑法，是因为每一期指数平滑值都可以写成原时间序列所有过去数值的加权求和形式，越近期的权重越大，越远期的权重越小，并且权重呈指数递减形式，推导过程如下：

$$\begin{aligned}S_2&=\alpha Y_2+(1-\alpha)S_1=\alpha Y_2+(1-\alpha)Y_1\\S_3&=\alpha Y_3+(1-\alpha)S_2\\&=\alpha Y_3+(1-\alpha)[\alpha Y_2+(1-\alpha)Y_1]\\&=\alpha Y_3+\alpha(1-\alpha)Y_2+(1-\alpha)^2Y_1\\&\quad\vdots\end{aligned}$$

$$S_t=\alpha Y_t+\alpha(1-\alpha)Y_{t-1}+\alpha(1-\alpha)^2Y_{t-2}+\cdots+\alpha(1-\alpha)^{t-2}Y_2+(1-\alpha)^{t-1}Y_1$$

◎知识窗

式（10-15）通常被称为一次指数平滑法或简单指数平滑法，实际中还有二次指数平滑法，适用于线性趋势序列。二次指数平滑法使用相同的平滑系数对序列平滑两次，公式为

$$\begin{cases}S_t=\alpha Y_t+(1-\alpha)S_{t-1}\\D_t=\alpha S_t+(1-\alpha)D_{t-1}\end{cases}$$

式中，$0<\alpha<1$；S_t 为一次平滑列；D_t 为二次平滑列。

【例 10-5】利用指数平滑法对例 10-4 的时间序列进行平滑，并绘制图形。α 分别取 0.2 和 0.8。

解：利用式（10-16），计算结果见表 10-5 和图 10-4。

表 10-5　某加油站四年各季度汽油销量时间序列指数平滑计算结果

t	汽油销量/吨	指数平滑列/吨 α =0.2	指数平滑列/吨 α =0.8
1	28	28.0	28.0
2	27	27.8	27.2
3	52	32.6	47.0
4	46	35.3	46.2
5	7	29.6	14.8
6	45	32.7	39.0
7	71	40.4	64.6
8	19	36.1	28.1
9	32	35.3	31.2
10	58	39.8	52.6
11	38	39.5	40.9
12	54	42.4	51.4
13	43	42.5	44.7
14	31	40.2	33.7
15	79	48.0	69.9
16	55	49.4	58.0

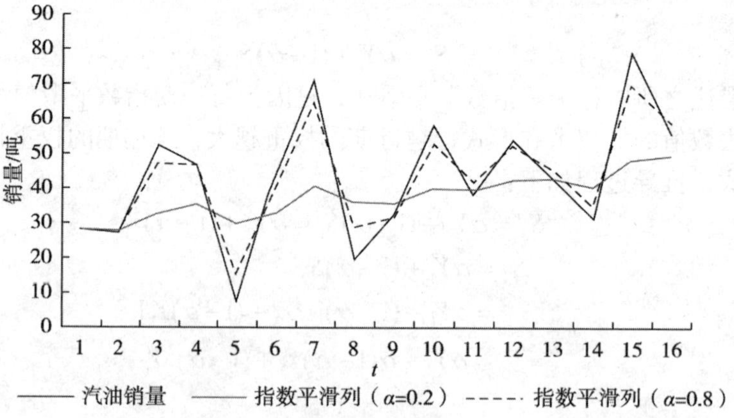

图 10-4　某加油站汽油销量指数平滑图（一）

从图 10-4 中可以看出，平滑系数 α 越小，指数平滑列的光滑度越高，平滑系数 α 越大，指数平滑列的光滑度越低。可以通过适当调整平滑系数 α 的值，达到发现时间序列趋势变化的目的。图 10-4 中的两个平滑序列中，季节变动趋势均不是很明显，图 10-5 是将平滑系数 α 调整为 0.5 以后的平滑列，季节变动趋势就比较显著了。

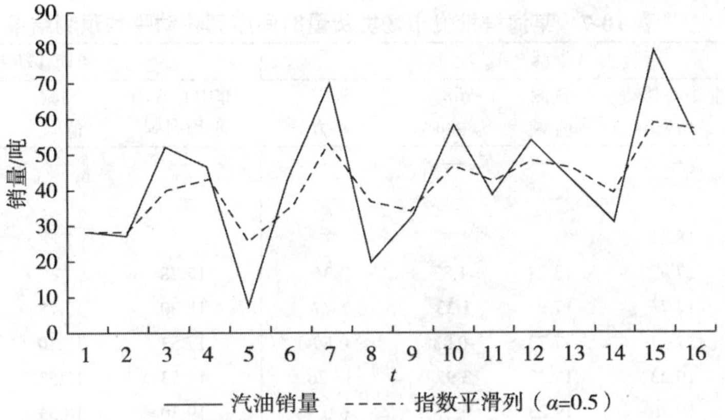

图 10-5　某加油站汽油销量指数平滑图（二）

（三）利用移动平均法和指数平滑法进行预测

移动平均法和指数平滑法不但可用来去除不规则变动对原序列的影响，达到平滑的效果，同时也可以用来进行预测，当时间序列没有显著趋势变化以及季节变动时，就可以用这两种方法进行短期预测。

1. 移动平均预测

进行移动平均预测首先要计算非中心移动平均列。在进行移动平均预测时，本期的移动平均值作为下期的预测值，依次类推。

【例 10-6】某海鲜批发市场连续十二周发货量如表 10-6 所示，利用 3 期和 4 期移动平均对其进行预测分析。

表 10-6　某海鲜批发市场连续十二周发货量时间序列

周	发货量/吨	周	发货量/吨
1	22.2	7	22.5
2	18.7	8	18.5
3	20.0	9	23.2
4	19.4	10	21.4
5	21.3	11	18.8
6	18.9	12	23.1

解：本例中，3 期移动平均列中的第 1 项是原序列第 1~3 周发货量的平均，将其作为第 4 周的预测值；3 期移动平均列中的第 2 项是原序列第 2~4 周发货量的平均，将其作为第 5 周的预测值；依次类推。4 期移动平均预测与 3 期移动平均预测的方法相同。下面将预测结果以表格的形式给出（表 10-7），注意最后两个预测值是对未来第 13 周的预测，它们分别是原序列第 10~12 周 3 期发货量的平均值和第 9~12 周 4 期发货量的平均值。

表 10-7　某海鲜批发市场发货量时间序列移动平均预测结果

周	发货量/吨	3 期移动平均预测				4 期移动平均预测			
		非中心移动平均列/吨	预测值/吨	预测误差/吨	误差平方	非中心移动平均列/吨	预测值/吨	预测误差/吨	误差平方
1	17.2	—	—	—	—	—	—	—	—
2	20	—	—	—	—	—	—	—	—
3	17.5	18.23	—	—	—	—	—	—	—
4	16.4	17.97	18.23	-1.83	3.35	17.78	—	—	—
5	19.3	17.73	17.97	1.33	1.77	18.30	17.78	1.53	2.34
6	16.9	17.53	17.73	-0.83	0.69	17.53	18.30	-1.40	1.96
7	21.5	19.23	17.53	3.97	15.76	18.53	17.53	3.98	15.84
8	19.5	19.30	19.23	0.27	0.07	19.30	18.53	0.98	0.96
9	21.2	20.73	19.30	1.90	3.61	19.78	19.30	1.90	3.61
10	17.4	19.37	20.73	-3.33	11.09	19.90	19.78	-2.38	5.66
11	20.8	19.80	19.37	1.43	2.04	19.73	19.90	0.90	0.81
12	17.1	18.43	19.80	-2.70	7.29	19.13	19.73	-2.63	6. 92
13	—	—	18.43	—	合计 45.67	—	19.13	—	合计 38.10

图 10-6 是原时间序列与预测序列的对比图。

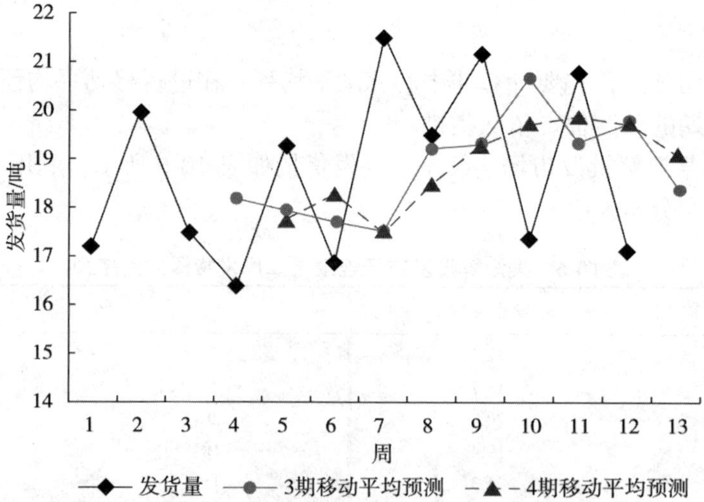

图 10-6　某海鲜批发市场发货量及移动平均预测图

进行预测时需要对预测的精度进行评价，对预测精度的评价是通过计算预测的误差水平实现的。均方误差是常用的预测精度的测度值，它是预测误差平方和的平均数，用公式表示如下：

$$均方误差=\frac{预测误差的平方和}{预测误差的个数} \tag{10-17}$$

对于上例，有

$$3\text{ 期移动平均的均方误差}=\frac{45.67}{9}=5.07$$

$$4\text{期移动平均的均方误差}=\frac{38.10}{8}=4.76$$

4 期移动平均预测的均方误差小于 3 期移动平均预测，说明后者的预测精度优于前者。在实际预测中，通过对比不同项数移动平均预测的均方误差，选择均方误差最小者为最佳项数，并假定此最优项数也适合于未来情况，则可以用此项数移动平均预测对未来时期进行预测。在上例中对未来第 13 期的预测应选择 4 期移动平均预测值 19.13。

◎知识窗

对误差水平的计算除了均方误差外，还可以计算平均绝对误差，公式为

$$\text{平均绝对误差}=\frac{\text{预测误差的绝对数之和}}{\text{预测误差的个数}}$$

◎想一想

对上例中 3 期和 4 期移动平均预测计算平均绝对误差，根据计算结果对两个预测进行评价。

2. 指数平滑预测

除了移动平均预测外，对于没有趋势和明显季节变动的时间序列，指数平滑预测也是一种常用的预测方法。假设 t 代表最近的一个时期，计算出指数平滑值 S_t，那么这个指数平滑值就是第 $t+1$ 期的预测值。

$$F_{t+1}=S_t \tag{10-18}$$

【例 10-7】利用例 10-6 的数据进行指数平滑预测，其中 α 取 0.3 和 0.7，并利用均方误差指标对两个预测进行评价。

解：利用式（10-16）~式（10-18），计算结果见表 10-8 和图 10-7。

表 10-8　某海鲜批发市场发货量时间序列指数平滑预测结果

周	发货量/吨	α =0.3 的指数平滑预测			α =0.7 的指数平滑预测		
		预测值/吨	预测误差/吨	误差平方	预测值/吨	预测误差/吨	误差平方
1	17.2	—	—	—	—	—	—
2	20.0	17.20	2.80	7.84	17.20	2.80	7.84
3	17.5	18.04	-0.54	0.29	19.16	-1.66	2.76
4	16.4	17.88	-1.48	2.19	18.00	-1.60	2.56
5	19.3	17.43	1.87	3.50	16.88	2.42	5.86
6	16.9	17.99	-1.09	1.19	18.57	-1.67	2.79
7	21.5	17.67	3.83	14.67	17.40	4.10	16.81
8	19.5	18.82	0.68	0.46	20.27	-0.77	0.59
9	21.2	19.02	2.18	4.75	19.73	1.47	2.16
10	17.4	19.67	-2.27	5.15	20.76	-3.36	11.29
11	20.8	18.99	1.81	3.28	18.41	2.39	5.71
12	17.1	19.53	-2.43	5.90	20.08	-2.98	8.88
13	—	18.80	—	合计 49.22	17.99	—	合计 67.25

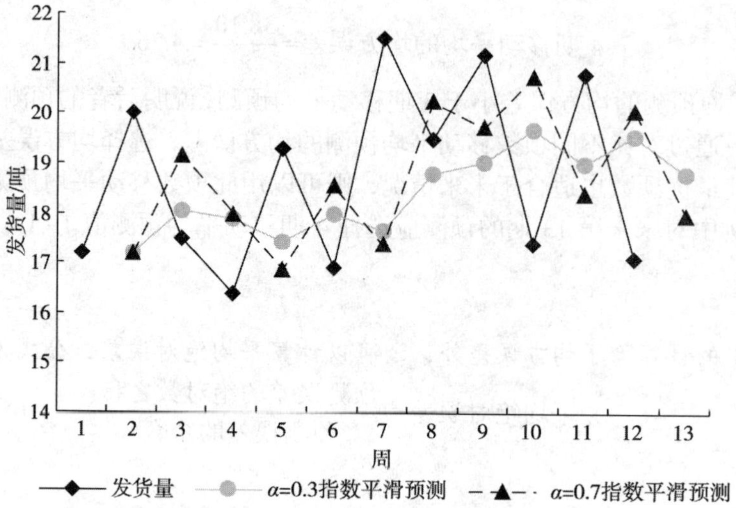

图 10-7 某海鲜批发市场发货量及指数平滑预测图

指数平滑预测也有一个模型选择问题，对于这个问题也可以通过对比预测模型的均方误差解决，选择均方误差最小的预测模型为最优预测模型。在上例中有

$$\alpha = 0.3\text{指数平滑预测的均方误差} = \frac{49.22}{11} = 4.47$$

$$\alpha = 0.7\text{指数平滑预测的均方误差} = \frac{67.25}{11} = 6.11$$

可见平滑系数为 0.3 的预测要优于平滑系数为 0.7 的预测。

◎想一想

上例中，我们分别用移动平均法和指数平滑法做了两次预测，从均方误差的角度看应该选择哪一个预测？

二、趋势方程法

（一）线性趋势方程法

线性趋势方程法是利用线性回归的方法对原时间序列拟合线性方程，消除其他要素变动，从而揭示出序列长期趋势的方法。如果时间序列长期呈现线性增长或下降的趋势，就可以用线性趋势方程对这种趋势进行拟合。线性趋势方程的一般形式为

$$\hat{Y}_t = a + bt \tag{10-19}$$

式中，$\hat{Y}_t$ 为时间数列 Y_t 的趋势值；t 为时间；a 为截距项，是 $t=0$ 时 $\hat{Y}_t$ 的初始值；b 为趋势线斜率，表示时间 t 变动一个单位时趋势值 $\hat{Y}_t$ 的平均变动数量，即为每期的平均增长量。

线性趋势方程中的两个未知常数 a 和 b 由最小二乘法求得，a、b 参数估计公式为

$$b = \frac{n\sum tY - \sum t \sum Y}{n\sum t^2 - \left(\sum t\right)^2} \tag{10-20}$$

$$a=\overline{Y}-b\overline{t} \tag{10-21}$$

求得趋势方程后，就可以利用趋势方程进行预测。

【例 10-8】表 10-9 和图 10-8 为某地区家用空调的销售数据，求出趋势方程，并用趋势方程预测该地区空调未来两年的销量。

表 10-9　某地区空调的销量时间序列

年份	t	销量/万台	年份	t	销量/万台
2007	1	0.35	2011	5	0.66
2008	2	0.38	2012	6	0.74
2009	3	0.52	2013	7	0.75
2010	4	0.45	2014	8	0.83

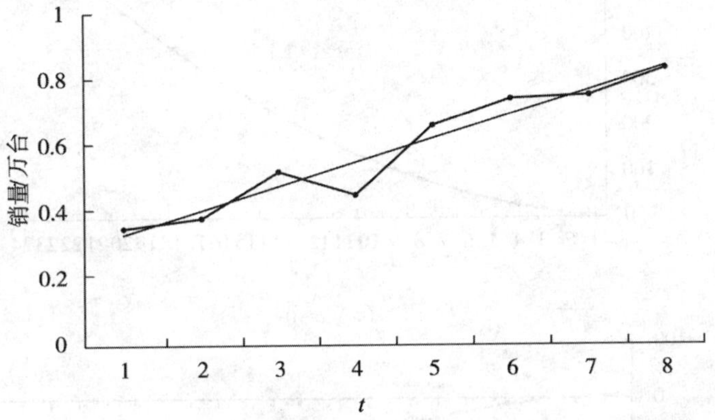

图 10-8　某地区空调销量时间序列及长期趋势图

解:从图 10-8 中可看出,该地区空调销量时间序列呈线性增长趋势,设线性趋势方程为

$$\hat{Y}_t=a+bt$$

式中，t 为时间变量；Y_t 为 t 期的销量。

由原数据得 $\sum t=36$ ，$\sum Y=4.68$ ，$\sum tY=24.10$ ，$\sum t^2=204$ ，$\overline{Y}=\dfrac{\sum Y}{n}=0.59$ ，$\overline{t}=\dfrac{\sum t}{n}=4.50$ 。根据最小二乘法得

$$b=\frac{n\sum tY-\sum t\sum Y}{n\sum t^2-\left(\sum t\right)^2}=\frac{8\times 24.10-36\times 4.68}{8\times 204-36^2}=0.07$$

$$a=\overline{Y}-b\times\overline{t}=0.59-0.07\times 4.50=0.28$$

即趋势方程为 $\hat{Y}_t=0.28+0.07t$ 。

预测 2015 年空调销量，将 $t=9$ 代入趋势方程，得销量预测值 $\hat{Y}_t$ =0.28+0.07 × 9=0.91（万台）。

预测 2016 年空调销量，将 $t=10$ 代入趋势方程，得销量预测值 $\hat{Y}_t$ =0.28+0.07 × 10=0.98（万台）。

（二）非线性趋势方程

当时间序列的长期趋势呈现非线性变化时，需要用非线性趋势方程来拟合。常见的非线性趋势方程有二次曲线型、指数曲线型、修正指数曲线型、龚珀兹曲线（Gompertz curve）型、罗吉斯蒂曲线（Logistic curve）型等。这里只列出上述趋势方程的表达式以及所对应的图形，对于具体的参数估计方法可以参考其他专业的书籍。

（1）二次曲线方程（图 10-9）：

$$\hat{Y}_t = a + bt + ct^2$$

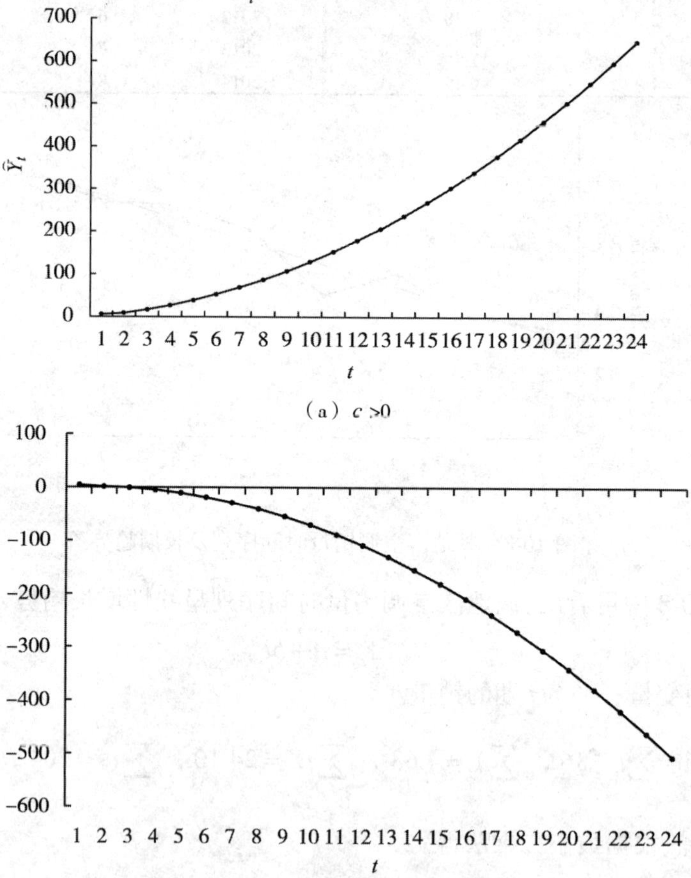

（a）$c>0$

（b）$c<0$

图 10-9　二次曲线方程示意图

（2）指数曲线方程（图 10-10）：

$$\hat{Y}_t = ab^t$$

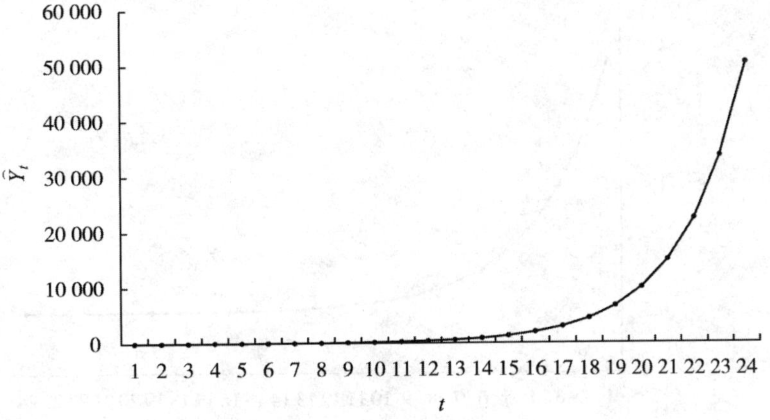

(a) $b>1$

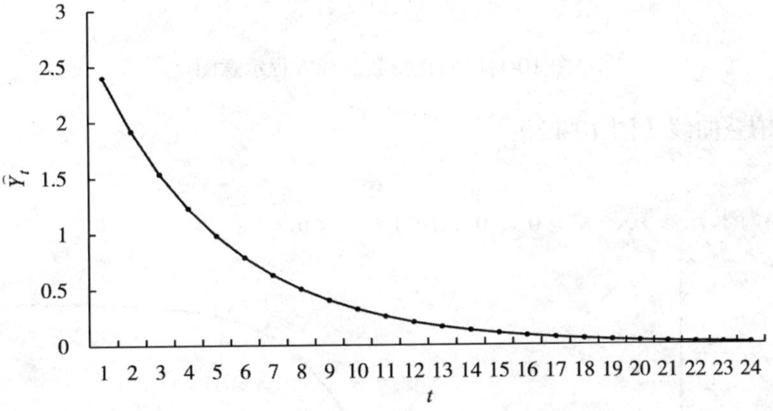

(b) $b<1$

图 10-10　指数曲线方程示意图

（3）修正指数曲线方程（图 10-11）：

$$\hat{Y}_t = K + ab^t$$

式中，K, a, b 为未知参数，$K>0$，$a \neq 0$，$0<b \neq 1$。

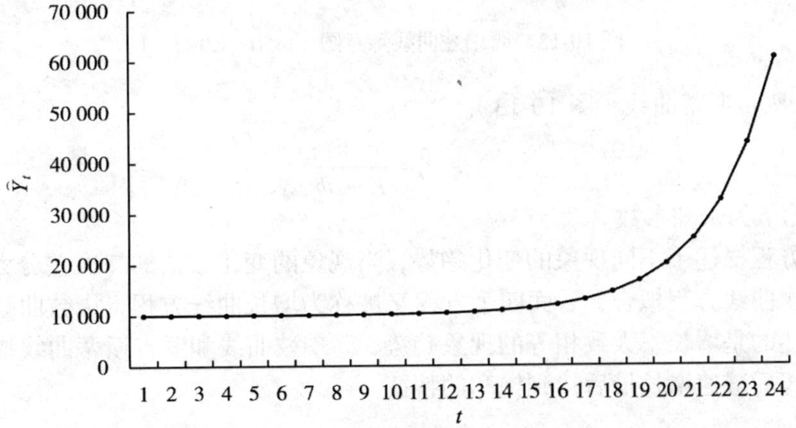

(a) $b>1$

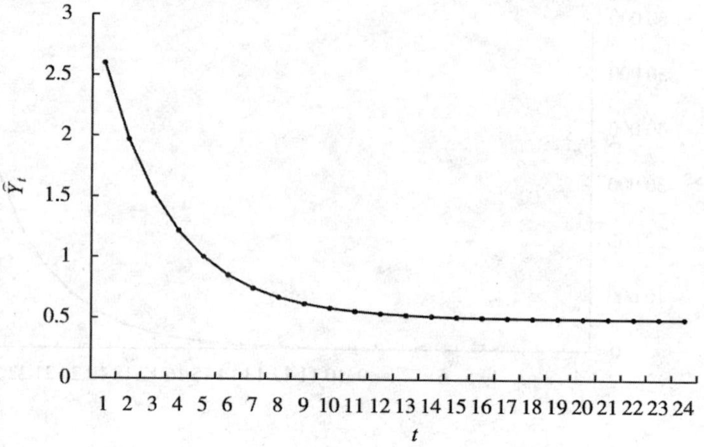

（b） $b<1$

图 10-11　修正指数曲线方程示意图

（4）龚珀兹曲线（图 10-12）：

$$\hat{Y}_t = Ka^{b^t}$$

式中，K,a,b 为未知参数，$K>0$，$0<a\neq 1$，$0<b\neq 1$。

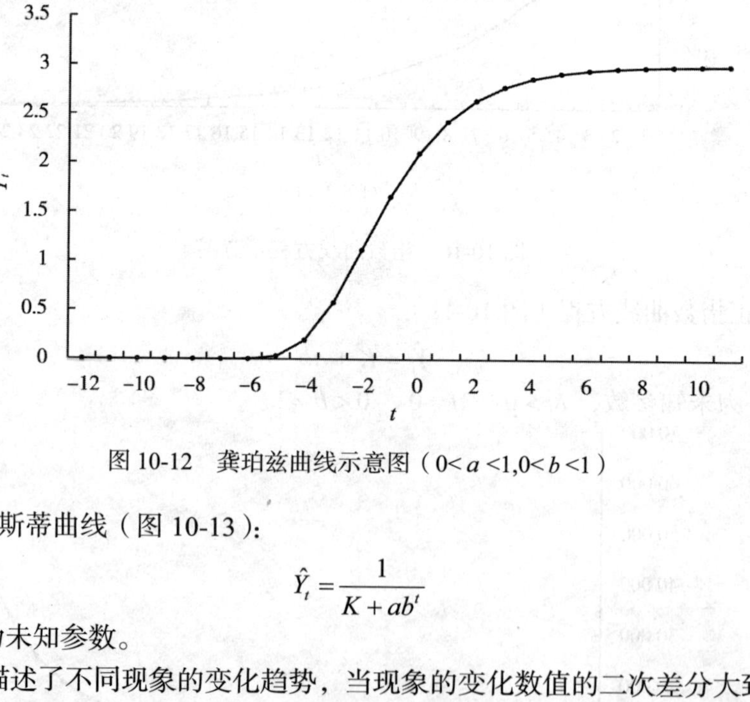

图 10-12　龚珀兹曲线示意图（$0<a<1,0<b<1$）

（5）罗吉斯蒂曲线（图 10-13）：

$$\hat{Y}_t = \frac{1}{K+ab^t}$$

式中，K,a,b 为未知参数。

上述方程描述了不同现象的变化趋势，当现象的变化数值的二次差分大致相等时，可以采用二次曲线方程拟合，后面四个方程又被称为增长曲线方程，指数曲线方程和修正指数方程描述的是增长率大致相等的现象趋势，龚珀兹曲线和罗吉斯蒂曲线描述的现象具有先加速增长后减速增长最后达到饱和的特征。

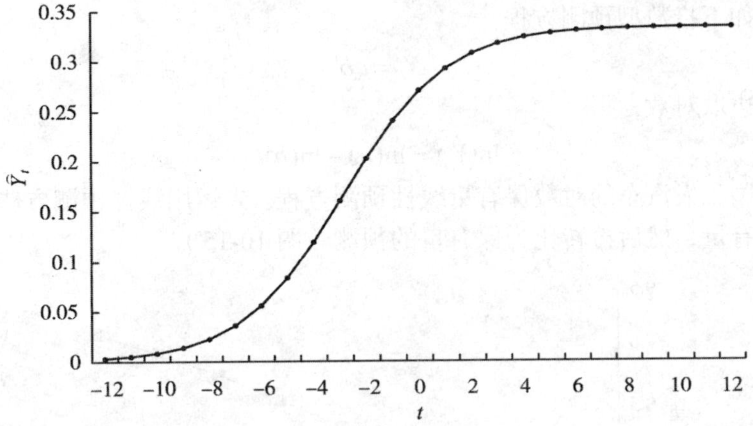

图 10-13　罗吉斯蒂曲线示意图（$0<a<1, 0<b<1$）

对于某些非线性趋势变化的时间序列，有时经过线性变换后，可以采用线性趋势方程的方法进行处理，下面以一个实例讲解。

【例 10-9】表 10-10 为 2004~2012 年我国私人汽车保有量时间序列，对其拟合趋势方程并预测 2013 年我国的私人汽车保有量。

表 10-10　2004 ~2012 年我国私人汽车保有量时间序列

年份	t	保有量/万辆	对数保有量	年份	t	保有量/万辆	对数保有量
2004	1	1 939	7.57	2009	6	5 281	8.57
2005	2	2 356	7.76	2010	7	6 539	8.79
2006	3	2 925	7.98	2011	8	7 872	8.97
2007	4	3 534	8.17	2012	9	9 309	9.14
2008	6	4 173	8.34				

从图 10-14 中可以看出，我国私人汽车保有量的时间序列图呈现出指数增长的趋势，如果进行预测的话，应该建立指数型非线性的趋势方程。

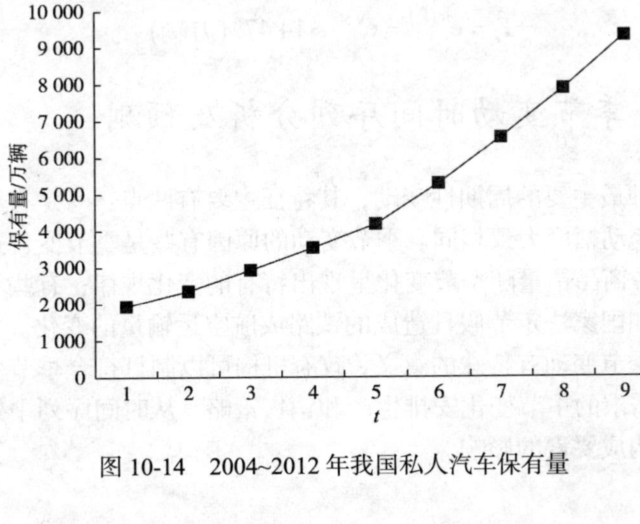

图 10-14　2004~2012 年我国私人汽车保有量

首先建立如下指数型预测方程：

$$\hat{Y}_t = ab^t$$

对上式两边取对数，得

$$\ln(\hat{Y}_t) = \ln(a) + \ln(b)t$$

此即为我国私人汽车的对数保有量线性预测方程。先运用线性预测方法预测我国私人汽车的对数保有量，然后再转化为保有量的预测（图 10-15）。

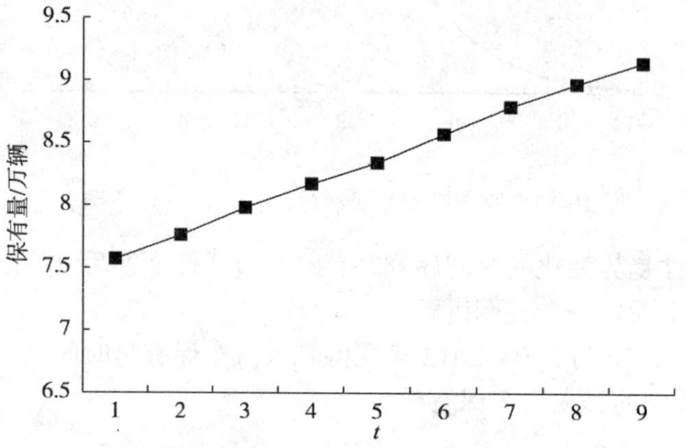

图 10-15　2004~2012 年我国私人汽车对数保有量

解：将原私人汽车保有量序列取自然对数得到对数保有量序列（表 10-9），从图 10-15 可以看出，对数保有量已经表现出线性增长趋势，根据对数保有量序列建立线性趋势模型。由最小二乘法可以得到趋势方程

$$\ln(\hat{Y}_t) = 7.38 + 0.20t$$

将 t=11 代入上述方程得 2013 年对数保有量的预测值

$$\ln(\hat{Y}_t) = 7.38 + 0.20 \times 11 = 9.58$$

将其转换为保有量的预测值为

$$\hat{Y}_t = \mathrm{e}^{\ln(\hat{Y}_t)} = \mathrm{e}^{9.58} \approx 14\,472(\text{万辆})$$

第四节　含季节变动时间序列分析及预测

季节变动是一种最主要的周期性变动，其特征主要有两点：一是有规律的按周期重复出现；二是各周期变动幅度大致相同。季节变动的原因有些是季节变化这种自然原因造成的，如服装、空调等商品销量随季节变化呈现出特有的变化规律；有些季节变动的原因是人为原因造成的，如国家法定节假日造成的铁路或航空运输量的变化。

在现实中分析季节变动有特殊的意义，政府机构可以制订符合季节变动的宏观经济计划，企业可以根据需求的季节变化安排生产和销售策略，从时间序列中剔除季节变动的影响还可以分析其他构成要素的影响。

一、季节变动的测定

测定季节变动的方法主要是计算季节指数，季节指数刻画了现象在一个年度内各季（月）的变化特征。某时期的季节指数高，说明该期为“旺季”，反之则为“淡季”。

季节指数测度的常用方法称为移动平均比率法（ratio-to-moving-average method），其步骤如下。

第一步，对原始序列进行中心移动平均，移动平均的期数为季节变动的周期，即季度数据采用 4 期移动平均，月度数据采用 12 期移动平均。此步的目的是利用移动平均法消除季节变动。

第二步，计算季节比率，即原始序列数值与第一步移动平均列对应值的比率。季节比率不能称为完全意义的季节指数，因为各个相同“季节”的季节比率并不相等，这可以看做由季节随机变动引起的。

第三步，对相同“季节”的季节比率计算均值，消除季节随机变动影响，所得均值即为各个“季节”的季节指数。

第四步，对季节指数做标准化修正，消除计算误差影响。

【例 10-10】大华公司生产一种新型乳制品，上市五年来，销量呈逐年增长的趋势。同时，受季节因素影响，产品销售呈现明显的“淡季”和“旺季”（表 10-11 和图 10-16）。

表 10-11　大华公司某乳制品连续五年销量时间序列　　单位：万箱

年度	第 1 季度	第 2 季度	第 3 季度	第 4 季度
第一年	2.3	4.0	5.5	3.8
第二年	3.2	4.8	6.6	4.0
第三年	3.6	5.5	6.9	4.3
第四年	3.9	6.0	7.7	5.9
第五年	5.2	6.5	8.7	6.9

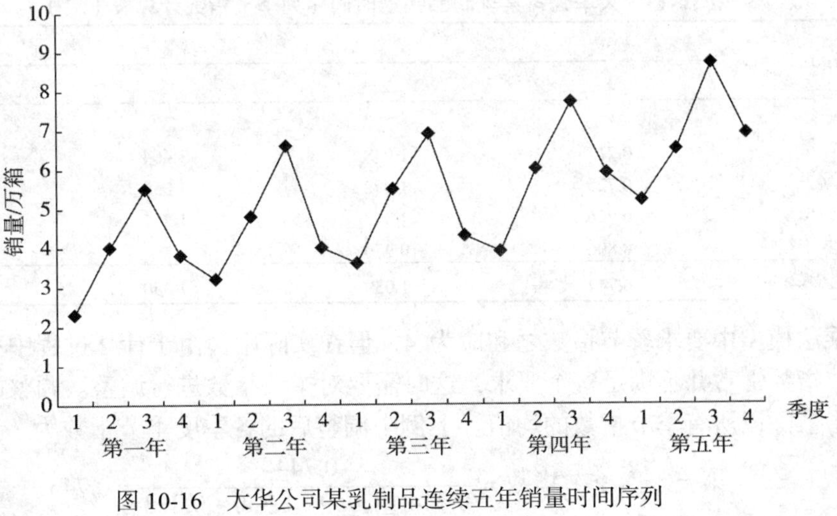

图 10-16　大华公司某乳制品连续五年销量时间序列

在对该产品进行销售预测时，研究人员首先利用前面的“移动平均比率法”计算了季节指数，计算过程见表 10-12。

表 10-12　大华公司某乳制品销量时间序列季节指数计算表（一）

年	季度	销量/万箱	移动平均列/万箱	中心化移动平均列/万箱	季节比率
第一年	1	2.3		—	—
			—		
	2	4.0		—	—
			3.900		
	3	5.5		4.013	1.371
			4.125		
	4	3.8		4.225	0.899
			4.325		
第二年	1	3.2		4.463	0.717
			4.600		
	2	4.8		4.625	1.038
			4.650		
	3	6.6		4.700	1.404
			4.750		
	4	4.0		4.838	0.827
			4.925		
第三年	1	3.6		4.963	0.725
			5.000		
	2	5.5		5.038	1.092
			5.075		
	3	6.9		5.113	1.350
			5.150		
	4	4.3		5.213	0.825
			5.275		
第四年	1	3.9		5.375	0.726
			5.475		
	2	6.0		5.675	1.057
			5.875		
	3	7.7		6.038	1.275
			6.200		
	4	5.9		6.263	0.942
			6.325		
第五年	1	5.2		6.450	0.806
			6.575		
	2	6.5		6.700	0.970
			6.825		
	3	8.7		—	—
			—		
	4	6.9		—	—

表 10-12 中不同年份同一季度的季节比率很接近但并不相等，这是由于季节比率中还包含有不规则变动的影响。为了将不规则变动从季节比率中剔除，可以采用算术平均的方法，求出的每个季度季节比率的均值，即季节指数，见表 10-13。

表 10-13　大华公司某乳制品销量时间序列季节指数计算表（二）

年份	季度			
	1	2	3	4
第一年	—	—	1.371	0.899
第二年	0.717	1.038	1.404	0.827
第三年	0.725	1.092	1.350	0.825
第四年	0.726	1.057	1.275	0.942
第五年	0.806	0.970	—	—
季节指数	0.744	1.039	1.350	0.873

在乘法模型中要求季节指数之和应为 4，但在实际中，由于计算过程中小数取舍的原因，季节指数常常并不满足这个要求，这时需要对季节指数进行调整。调整的方法是用每个季节指数除以所有季节指数的均值。上例中调整后的各季度季节指数为

$$\text{第一季度季节指数} = \frac{0.744}{\dfrac{0.744 + 1.039 + 1.350 + 0.873}{4}} = 0.743$$

$$第二季度季节指数 = \frac{1.039}{\frac{0.744+1.039+1.350+0.873}{4}} = 1.037$$

$$第三季度季节指数 = \frac{1.350}{\frac{0.744+1.039+1.350+0.873}{4}} = 1.348$$

$$第三季度季节指数 = \frac{0.873}{\frac{0.744+1.039+1.350+0.873}{4}} = 0.872$$

将季节指数绘制成图形可以清楚反映出产品销量的季节变动情形，见图 10-17，第 3 季度为该产品的销售旺季，第 1、4 季度为该产品的销售淡季。

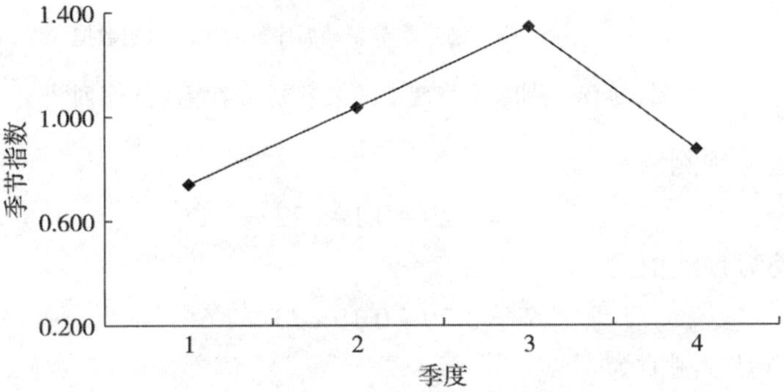

图 10-17　大华公司某乳制品销量时间序列季节指数变化图

二、含季节变动时间序列的预测

在进行预测时，长期趋势和季节变动有各自不同的作用。长期趋势用来预测现象未来“应该”达到一个什么水平，这是在预测时的首要任务，而季节变动在预测中的作用是在趋势预测的基础上，利用季节指数对不同季节的趋势预测值进行调整。

【例 10-11】在例 10-10 的基础上，对大华公司某乳制品第六年各季度的销量进行预测。

解：第一步，在原始序列中剔除季节变动。

由于在产品销量序列中含有季节变动和趋势，进行预测时，首先要利用上面求出的季节指数将两者分离。对本例应用乘法模型 $Y = T \times S \times I$，将原序列中的各数值分别除以相应的季节指数，即可以将季节变动从原序列中分离。表示为 $\frac{Y}{S} = \frac{T \times S \times I}{S} = T \times I$，图 10-18 为剔除季节变动后的序列与原始序列的对比图形。

第二步，对剔除季节变动的序列拟合趋势方程并进行预测。

剔除季节变动后的产品销量序列具有明显的线性增长趋势，可以对其建立线性趋势方程。根据式（10-7），得到线性趋势方程

$$\hat{T}_t = 3.29 + 0.19t$$

利用上式，我们可以对第六年四个季度的趋势值进行预测。

第 1 季度趋势预测值为

$$\hat{T}_t = 3.29 + 0.19 \times 21 = 7.28$$

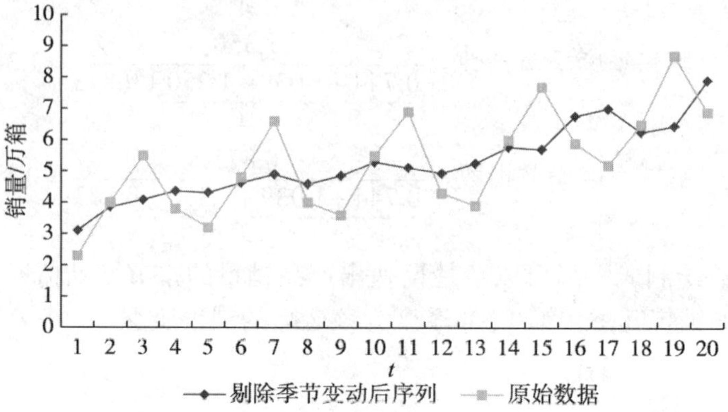

图 10-18　剔除季节变动的某乳制品销量时间序列图

第 2 季度趋势预测值为

$$\hat{T}_t = 3.29 + 0.19 \times 22 = 7.47$$

第 3 季度趋势预测值为

$$\hat{T}_t - 3.29 + 0.19 \times 23 = 7.66$$

第 4 季度趋势预测值为

$$\hat{T}_t = 3.29 + 0.19 \times 24 = 7.85$$

上述预测值是不含季节变动的预测值，最终的预测值还应将上述预测值乘以相应季度的季节指数。

第 1 季度预测值为

$$\hat{Y}_t = 7.28 \times 0.744 = 5.41$$

第 2 季度预测值为

$$\hat{Y}_t = 7.47 \times 1.037 = 7.75$$

第 3 季度预测值为

$$\hat{Y}_t = 7.66 \times 1.348 = 10.33$$

第 4 季度预测值为

$$\hat{Y}_t = 7.85 \times 0.872 = 6.85$$

大华公司某乳制品第六年四个季度销量预测见图 10-19。

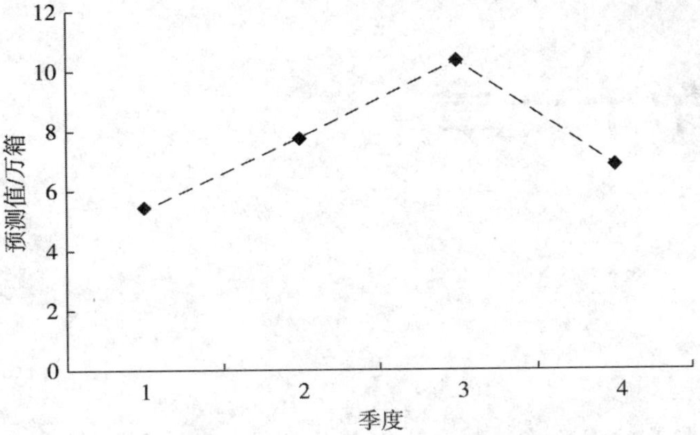

图 10-19　大华公司某乳制品第六年四个季度销量预测图

本章小结

（1）时间序列是按照时间顺序取得的一系列同一现象的观测值。时间序列分析的第一步是用统计图形描述其变化规律，也可以对时间序列计算统计描述指标。

（2）时间序列由长期趋势、季节变动、循环变动及不规则变动四个要素构成。时间序列的分解有加法模型和乘法模型，乘法模型较为常用。

（3）对含有长期趋势的时间序列，可以采用平滑技术或趋势方程进行分析和预测。常见的平滑技术包括移动平均法和指数平滑法。趋势方程有线性趋势方程和非线性趋势方程之分。

（4）对季节变动的测度通常采用季节指数法。利用乘法模型对同时含有长期趋势和季节变动的复合型时间序列进行预测：首先要计算季节指数来测度时间序列中的季节成分，然后用时间序列观测值除以对应的季节指数，这样就剔除了序列中的季节成分；对剔除季节成分的序列用趋势方程进行拟合，并用其进行预测；用预测值乘以相应的季节指数，得到最终的预测值。

第十一章

统计指数

本章主要是对指数的编制方法以及各种指数的应用进行系统全面地介绍。具体要求：①了解指数的概念和分类；②掌握综合指数和平均指数的编制方法以及指数体系的分析和应用；③了解几种常用的经济指数。

国家统计局发布的《2014 年国民经济和社会发展统计公报》显示：2014 年全年居民消费价格比上年上涨 2.0%，其中食品价格上涨 3.1%。固定资产投资价格上涨 0.5%。工业生产者出厂价格下降 1.9%，工业生产者购进价格下降 2.2%。农产品生产者价格下降 0.2%。全年货物运输量比上年增长 7.1%，年末全国民用汽车保有量比上年年末增长 12.4%。上述这段文字中所提到的各种价格指数如何计算？这些价格指数蕴含什么样的意义？在我们的日常生活中又会发挥什么样的作用？这一章我们就讨论学习有关指数的基本知识和各种指数编制的方法和原理。

第一节　指数的概念与分类

一、指数的概念

在日常生活中，我们经常会听到或看到一些关于各种指数的分析报道，如居民消费价格指数、股票价格指数、销售价格指数等。指数（index number）最早是从反映物价变动开始而产生的。十八世纪后半期，欧洲各国为反映其商品价格的变动，采用两个不同时期的物价水平进行比较，得到的相对数即指数，用以反映物价变动的程度，这就是指数的起源。随着统计的发展，指数逐渐地运用于社会经济现象的许多方面，以反映现象的数量变动情况，它既可以反映个别事物的数量变动，又可以反映现象总体的数量变动。

指数的概念有广义和狭义两种。广义地讲，任何两个数值对比形成的相对数都可以称为指数；狭义地讲，指数是用以反映多种事物数量综合变动的相对数，也称总指数。从指数理论和方法上看，指数所研究的主要是狭义指数。因此，本章主要讨论的是狭义指数。

二、指数的分类

（1）按指数反映的对象范围不同，指数可分为个体指数和总指数。

个体指数（individual index number）是反映个别事物数量变动的相对数。例如，某种商品基期单价为 10 元，报告期单价为 12 元，则其个体物价指数为 120%。常用的个体指数有个体物价指数、个体产量指数、个体成本指数等。

总指数（aggregative index number）是反映多种事物数量综合变动的相对数。例如，说明多种商品价格综合变动的物价总指数，说明多种产品产量综合变动的产量总指数及成本总指数、商品销售量总指数等。

（2）按指数反映的内容不同，指数可分为数量指数和质量指数。

数量指数（quantitive index number）是表明总体在总规模上数量变动情况的指数，如工业产品产量指数、商品销售量指数等。

质量指数（qualitive index number）是表明总体内涵数量变动情况的指数，如价格指数、产品单位成本指数等。

（3）按指数比较对象不同，指数可分为时间性指数、地区性指数和计划完成指数。

时间性指数反映的是现象在不同时间上发展变化的指数，其对比基准是现象的基期水平。通常指数的编制和应用，都是针对时间上的变动来考虑的。随着社会的发展和科学技术的进步，人们逐渐将指数理论广泛应用于地区之间的比较和计划完成情况的检查，因而就产生了地区性指数和计划完成指数。

地区性指数反映的是同一时期现象在不同地区之间数量综合比较的指数，其对比基准是同一时期的现象在某一地区的水平。

计划完成指数反映的是所研究现象的计划综合完成程度，其对比基准是该现象的计划任务数。

三、指数的作用

随着指数的不断发展和完善，其作用日益重要。

第一，综合反映多种事物或复杂现象总体数量的变动方向和变动程度。指数一般用百分数表示，这个百分数大于或少于 100%，表示变动的升降方向。例如，物价指数为 110%，表示物价上升，上升幅度为 10%。

第二，利用有关指数理论，可以分别研究每个因素对总体数量变动的影响情况。例如，商品销售额的变动，假如只受销售量和销售价格两个因素的影响，通过分析，我们可以分别计算分析销售量和销售价格对总销售额变动的影响方向和程度。

第三，分析现象在较长时间条件下的变动趋势。将某种指数按时间顺序排列起来形成一个时间序列，可以观察事物的发展变化趋势。

此外，利用指数还可以进行社会经济的综合评价、对比分析及研究计划执行情况等。

第二节 综合指数的编制

在编制指数时，对计入指数的各个项目依据其重要程度赋予不同的权数，这种通过加权方法计算的指数称为加权指数。通过加权可以提高指数的准确性和代表性。加权指数因所采用的权数不同有加权综合指数、加权平均数指数等不同形式。编制加权指数首先需要确定出合理的权数，然后根据实际需要确定适当的计算公式。

一、综合指数的概念

综合指数与平均指数是总指数的两种重要形式，其中综合指数是总指数的基本形式。

综合指数是指由两个不同时期的总量指标直接对比以反映社会经济现象总体数量综合变动的相对数。凡是一个总量指标可以分解为两个或两个以上的因素指标时，将其中一个或一个以上的因素指标固定下来，研究另一个因素指标的变动程度，这种指数即为综合指数。

例如，产品产量指数 $I_q=\dfrac{\sum q_1p_0}{\sum q_0p_0}$，分子分母都是总量指标，即总产值指标，其中，$\sum q_0p_0$ 为基期总产值，$\sum q_1p_0$ 为按基期价格计算的报告期总产值。由于总产值指标可以分解为产量和价格两个因素，为综合反映产品产量的变动，把价格固定在基期 p_0 上，以研究产量 q 的变动；同样，对于产品价格指数 $I_p=\dfrac{\sum p_1q_1}{\sum p_0q_1}$，分子分母都是总量指标，即总产值指标，其中，$\sum p_1q_1$ 为报告期总产值，$\sum p_0q_1$ 为按报告期产量计算的基期总产值，为综合反映产品价格的变动，将产量固定在报告期 q_1 上，以研究产品价格 p 的变动。

◎知识窗

综合指数的小故事——小偷的“贡献”

中世纪的英国法律十分严酷，偷窃 12 英镑以上的人都将被处以极刑。然而若干年后，当一个小窃贼恰好犯了 12 英镑起点的偷窃罪后，却没有招致灭顶之灾。当时小偷为自己辩护的理由是：几年前作为极刑依据的 12 英镑，在经过几年的价格上涨波动后，已经不再是 12 英镑了，从购买力来讲其价值是下降的，因此也就不能按今天的 12 英镑来定他的罪。如此有力的辩词，让小偷获得了胜诉，并免遭一死。

小偷此举的“副产品”，是此事据说甚至引起了法学界的高度重视，结果是价格指数被写进了有关的法律及附加条款，作为刑法和民法中涉及经济和货币问题的量刑依据。小偷为统计在法律中的应用做出了“重大”的贡献。

二、综合指数的编制

编制综合指数，关键是要在现象的经济联系中寻找同度量因素，再把它固定下来以反映所要研究现象总体某种因素的变化情况。

所谓同度量因素是指把不能直接加总的现象总体过渡到可以加总的现象总体的因素。例如，要计算某企业产品价格总指数，由于商品的价格不能直接加总而无法计算，用同度量因素销售量乘以价格，得到销售额即可加总。同样，要计算某企业产品销售量总指数，由于实物量计量单位不同不能加总，用同度量因素价格乘以销售量，得到销售额即可加总。

同度量因素不是随意选定的，它是从现象的经济联系中选择的，具有权数和同度量即汇总的作用。

明确了同度量因素及其基本作用后，再看综合指数编制的基本原理。

（1）借助同度量因素，将不可相加的现象总体过渡到可相加现象总体。如果要研究价格的变动，价格为指数化指标，销售量即为同度量因素。同理，如果要研究销售量的变动，则销售量为指数化指标，价格为同度量因素。

（2）将同度量因素固定在某一时期。例如，要反映两个不同时期物价的变动情况，在用销售量乘以价格转化为销售额过程中，必须将销售量这个同度量因素固定在某一个固定时期，然后再进行比较，以反映物价的变动情况。

综合指数包括数量指标综合指数和质量指标综合指数，下面分别说明其编制方法。

（一）数量指标综合指数的编制

数量指标综合指数是说明现象总体在总规模上数量变动情况的相对数。

【例 11-1】以商品销售量指数为例，假设某超市 2013 年和 2014 年五种商品的销售量及价格资料如表 11-1 所示。

表 11-1　某超市五种商品的销售量及价格

商品名称	计量单位	商品价格/元		销售量	
		2013 年 基期	2014 年 报告期	2013 年 基期	2014 年 报告期
大米	千克	30	36	24 000	26 000
猪肉	千克	18	20	84 000	95 000
食盐	千克	2	3	10 000	15 000
服装	件	100	130	24 000	23 000
电视机	台	4 500	4 300	510	612
合计	—	—	—	—	—

试计算五种商品的销售量总指数和价格总指数。

要反映五种商品的销售量变动情况，若计算各种商品的个体销售量指数，可直接利用每种商品的报告期销售量与基期销售量对比，即 q_1 / q_0。但是，若要计算五种商品销售量总指数以综合反映其销售量的综合变动情况，显然不能简单地加总比较，其方法是，先寻找同度量因素，将五种商品的销售量由不可直接加总过渡到能够加总的销售额，然后将同度量因素固定在同一时期。

解：设销售量为 q，价格为 p，指数计算过程如表 11-2 所示。

表 11-2　综合指数计算表

商品名称	计量单位	价格/元		销售量		销售额/万元			
		2013 年	2014 年	2013 年	2014 年	2013 年	2014 年		
		p_0	p_1	q_0	q_1	p_0q_0	p_1q_1	p_0q_1	p_1q_0
大米	千克	30	36	24 000	26 000	72	93.6	78	86.4
猪肉	千克	18	20	84 000	95 000	151.2	190	171	168
食盐	千克	2	3	10 000	15 000	2	4.5	3	3
服装	件	100	130	24 000	23 000	240	299	230	312
电视机	台	4 500	4 300	510	612	229.5	263.16	275.4	219.3
合计	—	—	—	—	—	694.7	850.26	757.4	788.7

（1）以基期价格作为同度量因素时：

$$I_q=\frac{\sum q_1p_0}{\sum q_0p_0}$$

上式称为拉氏物量指数公式。根据表 11-2 资料计算五种商品销售量综合指数得

$$I_q=\frac{757.4}{694.7}\times 100\%=109.03\%$$

计算结果表明在物价水平不变的情况下，五种商品的销售量 2014 年比 2013 年平均增长了 9.03%。由于销售量的增长使销售额增加了，增加额为

$$\sum q_1p_0-\sum q_0p_0=757.4-694.7=62.7\text{（万元）}$$

（2）以报告期价格作为同度量因素时：

$$I_q=\frac{\sum q_1p_1}{\sum q_0p_1}$$

上式称为帕氏物量指数公式。根据表 11-2 资料计算五种商品销售量综合指数得

$$I_q=\frac{850.26}{788.7}\times 100\%=107.81\%$$

计算结果表明在报告期价格水平下，三种商品的销售量增长了 7.81%。由于销售量的增长使销售额增加了，增加额为

$$\sum q_1p_1-\sum q_0p_1=850.26-788.7=61.56\text{（万元）}$$

（二）质量指标综合指数的编制

质量指标综合指数是说明总体内涵数量变动情况的相对数。以商品物价指数为例，资料见表 11-2。

要反映五种商品的价格变动情况，若计算其个体价格指数，容易理解与计算。但若要计算五种商品的价格总指数以综合反映其价格的总变动情况，亦不能简单加总比较。其方法是，先寻找同度量因素，将五种商品的价格由不可直接加总过渡到能够加总的销售额，然后将同度量因素固定在同一时期。

（1）以基期销售量作为同度量因素时：

$$I_p=\frac{\sum p_1q_0}{\sum p_0q_0}$$

上式称为拉氏价格指数公式。根据表 11-2 资料计算三种商品价格综合指数得

$$I_p=\frac{788.7}{694.7}\times 100\%=113.53\%$$

计算结果表明在销售量不变的情况下，三种商品的价格上涨了 13.53%。由于价格的上涨，使销售额增加了，增加额为

$$\sum p_1q_0-\sum p_0q_0=788.7-694.7=94\text{（万元）}$$

（2）以报告期销售量作为同度量因素时：

$$I_p=\frac{\sum p_1q_1}{\sum p_0q_1}$$

上式称帕氏价格指数公式。根据表 11-2 资料计算三种商品价格综合指数得

$$I_p=\frac{850.26}{757.4}\times 100\%=112.26\%$$

计算结果表明在按报告期销售量计算时，三种商品的价格上涨了 12.26%。由于价格的上涨使销售额增加了，增加额为

$$\sum p_1q_1-\sum p_0q_1=850.26-757.4=92.86\text{（万元）}$$

（三）综合指数公式的选择

1. 数量指标综合指数

以商品销售量指数为例，有拉氏和帕氏物量指数公式。

拉氏公式：

$$I_q=\frac{\sum q_1p_0}{\sum q_0p_0} \tag{11-1}$$

帕氏公式：

$$I_q=\frac{\sum q_1p_1}{\sum q_0p_1} \tag{11-2}$$

由前面的计算可以发现，由于所采用的同度量因素的固定期不同，两种公式计算的结果通常是不相同的。拉氏物量指数公式以基期价格作为同度量因素，其中唯有销售量的变动，$\sum q_1p_0-\sum q_0p_0$ 是在价格不变的情况下，销售量的变动引起的销售额的增加（或减少）额。帕氏物量指数公式以报告期的价格作为同度量因素，表面上看似乎唯有销售量的变动，实际上其中还包括了价格的变动。

将公式 $\frac{\sum q_1p_1}{\sum q_0p_1}$ 分解如下：

$$\frac{\sum q_1p_1}{\sum q_0p_1}=\frac{\sum q_1\left[(p_1-p_0)+p_0\right]}{\sum q_0\left[(p_1-p_0)+p_0\right]}=\frac{\sum q_1(p_1-p_0)+\sum q_1p_0}{\sum q_0(p_1-p_0)+\sum q_0p_0}$$

$$\sum q_1p_1-\sum q_0p_1=\sum q_1(p_1-p_0)+\sum q_1p_0-\sum q_0(p_1-p_0)-\sum q_0p_0$$
$$=\sum(q_1-q_0)(p_1-p_0)+\left(\sum q_1p_0-\sum q_0p_0\right)$$

容易看出：帕氏公式既包括了销售量的变动，又包括了价格的变动，而且从绝对额看现实经济意义也不甚明确。所以，编制产量指数目的在于观察产量的变动以及由于产量变动对产值的影响，一般将同度量因素固定在基期，即选择拉氏物量指数公式。推而广之，编制物量综合指数的一般原则是以基期的质量指标作为同度量因素。

2. 质量指标综合指数

以商品价格指数为例，有拉氏和帕氏物价指数公式。

拉氏公式：

$$I_p=\frac{\sum p_1q_0}{\sum p_0q_0} \tag{11-3}$$

帕氏公式：

$$I_p=\frac{\sum p_1q_1}{\sum p_0q_1} \tag{11-4}$$

同样，两种公式的计算结果通常也是不相同的，对于拉氏价格指数公式以基期销售量作为同度量因素，其中唯有价格的变动。所以，若单纯从反映物价变动程度的角度出发，式（11-3）最为理想。但是$\sum p_1q_0-\sum p_0q_0$的现实经济意义不甚明确。

帕氏价格指数公式以报告期的销售量作为同度量因素，其中同时含有价格、销售量的共同变动。如果单纯为了反映价格的变动，从理论上讲应选择式（11-3），然而，编制价格指数的目的不仅仅是测定指数化指标的相对变动情况，而且还要测定由于该指数化指标的变动对总量指标（如销售额）的绝对影响额。可以看出式（11-4）中，$\sum p_1q_1-\sum p_0q_1$表示由于价格上升使报告期的销售额增加的绝对额，现实经济意义明确。考虑到编制指数的现实经济意义以及指数体系的成立，一般认为，在编制质量指标综合指数时，以报告期的数量指标作为同度量因素。

由上面分析可以看出，综合指数有其鲜明的特点。第一，先综合后对比，即首先将不可直接加总的多种事物（如多种产品或多种商品），借助同度量因素，使之过渡到能够进行加总；第二，同度量因素固定在同一时期，即用于对比的两个总量指标中的同度量因素必须固定在同一时期的水平上；第三，必须以全面资料为基础，且分子、分母所包含的范围必须一致。

◎想一想

1. 当前零售行业竞争十分激烈，为了吸引消费者，各家超市经常进行一些促销活动。某超市在“十一”黄金周进行了一次大规模促销活动，活动之后，经理助理要向经理提交一份营销报告，在这份营销报告中，经理关心的主要问题有哪些呢？

2. 价格降低后，同样多的人民币可多购商品 15%，价格指数应为多少？

第三节　平均指数的编制

一、平均指数的概念

平均指数是总指数的又一重要形式。运用综合指数法编制总指数，要求掌握全面的统计资料，但是，有时候却难以取得。例如，物价指数，计算它既要有全部商品的价格和销售量资料，还要有不同时期的有关记录。然而，在实际工作中，要搜集到全部商品不同时期的价格和销售量资料，显然不易，除非在较小范围内，而且商品品种较少的情况下，可以直接利用综合指数法编制总指数。而平均指数则弥补了综合指数的这一不足，它是对个体指数的加权平均数，即先计算个别单位（如个别产品或个别商品）的个体指数，然后以基期或报告期的总量指标为权数加权平均来测定现象的变动程度。

二、平均指数的编制

（一）加权算术平均指数

1. 以基期的总量指标（p_0q_0）为权数计算的加权算术平均指数

加权算术平均指数是个体指数的加权算术平均数，其编制步骤如下。

第一，计算个体指数，包括个体数量指标指数或个体质量指标指数。

第二，取得基期的总量指标 p_0q_0 资料。

第三，以个体指数为变量，基期的总量指标 p_0q_0 为权数，加权算术平均求得总指数。

$$物量指数\bar{I}_q=\frac{\sum i_q p_0q_0}{\sum p_0q_0} \tag{11-5}$$

$$价格指数\bar{I}_p=\frac{\sum i_p p_0q_0}{\sum p_0q_0} \tag{11-6}$$

【**例 11-2**】已知某超市 2013 年和 2014 年五种产品的相关资料如表 11-3 所示。

表 11-3　某超市五种产品的资料数据

商品名称	计量单位	销售额/万元 2013 年基期 p_0q_0	销售额/万元 2014 年报告期 p_1q_1	个体销售量指数/% $i_q=q_1/q_0$	$i_qp_0q_0$
大米	千克	72	93.6	108.33	78
猪肉	千克	151.2	190	113.10	171
食盐	千克	2	4.5	150.00	3
服装	件	240	299	95.83	230
电视机	台	229.5	263.16	120.00	275.4
合计	—	694.7	850.26	—	757.4

试计算五种商品的销售量指数。

解：根据式（11-5）计算销售量指数为

$$I_q \frac{\sum i_q p_0 q_0}{\sum p_0 q_0} = \frac{757.4}{694.7} \times 100\% = 109.03\%$$

计算结果表明在物价水平不变的情况下，五种商品的销售量 2014 年比 2013 年平均增长了 9.03%。由于销售量的增长使销售额增加了，增加额为

$$\sum q_1 p_0 - \sum q_0 p_0 = 757.4 - 694.7 = 62.7 \text{（万元）}$$

需要说明的是：计算加权算术平均指数，只要掌握了有关的个体指数和基期的数值 p_0q_0 即可计算，不必掌握全面资料，也不用计算假定指标，所以极易取得有关资料。

2. 以固定权数（w）计算的加权算术平均指数

算术平均指数不仅可以用绝对数加权，还可以用相对数，其公式为

$$\bar{I}_p = \frac{\sum kw}{\sum w} \qquad (11\text{-}7)$$

式中，k代表个体指数；w代表各组权数。

具体应用见例 11-5。

固定加权算术平均指数在实际工作中应用较广，如零售物价指数、消费者价格指数、工业生产指数等在我国及国外都采用这种方法编制。

（二）加权调和平均指数

1. 以报告期总量指标（p_1q_1）为权数计算的加权调和平均指数

加权调和平均指数是个体指数的加权调和平均数，其编制步骤如下。

第一，计算个体指数，包括个体数量指标指数或个体质量指标指数。

第二，取得报告期的总量指标 p_1q_1 资料。

第三，以个体指数为变量，报告期的 p_1q_1 为权数，加权调和平均求得总指数。

$$\text{物量指数}\bar{I}_q = \frac{\sum p_1 q_1}{\sum \frac{p_1 q_1}{i_q}} \qquad (11\text{-}8)$$

$$\text{价格指数}\bar{I}_p = \frac{\sum p_1 q_1}{\sum \frac{p_1 q_1}{i_p}} \qquad (11\text{-}9)$$

【**例 11-3**】已知某超市 2013 年和 2014 年五种产品的相关资料如表 11-4 所示。

表 11-4 某超市五种产品的资料数据

商品名称	计量单位	销售额/万元 2013 年基期 p_0q_0	销售额/万元 2014 年报告期 p_1q_1	个体价格指数/% $i_p=p_1/p_0$	$\frac{p_1q_1}{i_p}$
大米	千克	72	93.6	120	78
猪肉	千克	151.2	190	111.11	171
食盐	千克	2	4.5	150	3
服装	件	240	299	130	230
电视机	台	229.5	263.16	95.56	275.4
合计	—	694.7	850.26	—	757.4

试计算五种商品的价格指数。

根据式（11-9）计算价格指数得

$$\bar{I}_p=\frac{\sum p_1q_1}{\sum\frac{p_1q_1}{i_p}}=\frac{850.26}{757.4}\times100\%=112.26\%$$

计算结果表明在按报告期销售量计算时，五种商品的价格 2014 年比 2013 年平均上涨了 12.26%。由于价格的上涨，使销售额增加了，增加额为

$$\sum p_1q_1-\sum p_0q_1=850.26\text{-}757.4=92.86\text{（万元）}$$

需要说明的是：计算加权调和平均指数，只要掌握了个体指数和报告期的价值量 p_1q_1 即可计算，不必掌握全面资料，也不用计算假定指标，资料的取得简便易行。

2. 以固定权数（w）加权计算的调和平均指数

以固定权数加权计算的调和平均指数公式为

$$\bar{I}=\frac{\sum w}{\sum\frac{w}{k}} \tag{11-10}$$

这种计算方法很少应用，故在此不作解释。

综上所述，对于平均指数有关公式的应用要根据掌握的不同资料和实际情况加以选择。若掌握了个体指数和 p_0q_0，一般用加权算术平均指数；若掌握了个体指数和 p_1q_1，一般用加权调和平均指数。另外，若计算数量指标平均指数，一般采用算术式；若计算质量指标平均指数，一般采用调和式。当然，在不同的国家或地区采用的方法有一定差别。例如，零售物价指数、生活费指数、工业生产指数的计算绝大多数国家采用算术式，而农副产品收购价格指数的计算，国外一般按算术式，而我国则按调和式。

平均指数的特点包括：第一，先对比后加权平均；第二，权数可以是基期或报告期总量指标，也可采用固定权数；第三，可以用非全面资料，也可以采用全面资料，资料容易取得，特别是在全面资料不易取得的场合有其特有的使用价值。平均指数有加权算术平均指数和加权调和平均指数两种形式。

第四节　指数体系及因素分析

一、指数体系的意义及作用

社会经济现象之间的联系是普遍的，在实际应用中，我们不仅要确定单个指数的计算方法，更重要的是确定由几个指数组成的指数体系，以便对相互联系的社会经济现象作更深入的分析。例如，工业总产值指数=产品产量指数×产品价格指数，商品销售额指数=商品销售量指数×商品价格指数，等等。

通常我们把由三个或三个以上相互联系的指数构成的体系称为指数体系，其作用如下。

第一，它是因素分析的依据，即利用指数体系可以分析复杂现象总体数量总变动中各因素变动影响的程度和方向。

第二，利用各指数之间的联系进行指数间的相互换算。

二、指数体系的构建及因素分析

借助指数体系进行因素分析，即分析社会经济现象数量总变动中各种因素的变动对总体数量变动的影响程度的方法称为因素分析法。

因素分析的内容主要包括两方面：一是从相对数来看，总量指数等于各因素指数的乘积；二是从绝对数来看，总量的变动差额等于各因素变动差额之和。因此，指数体系可表示为

$$\text{相对数形式}\quad \frac{\sum p_1q_1}{\sum p_0q_0}=\frac{\sum p_1q_1}{\sum p_0q_1}\times\frac{\sum p_0q_1}{\sum p_0q_0}$$

$$\text{绝对数形式}\quad \sum p_1q_1-\sum p_0q_0=\left(\sum p_1q_1-\sum p_0q_1\right)+\left(\sum p_0q_1-\sum p_0q_0\right)$$

【例 11-4】已知某超市五种产品的有关资料如表 11-5 所示。根据表中的有关数据构建指数体系，利用因素分析法分别分析价格和销售量的变动对销售额的影响。

表 11-5　某超市五种产品的资料数据

商品名称	计量单位	销售额/万元		个体价格指数/%	个体销售量指数/%
		基期	报告期	$i_p=p_1/p_0$	$i_q=q_1/q_0$
		p_0q_0	p_1q_1		
大米	千克	72	93.6	120.00	108.33
猪肉	千克	151.2	190	111.11	113.10
食盐	千克	2	4.5	150.00	150.00
服装	件	240	299	130.00	95.83
电视机	台	229.5	263.16	95.56	120.00
合计	—	694.7	850.26	—	—

解：根据表 11-5 中的数据计算如下：

$$销售额指数\frac{\sum p_1q_1}{\sum p_0q_0}=\frac{850.26}{694.7}\times 100\%=122.39\%$$

$$销售量指数K_q=\frac{\sum q_1p_0}{\sum q_0p_0}=\frac{757.4}{694.7}\times 100\%=109.03\%$$

$$价格指数为K_p=\frac{\sum p_1q_1}{\sum p_0q_1}=\frac{850.26}{757.4}\times 100\%=112.26\%$$

三者之间的数量关系为

$$\frac{\sum p_1q_1}{\sum p_0q_0}=\frac{\sum p_1q_1}{\sum p_0q_1}\times\frac{\sum p_0q_1}{\sum p_0q_0}$$

$$122.39\%=109.03\%\times 112.26\%$$

从绝对变动水平来分析：

$$销售额总变动\sum p_1q_1-\sum p_0q_0=850.26-694.7=155.56(万元)$$

$$销售量变动的影响额\sum q_1p_0-\sum q_0p_0=757.4-694.7=62.7(万元)$$

$$价格变动的影响额\sum p_1q_1-\sum p_0q_1=850.26-757.4=92.86(万元)$$

三者之间的数量关系为

$$\sum p_1q_1-\sum p_0q_0=\left(\sum p_1q_1-\sum p_0q_1\right)+\left(\sum p_0q_1-\sum p_0q_0\right)$$

$$155.56=62.7+92.86$$

计算结果表明：该超市报告期的销售额比基期增长了22.39%。其中，由于销售量的变动使销售额增长了9.03%；由于价格的变动使销售额增长了12.26%。该超市报告期的销售额比基期增加了155.56万元。其中，由于销售量的变动使销售额增加了62.7万元；由于价格的变动使销售额增加了92.86万元。

第五节　几种常见的经济指数

一、居民消费价格指数

居民消费价格指数是反映一定时期内城乡居民所购买的生活消费品价格和服务项目价格变动趋势和程度的相对数。该指数可以观察和分析消费品的零售价格和服务价格变动对城乡居民实际生活费支出的影响程度，具体可以分为城市居民消费价格指数和农村居民消费价格指数。

居民消费价格指数是世界各国政府都非常重视的一种经济指数，同人民生活密切相关，在整个国民经济价格体系中具有极为重要的地位。不同国家对这一指数所赋予的名称不一致，在国外称为消费者价格指数，我国称为居民消费价格指数。

（一）编制过程

（1）将居民消费分为八大类，即食品、烟酒及用品、衣着、家庭设备用品及维修服务、医疗保健和个人用品、交通和通信、娱乐教育文化用品及服务、居住，再划分为若干个中类和小类。

（2）从各小类中选定代表性的商品项目入编指数，利用有关对比时期的价格资料分别计算个体价格指数。

（3）依据各种商品的销售额构成确定代表品的比重权数，它包括代表品本身权数，还包括该类商品中其他项权数。

（4）从低到高，采用固定权数算术平均指数公式$I_p=\dfrac{\sum i_P w}{\sum w}=\dfrac{\sum iw}{100}$，依次编制各小类、中类的消费价格指数和消费价格总指数。

【例 11-5】已知某市居民 2014 年度消费的各大类、交通和通信工具中类及其代表商品的有关资料。要求根据表 11-6 资料编制该市 2014 年度的消费价格指数。

表 11-6 某市居民 2014 年度消费价格指数计算表

类别及品名	平均价格/元		指数/%（p_1/p_0）	权数（w）	指数×权数/%
	2013 年	2014 年			
总指数	—	—	106.62	100	—
一、食品	—	—	112.3	33.6	37.73
二、烟酒及用品	—	—	108.74	14.4	15.66
三、衣着	—	—	95.46	9	8.59
四、家庭设备用品及维修服务	—	—	102.7	6.2	6.16
五、医疗保健和个人用品	—	—	110.43	9.4	10.38
六、交通和通信	—	—	101.73	9.3	9.46
1. 交通工具	—	—	104.37	60	62.62
车辆使用及维修费	8 450	8 580	101.54	（45）	（45.69）
市区公共交通费	336	360	107.14	（50）	（53.57）
城间交通费	1 300	1 329	102.23	（5）	（5.11）
2. 通信工具	—	—	97.77	40	39.11
七、娱乐教育文化用品及服务	—	—	101.26	4.5	4.56
八、居住	—	—	103.5	13.6	14.08

计算各类消费价格指数和消费价格总指数如下。

1. 计算车辆使用及维修费、市区公共交通费和城间交通费的价格指数

车辆使用及维修费价格指数：

$$i_p=\frac{p_1}{p_0}=\frac{8\,580}{8\,450}\times 100\%=101.54\%$$

市区公共交通费价格指数：

$$i_p=\frac{p_1}{p_0}=\frac{360}{336}\times 100\%=107.14\%$$

城间交通费价格指数：

$$i_p = \frac{p_1}{p_0} = \frac{1\,329}{1\,300} \times 100\% = 102.23\%$$

2. 计算交通工具中类的价格指数

$$I_p = \frac{\sum i_p w}{100} = \frac{101.54\% \times 45 + 107.14\% \times 50 + 102.23\% \times 5}{100} \times 100\%$$
$$= \frac{45.69 + 53.57 + 5.11}{100} \times 100\% = 104.37\%$$

3. 计算交通和通信工具大类的价格指数

$$I_p = \frac{\sum i_p w}{100} = \frac{104.37\% \times 60 + 97.77\% \times 40}{100} \times 100\%$$
$$= \frac{62.62 + 39.11}{100} \times 100\% = 101.73\%$$

4. 计算居民消费价格总指数

$$I_p = \frac{\sum i_p w}{100} = \frac{112.3\% \times 33.6 + \cdots + 103.5\% \times 13.6}{100} \times 100\%$$
$$= \frac{37.73 + \cdots + 14.08}{100} \times 100\% = 106.62\%$$

（二）作用

居民消费价格指数通常影响着政府关于财政、货币、消费、工资、社会保障等政策的制定，是研究人民生活、监测社会稳定性、进行宏观经济分析和决策、价格总水平监测和调控的重要依据，其具体有以下几方面的作用。

（1）用来测定通货膨胀状况。按年度计算的居民消费价格指数变动率通常被用来作为反映通货膨胀或紧缩程度的指标。一般来讲，物价全面地、持续地上涨被认为发生了通货膨胀；通货膨胀率小于 0 时表示出现了通货紧缩。

$$\text{通货膨胀率} = \frac{\text{报告期居民消费价格指数} - \text{基期居民消费价格指数}}{\text{基期居民消费价格指数}} \times 100\%$$

（2）用于反映货币购买力的变动程度。货币购买力是指单位货币所能够买的消费品和服务的数量。价格上升意味着货币贬值，货币购买力下降；反之，价格下降意味着货币升值，货币购买力上升。货币购买力指数通常就是通过居民消费价格指数的倒数来计算的。

$$\text{货币购买力指数} = \frac{1}{\text{居民消费价格指数}} \times 100\%$$

（3）用于缩减经济序列，将价值量指标的名义值缩减为实际值，以消除价格变动的影响。例如，用名义工资除以居民消费价格指数，得到实际工资；将经济序列除以价格指数得到缩减经济序列；类似地，可以用来测定居民实际可支配收入水平和实际消费水平等。

$$\text{实际工资} = \frac{\text{名义工资}}{\text{居民消费价格指数}}$$

二、零售价格指数

零售价格指数（retail price index，RPI）是反映一定时期内城乡商品零售价格变动趋势和程度的相对数。商品零售价格的变动直接影响到城乡居民的生活支出和国家的财政收入，影响居民购买力和市场供需的平衡，影响到消费与积累的比例关系。因此，该指数可以从一个侧面对上述经济活动进行观察和分析。其公式为固定加权算数平均公式，如下：

$$\bar{I}_p=\frac{\sum kw}{\sum w}=\sum k\times\frac{w}{\sum w} \tag{11-11}$$

式中，k 表示单项价格指数或类指数；$\frac{w}{\sum w}$ 表示商品销售构成的比重，也是公式中的权数。这一比重一经确定，就保持一年不变，即无论是编制季指数还是编制年指数，都固定以这一比重作权数，所以叫做"固定加权算术平均公式"。

零售价格指数资料是采用分层抽样的方法取得的，即在全国范围内选择不同经济区域和分布合理的地区以及有代表性的商品作为样本，对市场价格进行经常性的调查，以样本推断总体。目前，国家级抽选的调查市、县有 226 个。其指数的编制过程如下。

（1）调查地区和调查点的选择。调查地区按经济区域和地区分布合理等原则，选出具有代表性的大、中、小城市和县作为国家的调查地区，在此基础上选择经营规模大、商品种类多的商场（包括集市）作为调查点。

（2）代表商品和代表规格品的选择。代表商品选择那些消费量大、价格变动有代表性的商品。代表规格品的确定是根据商品零售资料和 3.6 万户城市居民、6.7 万户农村居民的消费支出记账资料，按有关规定筛选的。

（3）价格调查方式。采用派员直接到调查点登记调查，同时全国聘请近万名辅助调查员协助登记调查。

（4）权数的确定。零售商品价格指数的计算权数是根据社会商品零售额统计确定的。

三、工业生产指数

工业生产指数（index of Industrial production，IIP）概括地反映一个国家或地区各种工业产品产量的综合变动程度，它是衡量经济增长水平的重要指标之一。世界各国都非常重视工业生产指数的编制，但采用的编制方法却不完全相同。

在我国，工业生产指数是通过计算各种工业产品的不变价格产值来加以编制的。其公式为固定加权算数平均公式，如下：

$$\bar{K}=\frac{\sum kw}{\sum w}=\frac{\sum \frac{q_1}{q_0}\times p_0q_0}{\sum p_0q_0}=\sum\frac{q_1}{q_0}\times\frac{p_0q_0}{\sum p_0q_0} \tag{11-12}$$

式中，$k=\frac{q_1}{q_0}$ 表示产量个体指数；p_0q_0 表示基期权数，是衡量产量个体指数在生产指数形成过程中的地位和作用的指标，在生产指数计算中起着十分重要的作用。

工业生产指数的编制过程如下：①对各种工业产品分别制定相应的不变价格标准；②逐项计算各种产品的不变价格产值，加总起来得到全部工业产品的不变价格总产值；③将不同时期的不变价格总产值加以对比，就得到相应时期的工业生产指数。

四、采购经理指数

采购经理指数（purchasing managers' index，PMI）涵盖着生产与流通、制造业与非制造业等领域，是国际上通行的宏观经济监测指标体系之一，对国家经济活动的监测和预测具有重要作用。PMI 分为制造业 PMI、服务业 PMI，也有一些国家建立了建筑业 PMI，指数 50 为荣枯分水线。当 PMI 大于 50 时，说明经济在发展；当 PMI 小于 50 时，说明经济在衰退。全球已有 20 多个国家建立了 PMI 体系，世界制造业和服务业 PMI 已经建立。PMI 是通过对采购经理的月度调查汇总出来的指数，反映了经济的变化趋势。

五、股票价格指数

股票价格指数（stock price index）是反映某一股票市场上多种股票价格变动趋势的一种相对数，是由证券交易所或金融服务机构编制的表明股票行市变动的一种供参考的指示数字，是市场经济的晴雨表，简称股价指数。股票价格指数的编制，通常以某年某月某日为基期，以这个基期的股票价格作为 100，用以后各时期的股票价格与基期价格相比较，计算出来的百分比，就是该时期的股票价格指数。

（一）股价指数的计算

1．相对法

相对法又称平均法，就是先计算各样本股票指数，再加总求算术平均数。其计算公式为

$$\text{股价指数}=\frac{1}{n}\sum\frac{p_t}{p_0} \tag{11-13}$$

式中，p_0 为基期股票价格，p_t 为计算期股票价格。英国的《经济学人》普通股票指数就使用这种计算法。

2．加权法

加权股价指数是根据各期样本股票的相对重要性予以加权，其权数可以是股票发行量，也可以是交易量。加权方法有两种，一为基期的权数，另一个为计算期的权数。

以基期发行量（或交易量）为权数的指数称为拉氏指数；以计算期发行量（或交易量）为权数的指数称为派氏指数。计算公式为

$$\text{股价指数}=\frac{\sum p_t q_0}{\sum p_0 q_0} \quad \text{拉氏指数} \tag{11-14}$$

$$\text{股价指数}=\frac{\sum p_t q_t}{\sum p_0 q_t} \quad \text{派氏指数} \tag{11-15}$$

式中，p_0为基期股票价格；p_t为计算期股票价格；q_0为基期股票发行量（或交易量）；q_t为计算期股票发行量（或交易量）。

拉氏指数偏重基期发行量（或交易量），而派氏指数则偏重报告期的发行量（或交易量）。目前世界上大多数股价指数都是派氏指数。

（二）几种世界著名的股价指数

（1）道·琼斯股票价格指数。这是当今世界上影响最大、最有权威性的一种股票价格指数，它已有 100 多年的历史。1884 年，道·琼斯公司的两位合伙人用两人的合名命名和编制道·琼斯平均指数。当时仅含 11 种股票，以后逐年增加。道·琼斯股票价格平均指数是以 1928 年 10 月 1 日为基期（100），因为这一天收盘时的道·琼斯股票价格平均数恰好约为 100 美元，所以就将其定为基准日。

（2）标准·普尔股票价格指数。除了道·琼斯股票价格指数外，标准·普尔股票价格指数在美国也很有影响，它是美国最大的证券研究机构，即标准·普尔公司编制的股票价格指数。该公司于 1923 年开始编制发表股票价格指数。最初采选了 230 种股票，编制两种股票价格指数。到 1957 年，这一股票价格指数的范围扩大到 500 种股票，分成 95 种组合。从 1976 年 7 月 1 日开始，改为 400 种工业股票、20 种运输业股票、40 种公用事业股票和 40 种金融业股票。几十年来，虽然有股票更迭，但始终保持为 500 种。

（3）日经道·琼斯股价指数（日经平均股价）。这是由日本经济新闻社编制并公布的反映日本股票市场价格变动的股票价格平均数。该指数从 1950 年 9 月开始编制。最初根据东京证券交易所第一市场上市的 225 家公司的股票算出修正平均股价，当时称为"东证修正平均股价"。1975 年 5 月 1 日，日本经济新闻社向道·琼斯公司买进商标，采用美国道·琼斯公司的修正法计算，这种股票指数也就改称"日经道·琼斯平均股价"。1985 年 5 月 1 日在合同期满 10 年时，经两家商议，将名称改为"日经平均股价"。

（4）香港恒生指数。它是香港股票市场上历史最久、影响最大的股票价格指数，由香港恒生银行于 1969 年 11 月 24 日开始发表。恒生股票价格指数包括从香港 500 多家上市公司中挑选出来的 33 家有代表性且经济实力雄厚的大公司股票作为成份股，这些股票占香港股票市值的 63.8%，因该股票指数涉及香港的各个行业，具有较强的代表性。

（5）上证综合指数和深证综合指数。上证综合指数的全称是上海证券交易所股票价格综合指数，上证综合指数是指上海证券交易所从 1991 年 7 月 15 日起编制并公布的、以全部上市股票为样本、以计算期股票发行量为权数，按加权平均法计算的股价指数。它以 1990 年 12 月 19 日为基期，基期指数定为 100 点。深证综合指数是深圳证券交易所从 1991 年 4 月 3 日开始编制并公开发表的一种股价指数，该指数规定 1991 年 4 月 3 日为基期，基期指数为 100 点。综合指数以所有在深圳证券交易所上市的所有股票为计算范围，以发行量为权数的加权综合股价指数。

本 章 小 结

（1）广义地讲，任何两个数值对比形成的相对数都可以称为指数；狭义地讲，指数是指用于测定多个事物在不同场合下综合变动的一种特殊相对数。从指数理论和方法上看，指数所研究的主要是狭义指数。

（2）综合指数是实际生活中应用最多的一种指数形式。常用的综合指数有价格指数和销售量指数等。

（3）平均指数是编制总指数的另一个重要形式。运用综合指数法编制总指数，要求掌握全面的统计资料，但是，有时候却难以取得，而平均指数则弥补了综合指数的这一不足。

（4）消费价格指数、零售价格指数、股票价格指数和工业生产指数是几种重要的经济指数，理解它们的编制过程有助于我们对实际经济问题有更好的认识和研究。

第十二章

统计综合评价

本章主要讲授统计综合评价的基本思路和常用的综合评价方法。具体要求：①了解统计综合评价的目的及意义；②掌握综合评价的基本思想及常用方法。

对客观对象的评价，往往需要从多个方面用多个变量进行。例如，评价一个国家的综合竞争力、科技实力，评价一个地区经济社会发展的综合水平，评价一个企业的经济效益，评价一个高校的办学实力，评价一个人的综合素质，等等，从任何一个角度或侧面都不可能对评价对象总体做出全面、公正、客观的评价，统计综合评价是解决这一问题的最佳方法之一。

◎知识窗

在 20 世纪 60~70 年代，国内相关学界在环境评价等领域都有不少多指标综合评价的思想，但尚没有形成系统的方法研究。自 20 世纪 80 年代开始，有关经济效益的衡量与评价问题的讨论成为学术界的一大热点。庞皓、谢胜智最早引入多目标规划思想进行经济效益综合评价，提出了后来产生很大影响的“功效系数法”。钱昆润等曾经介绍了综合指数法、综合评分法等多种将多个指标综合成“单指标”的评价方法。1988 年邱东为全国第一次中青年统计科学讨论会提交了题为“多指标综合评价方法系统分析”的论文。1990 年，邱东提交了同名的博士学位论文，并于 1991 年由中国统计出版社出版。这可能是第一次针对多指标综合评价案例进行系统的方法论研究[①]。

第一节　统计综合评价概述

统计综合评价是对所要研究的对象，建立一个统计评价体系，并利用一定的方法，对反映该对象不同侧面的指标进行综合分析，从整体上对评价对象做出定量判断与分析。

一、构成综合评价问题的要素

（1）评价目的：必须首先明确评价的目的，这是评价工作的根本性指导方针。对某

① 苏为华. 我国多指标综合评价技术与应用研究的回顾与认识. 统计研究，2012，8：98-107.

一事物开展综合评价，首先要明确为什么要综合评价，评价事物的哪一方面，评价的精确度要求如何，等等。

（2）被评价对象：评价的对象通常是同类事物（横向）或同一事物在不同时期的表现（纵向）。评价对象系统的特点直接决定着评价的内容、方式及方法。

（3）评价者：评价者可以是某个人（专家）或某团体（专家小组）。评价目的的确定、被评价对象的确定、评价指标的建立、权重系数的确定、评价模型的选择都与评价者有关。因此，评价者在评价过程中的作用是不可轻视的。

（4）评价指标：所谓指标是指根据研究的对象和目的，能够确定地反映研究对象某一方面情况的特征依据。每个评价指标都是从不同侧面刻画对象所具有的某种特征。所谓指标体系是指由一系列相互联系的指标所构成的整体。它能够根据研究的对象和目的，综合反映出对象各个方面的情况。指标体系不仅受评价客体与评价目标的制约，而且受评价主体价值观念的影响。

（5）权重系数：相对于某种评价目标来说，评价指标之间的相对重要性是不同的。评价指标之间的这种相对重要性的大小，可用权重系数来刻画。指标的权重系数，简称权重，是指标对总目标的贡献程度。很显然，当被评价对象及评价指标都确定时，综合评价的结果就依赖于权重系数，即权重系数确定得合理与否，关系到综合评价结果的可信程度。因此，对权重系数的确定应特别谨慎。

（6）综合评价模型：所谓多指标综合评价，就是指通过一定的数学模型将多个评价指标值“合成”为一个整体性的综合评价值。可用于“合成”的数学方法较多。问题在于我们如何根据评价目的及被评价对象的特点来选择较为合适的合成方法。

（7）评价结果：输出评价结果并解释其含义，依据评价结果进行决策。应该注意的是，应正确认识综合评价方法，公正看待评价结果。综合评价结果只具有相对意义，即只能用于性质相同的对象之间的比较和排序。任何一种综合评价方法，都要依据一定的权数对各单项指标评判结果进行综合，权数比例的改变会变更综合评价的结果。另外，非数量性评判因素的评判主要依赖于投票者对评价对象的主观感受。对同一评判对象，不同评价者的主观感受是不一样的。可见，综合评价结果存在一定的主观性，这是我们不应回避的问题。综合评价工作是一件主观性很强的工作，我们在评价工作中必须以客观性为基础，提高评价方法的科学性，保证评价结果的有效性。当然，由于综合方法的局限性，使得它的结论只能作为认识事物、分析事物的参考，而不能作为决策的唯一依据。

综合评价的具体方法有许多种，各种方法的总体思路是统一的，大致可分为熟悉评价对象、确立评价的指标体系、确定各指标的权重、建立评价的数学模型、分析评价结果等几个环节。其中确立指标体系、确定各指标权重、建立数学模型这三个环节是综合评价的关键环节。

二、综合评价的基本步骤

统计综合评价的基本步骤包括：明确评价目的；建立评价指标体系；评价指标的无量纲化处理；确定评价指标的权重；确定综合评价方法，计算综合评价结果；根据评价结果进行统计分析。

（一）明确评价目的

进行统计综合评价，首先需明确评价的目的，即评价的目标。对于同一个评价对象而言，不同的评价目的会有不同的评价指标体系和不同方法。只有目标明确，才有针对性，这是综合评价前的一项基础性工作。

（二）建立评价指标体系

确定综合评价指标体系，这是综合评价的基础和依据。建立指标体系乍看起来无非是选择几个指标，但实际上是一个十分复杂的问题。对于同一个分析评价对象，因分析评价目的不同，指标体系也就不一样，即使是同一分析评价对象和同样的分析评价目的，由于人们的认识不同，设置的统计指标也不会完全相同，甚至还会有相当大的差异。关于如何建立指标体系的问题，在此只提出一些应注意的原则。

1. 评价指标体系的构建原则

1）科学性原则

评价指标体系要能够客观地反映对象本身的性质、特点、内在关系和变动过程，且指标体系内部各指标之间要具有一定的逻辑关系。例如，同样是经济效益评价，工业企业与服务型企业不同，设置的指标体系也应不同。

2）全面性原则

评价指标体系应能够全面反映分析对象。例如，评价某地区科技进步时，指标体系的设置需综合考虑科技进步基础、科技活动投入、科技活动支出、科技促进经济社会发展等方面，才能较全面地反映该地区科技进步的状况。

3）敏感性原则

评价指标体系中各指标能比较敏感地反映分析对象的变化。有些指标从理论上讲是重要的，但是，它的变化过多地受政策因素制约，不能或不完全能显示出总体的实际变化，这样的指标不宜编入指标体系。

4）简约性原则

删除重复和关联度高的指标，使指标体系包括的指标尽可能少，且每个指标要相互独立。这样既可以减少工作量，也可以使分析过程简单明了。

5）可行性原则

即评价指标体系设计既要考虑必要性，也要考虑资料收集的可行性，否则再好的指标缺乏数据的支持也是无用的。

6）要注意指标的可比性

评价指标体系的作用一方面是对某一特定的评价对象进行定量描述与评价，另一方面是对不同评价对象进行比较分析。因此必须充分考虑到各评价对象的差异，在具体指标的选择上尽可能取具有共性的综合指标，以保证评价结果的可比性。

2. 评价指标的选择方法

选择指标的方法可分为两类，一类是定性方法，另一类是定量方法。定性方法是在建立指标体系的过程中，主要根据理论和经验对指标进行定性筛选；而定量方法则是根据指标在历史资料中的表现加以确定。

1）专家评判法

专家评判法是定性方法中常用的、也是效果较好的一种方法。其做法其实十分简单，就是通过研讨会或通信方式反复征询专家意见，集各位专家的智力优势和经验来选择具体指标构成评价指标体系。

2）试算法

试算法是定量方法中常用的方法，它是通过历史资料的试算来判断指标的有效性。例如，我们打算建立一个指标体系来对 2013 年全国各地区的科技进步状况进步分析，那么就可以用 2012 年的数据进行试算，通过试算结果判断指标是不是合适，然后再修正指标体系直至满意为止。

3）最小均方差法

对于 n 个取定的被评价对象（或系统）s_1，s_2，…，s_n，每个被评价对象都可用 m 个指标的观测值 x_{ij}（$i=1, 2, \cdots, n$；$j=1, 2, \cdots, m$）来表示。容易看出，如果 n 个被评价对象关于某项指标的取值都差不多，那么尽管这个评价指标是非常重要的，但对于这 n 个被评价对象的评价结果来说，它并不起什么作用。因此，为了减少计算量就可以删除掉这个指标。

4）极小极大离差法

先求出各评价指标 x_j 的最大离差 r_j，即

$$r_j = \max_{1\leqslant i,k\leqslant n}\left\{|x_{ij} - x_{kj}|\right\}$$

再求出 r_j 的最小值，即令

$$r_0 = \min_{1\leqslant j\leqslant m}\left\{r_j\right\}$$

当 r_0 接近于零时，则可删除掉与 r_0 相应的评价指标。

5）系统聚类法（相关系数法）

系统聚类法是通过计算相关系数以判断指标之间相似程度来进行指标筛选的一种方法。其基本思想是：如果有两个指标的作用完全相同，那么与只用其中的一个指标是没有区别的，因此在指标体系容量有限的条件下，就应该尽量减少相似程度较大的指标。具体做法为：如果有 n 个指标，首先将每个指标看做一类，然后根据指标间的相似程度，通过比较类间距离进行并类。将距离最近的两类加以合并，然后余下 n-1 类。再选择距离最近的两类加以合并。这样，每合并一次，就减少一类，继续这一过程，直至将所有指标合并成一类为止，形成由小到大的分类系统。最后整个分类结果可画成一张聚类图，来反映所有指标间的亲疏关系。我们就可以根据这种关系确定指标体系包含指标的个数（类数），以及从每一类中选择出合适的指标。

系统聚类法的具体实施过程有以下四个步骤。

第一，假设现有 8 个指标，根据其指标值，计算指标两两之间的相关系数，并列成相关系数矩阵表，见表 12-1。

表 12-1 相关系数矩阵表

序号	1	2	3	4	5	6	7	8
1	1	0.40	0.57	0.53	0.43	0.62	0.69	0.55
2		1	0.54	0.55	0.55	0.61	0.21	0.55
3			1	0.88	0.77	0.79	0.35	0.73
4				1	0.78	0.71	0.30	0.77
5					1	0.78	0.20	0.86
6						1	0.34	0.81
7							1	0.23
8								1

第二，从相关系数矩阵中挑选相关系数最大的指标逐次合并聚类。第一步，在相关系数矩阵中，找到最大的相关系数是 r_{34}=0.88，可知行指标 3 和列指标 4 最为密切，即将指标 3、4 合并为一类。按照上述方法，从大到小，依次进行第二步、第三步、第四步，……直至将所有指标合并成一类。合并过程见表 12-2。

表 12-2 指标并类结果

并类次数	相关系数值	并类结果
1	*R*34=0.88	1，2，(3，4)，5，6，7，8
2	*R*58=0.86	1，2，(3，4)，(5，8)，6，7
3	*R*68=0.81	1，2，(3，4)，(5，6，8)，7
4	*R*48=0.77	1，2，(3，4，5，6，8)，7
5	*R*17=0.69	(1，7)，2，(3，4，5，6，8)
6	*R*28=0.55	(1，7)，(2，3，4，5，6，8)
7	*R*78=0.23	(1，2，3，4，5，6，7，8)

注：表中（ ）表示被合并成 类的指标序号

第三，以指标之间的相关程度作为划分标准，来确定指标体系所包含的指标类数，若对指标体系的精简性要求不高，可选较大的相关系数，如 $R>0.8$,可采用表 12-2 中第三次并类结果，上述 8 个指标就分为 5 类：1，2，(3，4)，(5，6，8)，7。若对指标体系精简性要求较高，可选较小的相关系数，如 $R>0.65$，则采用表 12-2 中第 5 次并类结果，即上述 8 个指标就分为 3 类：(1，7)，2，(3，4，5，6，8)。

第四，根据经验，从包括多个指标的类内选择一个指标作为此类指标的代表指标，组成综合统计评价指标体系。上例若分为 5 类，又从指标 3、4 中选择 4 为代表指标，从(5，6，8)中选择 6 作为代表指标，则综合统计评价指标体系由指标 1，2，4，6，7 组成。若分为 3 类，则综合统计评价指标体系可由 1，2，6 组成。

（三）评价指标的无量纲化处理

指标无量纲化，也称为数据的标准化，它是通过数学变换消除指标量纲影响的方法。由于综合评价指标体系中各指标性质不同，计量单位往往不一样，所以必须对各指标的实际值进行无量纲化处理，使之具有可比性，在此基础上才能综合汇总。为了解决这一问题，最常用的方法是确定评价指标体系各指标的评价标准，即各指标的比较标准，然后，用各指标的实际值（x_i）与相应的标准值（x_m）进行比较，得出能直接汇总的相对数，这种方法被称为相对化处理法。在指标体系中，有正指标和逆指标之分。正指标数值越大表明现象越好，如效益、利润等，要用公式 x_i/x_m 处理；反之，逆指标值越小表明现象越好，如单位产品成本、万元产值能耗等，要用公式 x_m/x_i 处理。另外，还有指标属于适度指标，过大或过小都不好，如资产负债率就属于适度指标。

标准值要根据评价分析的目的确定，常用的有以下几类标准。

1．计划标准

若评价分析的目的是说明计划完成情况，可选择计划数值作为标准值。值得注意的是，此时的计划指标必须具有较高的科学性。

2．动态标准

若对评价对象进行综合动态分析，可选择评价对象前一时期、上年同期、历史最好水平时期、某一基准时期的数值作为标准值。

3．平均标准或最优标准

若评价的总体包括若干个对象，通过综合统计评价分析来说明评价对象的水平高低或排序，可选择某一时期所有参评单位的平均值或最优值作为标准值。

4．行业、国家或国际标准

若评价分析的目的是说明一个评价对象或若干个评价对象在行业内、全国、国际上所处的地位与差距，可选择行业、国家或国际上同类指标的一般水平、先进水平作为标准值。

在综合统计评价中，以上四类标准常结合运用，以便对所有评价对象做出全面定量分析评价。

（四）确定评价指标的权重

权重是对不同指标的作用、地位和重要程度的度量。相对于某种评价目的来说，评价指标之间的相对重要性是不同的，可用权重来表示。例如，第一章知识拓展第（6）条中提到的守门员的选拔需要考虑多方面因素（指标），而每个因素（指标）对选拔守门员的影响程度是不同的。因此，为了评价分析的科学性，必须对不同指标赋予不同的权重。当被评价对象及评价指标（值）给定时，综合评价的结果就依赖于权重。权重确定的合理与否，关系到综合评价结果的可信度，因此对权重的确定必须谨慎。

确定权数的常用方法有六种。

（1）德尔菲法（Delphi），又称专家咨询法。就是集中专家的意见与经验。确定各指标的权重。第一步，选择专家（10～30 人）；第二步，请专家各自给出不同指标的权重；第三步，计算各指标所给权重的均值和标准差，并确定标准差的容许范围；第四步，将第一次结果反馈专家，专家进行二次赋值。这个过程连续进行，一直到标准差符合预先给定的范围为止。

（2）相邻指标比较法。该方法是对所有指标进行两两对比，重要性强的给予较高的权重，重要性低的给予较低的权重。经过若干次对比以后，得出结论。

（3）离散系数加权法。每个指标都有离散系数，将各个指标离散系数总和作为分母，将某一指标的离散系数作为分子，可以求得某指标离散系数在总离散系数中的比重，用这个比重可以作为权重。其原理是哪个指标差异程度高，就给予这个指标较高的权重。

（4）复相关系数倒数加权法。复相关系数是线性回归模型的判别系数。可以将某一变量作为因变量，其他变量作为自变量建立模型，计算其复相关系数。该系数越大，说明该指标被其他指标解释的程度就越高，即其他指标对他的可替代性就越强，它本身的作用就越弱，所以用各自复相关系数的倒数作为权数，正好说明了其在所有指标中的重要程度。

（5）层次分析法。层次分析法（the analytic hierarchy process，AHP）是美国运筹学家 T. L. Saaty 教授于 20 世纪 70 年代初期提出的一种简便、灵活而又实用的多准则决策方法。该方法是目前比较常用的确定指标权重的科学方法。

运用层次分析法确定权重，大体上可按以下步骤进行：第一步，建立递阶层次结构模型；第二步，构造出各层次中的所有判断矩阵；第三步，层次单排序及一致性检验，确定层次权重；第四步，层次总排序及一致性检验，确定总权重。

（6）主成分分析法。用这种方法确定权数，是依据参加评价的各指标的方差大小来确定的。认为方差大的贡献率高，方差小的贡献率低。在作主成分分析时，首先要对数据标准化然后计算相关矩阵。再计算其特征值，相关矩阵的特征值即为相应指标的方差。

一般情况下，多数人都使用特征值的贡献率作为权数，但也有使用第一贡献率大的特征值的特征向量作为权数的。

（五）确定综合评价方法，计算综合评价结果

在对各个评价指标的无量纲化处理和确定各评价指标相应的权数之后，需选择合适的数学方法将多个评价指标值“合成”为一个整体性的综合评价值。可用于“合成”的数学方法较多，常用的合成方法主要有加权算术平均法与加权几何平均法。

加权算术平均法：

$$D=\frac{\sum_{i=1}^{n}d_i w_i}{\sum W_i} \tag{12-1}$$

加权几何平均法：

$$D=\sqrt[\sum W_i]{\prod d_i^{W_i}} \tag{12-2}$$

（六）根据评价结果进行统计分析

根据综合评价的结果——综合值，评价客观对象的数量特征，并利用该综合值对各个被评价的对象进行排序、比较，指出被评价对象的优势、劣势，据此查找原因，并提出相应的改进措施。

第二节　统计综合评价方法

一、传统的综合评价方法

（一）综合指数法

综合指数法是将每项指标实际值与标准值比较，计算出各项指标的个体指数，再加权平均计算综合指数。

1．计算各指标的个体指数

$$\text{某指标个体指数}=\frac{\text{报告期某项指标实际值}}{\text{该指标标准值}}\times 100\% \tag{12-3}$$

2．计算综合指数

$$\text{综合指数}=\frac{\sum(\text{某指标个体指数}\times\text{该指标权数})}{\sum\text{各指标权数}}\times 100\% \tag{12-4}$$

在运用该方法时，各项评价指标一般应采用正指标，若为逆指标，在计算之前应将其转化为正指标。最后计算的综合指数数值越大，评价对象越好。

【例 12-1】假定甲、乙两企业 2014 年的经济效益指标资料如表 12-3，试采用综合指数法对甲、乙两企业经济效益进行评价与比较。

具体计算过程及结果见表 12-3。

表 12-3　甲、乙两企业经济效益综合指数计算表

序号	指标名称	单位	全国标准值	统一权数/%	甲企业			乙企业		
					实际	个体指数	加权分值/%	实际	个体指数	加权分值/%
			①	②	③	④=③÷①	⑤=④×②	⑥	⑦=⑥÷①	⑧=⑦×②
1	总资产贡献率	%	10.7	20	12.0	1.121	22.42	10.0	0.935	18.70
2	资产保值增值率	%	120.0	16	125.0	1.042	16.67	105.0	0.875	14.00
3	资产负债率	%	60.0	12	55.0	0.917	11.00	60.0	1.000	12.00

续表

序号	指标名称	单位	全国标准值	统一权数/%	甲企业			乙企业		
					实际	个体指数	加权分值/%	实际	个体指数	加权分值/%
			①	②	③	④=③÷①	⑤=④×②	⑥	⑦=⑥÷①	⑧=⑦×②
4	流动资金周转率	次/年	1.52	15	1.5	0.987	14.81	1.45	0.954	14.31
5	成本费用利润率	%	3.71	14	4.0	1.078	15.09	3.5	0.943	13.20
6	全员劳动生产率	元/人	16 500	10	17 000	1.030	10.30	16 500	1.000	10.00
7	工业产品销售率	%	96	13	95.0	0.990	12.87	95.0	0.990	12.87
综合经济效益指数		%	—	100	—	—	103.15	—	—	95.08

3．对企业综合经济效益进行评价和分析

上述经济效益指标除资产负债率（适度指标）外，其余六项指标均为正指标，当某企业综合经济效益指数大于或等于 100%时，表明该企业综合经济效益水平超过或达到全国一般水平；小于 100%时，则低于全国一般水平。

从计算结果来看，甲企业综合经济效益状况良好，综合经济效益指数为 103.16%。但从具体项目来看，甲企业资产负债率低于标准值（55%< 60%），甲企业应适当提高企业负债比率，充分发挥资金杠杆作用。乙企业综合经济效益指数为 95.08%，七项经济效益指标中，除资产负债率、全员劳动生产率与全国标准值持平外，其他均低于全国标准值，应找出原因，采取有力措施，提高综合经济效益。

从综合评价指数公式可以看出，综合指数实质就是若干个体指数的加权算术平均数。每个个体指数对比的基数通常是全国的平均值或标准值。这样，综合指数在总体内的各单位之间就具有充分的可比性，可以广泛用于横向对比。但是，不同地区、不同部门和企业，由于各种原因造成实际水平存在一定的差距，在进行比较时，需要考虑具体情况。

【例 12-2】某电力企业 2014 年投入产出有关数据（表 12-4），要求计算企业投入产出能力综合指数。

表 12-4　某企业 2014 年投入产出能力综合评价指数计算过程

核算基础	具体指标	单位	实际指标值	社会最好值	单项指数（k_i）	权数（W_i）	综合加权（k_iw_i）
活劳动投入	企业全员劳动生产率	元/人	2 000	2 500	0.80	0.17	0.136
	企业职工工资产值率	元/百元	5 000	5 000	1.00	0.10	0.100
劳动手段投入	生产设备综合利用率	%	89	95	0.94	0.15	0.141
	固定资产企业营业盈余率	元/百元	240	250	0.96	0.10	0.096
劳动对象投入	单位原材料、燃料消耗总产出	元/百元	300	320	0.94	0.10	0.094
	企业流动资产周转次数	次	5	8	0.63	0.08	0.050
成本费用投入	成本利税率	%	43	45	0.96	0.17	0.163
	资金利税率	%	39	42	0.93	0.13	0.121
合计		—	—	—	—	—	0.901

注：表中的数据摘自某电力企业的统计报表，社会最好值是根据有关资料估计的

解：从表 12-4 可得

$$k=\frac{\sum_{i=1}^{n}k_iw_i}{\sum_{i=1}^{n}w_i}=\frac{0.8\times0.17+1\times0.1+\cdots+0.93\times0.13}{0.17+0.1+\cdots+0.13}=90.1\%$$

投入产出能力综合评价指数为 100%时最好。该企业实际为 90.1%，可认为该企业投入产出能力指数较接近 100%，属于企业投入产出较好的企业，但仍有潜力还未充分发挥。

（二）功效系数法

功效系数法是先将每一个指标的实际值转化为用百分制表示的值，再汇总计算评价值的方法。

（1）根据经验和评价目的，对每个指标确定一个上限值（或称满意值）x_{ih} 和一个下限值（或称不允许值）x_{il}。上限值可以是所有参与企业的最优值，也可以是同行业、全国、国际的先进水平，还可以是某一时期的奋斗目标等。下限值可以是所有参评企业的最差值，也可以是同行业、全国、国际的最低水平，或某一时期的最差值。

（2）计算每项指标的功效系数。

$$d_i=\frac{x_i-x_{il}}{x_{ih}-x_{il}}\times40+60 \tag{12-5}$$

式中，d_i 为第 i 个指标的功效系数；x_i 为第 i 个指标的实际值。式（12-5）适合于正指标时功效系数的计算，如果是逆指标或适度指标时，应采用如下公式计算：

$$d_i=100-\frac{x_{ih}-x_i}{x_{ih}-x_{il}}\times40 \tag{12-6}$$

（3）将各项指标的功效系数得分，与各项指标的权数进行加权平均，求得功效系数综合得分，计算时可用算术平均法，也可用几何平均法。

$$\text{算术平均法} D = \frac{\sum_{i=1}^{n} d_i w_i}{\sum w_i} \quad (12\text{-}7)$$

$$\text{几何平均法} D = \sqrt[\sum w_i]{\prod d_i^{w_i}} \quad (12\text{-}8)$$

总功效系数得分值越高，则反映评价对象或综合评价指标越好；反之，则较差。功效系数法的优点是可比性强，适用面较广，可用于企业之间和地区之间的对比。另外，功效系数得分的计算中满意值和不允许值可以根据不同需要加以确定。

（4）按照各评价企业的功效系数总得分，从高到低依次排队，确定各企业的名次。

【例 12-3】某行业三个企业效益水平指标实际值如表 12-5 所示，试用功效系数法对三个企业的效益水平做综合统计评价。

表 12-5 2014 年甲、乙、丙三个企业效益水平功效系数评价计算表

指标名称	单位	权数	三个企业实际值			同行业企业		三个企业功效得分		
			甲	乙	丙	同行最高（x_{ih}）	同行最低（x_{is}）	甲	乙	丙
资金利润率	%	50	16	18	14	20	10	84.0	92.0	76.0
成本费用利润率	%	20	15	17	12	24	10	74.3	80.0	65.7
人均利润	元/人	30	3 500	4 000	2 000	5 000	1 000	85.0	90.0	70.0
合计	—	100	—	—	—	—	—	82.36	89.0	72.14

表 12-5 中的结果表明，三个企业效益水平指标综合统计评价得分，乙企业最高，为 89 分；甲企业次之，为 82.36 分；丙企业最低，为 72.14 分。说明三个企业尤其丙企业与同行业最佳企业的效益水平相比差距较大，应寻找具体原因，采取措施，努力提高企业经济效益。

（三）综合打分法

如果反映评价对象的项目是定性变量，可以对每一评价项目事先确定一个最高分，如满分为 10 分，然后对评价对象逐项打分，再汇总计算得出综合得分。

（1）确定评价对象每一项指标的得分（一般采用专家意见法）。

（2）计算各评价对象综合得分。

$$\text{综合得分} = \frac{\sum(\text{每项指标得分} \times \text{该指标权数})}{\sum(\text{指标权数})} \quad (12\text{-}9)$$

（3）根据综合评价总得分，进行分析，做出决策。

【例 12-4】以足球守门员的选拔为例，说明综合打分法的计算，见表 12-6。

表 12-6　足球守门员素质指标评价打分表

序号	比较项目	权数 f	甲		乙	
			x_1	$x_1 f$	x_2	$x_2 f$
1	整体素质	9	9	81	9	81
2	意识	12	9.5	114	8.5	102
3	判断反应	20	9	180	8.5	170
4	身体素质	8	8	64	9.5	76
5	临场发挥	8	8.5	68	9	72
6	指挥布防	15	9	135	8	120
7	高球处理	4	9	36	9.5	38
8	低球处理	6	9	54	8.5	51
9	扑点球	8	8	64	8	64
10	稳定性	10	8	80	8.5	85
合计（$\sum$）		100	87	876	87	859

根据计算结果，甲、乙队员的得分分别为 8.76 分与 8.59 分，最终确定甲队员为足球守门员的合适人选。

综上，传统的综合评价方法主要采用效用函数法（又称当量平均法）原理。主要研究效用函数法的一般原理、无量纲化方法与原理、效用函数评价值的合成方法等。

二、现代综合评价方法

20 世纪 80~90 年代，是现代科学评价在我国向纵深发展的年代，人们对评价理论、方法和应用开展了多方面的、卓有成效的研究。现代科学评价主要分为两类：一类是综合评价的多元统计分析法，主要讨论各种多元统计方法，特别是主成分分析法、因子分析法、判断分析法、聚类分析法、典型相关分析法等在综合评价中的应用要求与适用条件等。另一类是综合评价的系统分析方法，主要讨论模糊数学综合评价法、灰色系统评价法、人工神经网络评价法、数据包络分析法、层次分析法等的基本思路、特点及适用条件，特别是一些新兴学科思想在综合评价实践中的应用前景及改进思路。

这些统计分析方法在“多元统计分析”与“现代综合评价方法”等课程中有系统介绍，感兴趣的读者可以进一步深入学习。下面仅以层次分析法为例对现代综合评价方法进行概述。

（一）层次分析法的基本思想

1977 年，美国运筹学家、匹兹堡大学教授萨迪（T. L. Saaty）在第一届国际数学建模会议上宣读了“无结构决策问题的建模——层次分析法”一文，宣告一种新的决策方法问世。

层次分析法的基本特征：其一是要有一个属性集的层次结构模型，它是层次分析法赖以建立的基础；其二是针对上一层某个准则，把下一层与之相关的各个不可公度的因素，通过对比，按重要性等级赋值，从而完成从定性分析到定量分析的过渡。

（二）层次分析法的步骤

假定要进行一次旅游，有三个旅游地点可供选择时，如何选择旅游地点呢？人们大概会用景色、费用、旅游条件等因素去衡量这些地点。如果你对秀丽的山光水色特别偏爱，那么你可能会选择风景如画的地方；如果费用的节省在你的心目中占据很大比重，那么你可能选择距离较近的地方；如果你想享受现代交通工具、高级旅馆的舒适，那么你可能选择旅途条件优越的地方；等等。

不妨把人们对这个问题的一般决策过程分解一下，大致有以下几步：首先是确定景色、费用、旅途条件等因素在影响你选择旅游地点这个总目标中各占有多大比重；然后是比较三个旅游地点的景色、费用、其他条件如何；最后是综合以上结果得到三个地点在总目标中所占的比重，一般地应该选择比重最大的那个地点。这就是所谓的层次分析法的基本想法。

运用层次分析法解决问题，大体可以分为五个主要步骤，现分述如下。

1．建立递阶结构

这是层次分析法中最重要的一步。首先，根据对问题的了解和初步分析，把复杂问题分解成称为元素的各组成部分，把这些元素按属性不同分成若干组，以形成不同层次。以同一层次的元素作为准则，对下一层次的某些元素起支配作用，同时它又受上一层次元素支配。这种从上到下的支配关系形成了一个递阶层次。处于最上边的层次称为目标层，通常它只有一个元素，一般是分析问题的预定目标或理想结果。中间的层次一般是准则、子准则，称为准则层。最低一层是方案（措施）层，其中排列了各种可能采取的方案或措施。层次之间的支配关系不一定是完全的，即可以存在这样的元素，它并不支配下一层的所有的或部分的元素。一个典型的层次结构可以用图 12-1 表示出来。

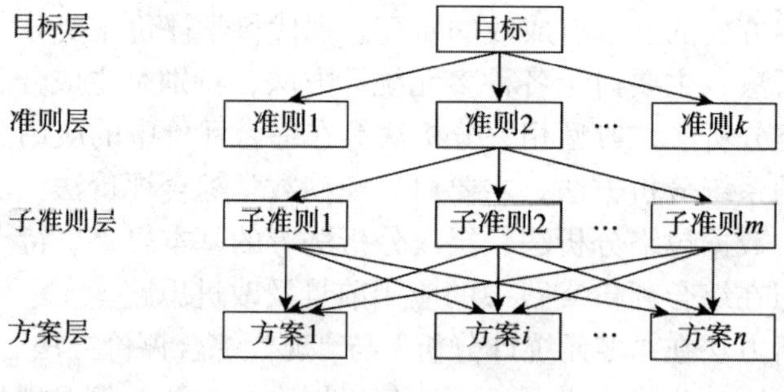

图 12-1　递阶结构示意图

层次数与问题的复杂程度和所需要分析的详细程度有关。每一层次中的元素一般不超过 9 个，因同一层次中所包含数目过多的元素会给两两比较判断带来困难。一个好的层次结构对于解决问题是极为重要的。层次结构是建立在分析者对所面临的问题具有全面深入的认识基础之上的，如果在层次的划分和确定层次之间的支配关系上举棋不定，最好重新分析问题，弄清问题各部分相互之间的关系。

2．构造两两比较判断矩阵

在建立递阶结构以后，上下层之间的隶属关系就被确定了。假定上一层的元素 α 作为准则，对下一层次的元素 x_1，x_2，…，x_n 有支配关系，我们的目的是在准则 α 之下按它们的相对重要性赋予 x_i 相应的权重 w_i（i=1，2，…，n）。对于大多数社会经济问题，特别是对于人的判断起重要作用的问题，直接得到这些元素的权重并不容易，往往需要通过适当的方法来导出它们的权重。层次分析法所用的是两两比较的方法。

比较 n 个元素 x_1，x_2，…，x_n 对准则 α 的影响，以确定它们在准则 α 中所占的比重。每次取两个元素 x_i 和 x_j，用 a_{ij} 表示 x_i 和 x_j 关于准则 α 的相对重要程度之比，其全部比较结果可用矩阵 $\boldsymbol{A}$（$\boldsymbol{A}$ 称为比较判断矩阵，简称判断矩阵）表示。

判断矩阵中的赋值 a_{ij} 表示元素 x_i 关于元素 x_j 的重要程度的赋值。这些赋值的根据或来源，可以是由决策者直接提供，或是通过决策者与分析者对话来确定，或是由分析者通过某种技术咨询而获得，或是通过其他合适的途径来酌定。一般地，判断矩阵应由熟悉问题的专家独立地给出。

$$\boldsymbol{A}=\begin{bmatrix} a_{11} & a_{12} & \cdots & a_{1n} \\ a_{21} & a_{22} & \cdots & a_{2n} \\ \vdots & \vdots & & \vdots \\ a_{n1} & a_{n2} & \cdots & a_{nn} \end{bmatrix}=\boldsymbol{A}(a_{ij})$$

3．各元素相对权重的计算

对于元素 x_1，x_2，…，x_n，通过两两比较判断得到判断矩阵 $\boldsymbol{A}$。若 $\boldsymbol{A}$ 是一致阵，则解特征值问题得

$$\boldsymbol{A}\boldsymbol{w}=n\boldsymbol{w}$$

所得到的 $\boldsymbol{w}=\left(w_1,w_2,\cdots,w_k\right)^{\mathrm{T}}$ 经归一化后作为元素 x_1，x_2，…，x_n 在准则 α 下的排序权重，这种方法称为排序权向量计算的特征值方法。特征值方法是层次分析法中最早提出的排序权向量计算方法，使用广泛。近年来，不少学者提出了排序权向量计算的其他一些方法，如最小二乘法、对数最小二乘法、上三角元素法等，这些方法在不同场合下运用各有优点。

4．判断矩阵一致性的检验

一般来说，由于客观事物的复杂性和人们认识上的多样性以及主观上的片面性和不稳定性，判断者不可能给出 a_{ij} 的精确值，只能给出它的估计判断或大概判断。即实际给出的 a_{ij} 的值与客观存在的 w_i / w_j 是有偏差的，这样，就不能保证判断矩阵具有一致性。为了保证应用层次分析法分析得到的结论合理、正确，还需要对所构成的判断矩阵进行一致性检验。

5．（方案层）元素的组合权重及总体一致性的检验

一般地，如果一个系统可以分解为三个层次，设最高层次为 z，第二层次为 $Y=\{y_1,\ y_2,\ \cdots,\ y_n\}$，$X=\{x_1,\ x_2,\ \cdots,\ x_n\}$，设已得到 Y 对 z 的权向量 $\boldsymbol{w}_z(Y)=[w_z(y_1),\ w_z(y_2),\ \cdots,\ w_z(y_n)]^{\mathrm{T}}$ 和一致性指标 $\mathrm{C.I}_z(Y)$，X 关于 y_i 的权向量

$\boldsymbol{w}_{y_i}(X)=[w_{y_i}(x_1),w_{y_i}(x_2),\cdots,w_{y_i}(x_m)]^{\mathrm{T}}$ 和一致性指标 $\mathrm{C.I}_{y_i}(X)\ (i=1,2,\cdots,m)$，则 x_j 在 z 中占的比重是

$$\boldsymbol{w}_z(x_j)=\sum_{i=1}^{n}w_{yi}(x_j)w_z(y_i),\ j=1,2,\ \cdots,\ m$$

若记

$$r_{ij}=w_{y_i}(x_j)$$

$$R=R(r_{ij})$$

则

$$\boldsymbol{w}_z(X)=R\boldsymbol{w}_z(Y)$$

式中，$\boldsymbol{w}_z(X)=[w_z(x_1),w_z(x_2),\cdots,w_z(x_m)]^{\mathrm{T}}$ 是 X 关于 z 的权向量，$\boldsymbol{w}_z(Y)=[w_z(y_1),w_z(y_2),\cdots,w_z(y_n)]^{\mathrm{T}}$ 是 Y 关于 z 的权重向量。

对于一致性指标 $\mathrm{C.I}_z(Y)$ 和 $\mathrm{C.I}_{y_i}(X)(i=1,2,\cdots,m)$ 除了逐个检验之外，也可以作如下的统一检验：X 关于 z 的一致性指标定义为

$$\mathrm{C.I}_z(X)=\mathrm{C.I}_z(Y)+\sum_{i=1}^{n}\boldsymbol{w}_z(y_i)\mathrm{C.I}_{y_i}(X)$$

相应地，随机一致性指标为

$$\mathrm{R.I}_z(X)=\mathrm{R.I}_z(Y)+\sum_{i=1}^{n}\boldsymbol{w}_z(y_i)\mathrm{R.I}_{y_i}(X)$$

可按照 $\dfrac{\mathrm{C.I}_z(X)}{\mathrm{R.I}_z(X)}<0.1$ 来检验整体的一致性。

更一般地，若一个复杂系统可以分解为 h 个层次，最高层次（即第一层次）为 z，最低层次（即第 h 层次）为 $X=\{x_1,x_2,\cdots,x_n\}$，以较低的第 k 层次的诸元素相对较高的 k-1 层次诸元素的权向量为列，构成的矩阵记为 $\boldsymbol{R}k$（k=3，4，…，h），则 $X=\{x_1,x_2,\cdots,x_n\}$ 关于目标 z 的权向量为

$$\boldsymbol{w}_z(X)=R_hR_{h-1}\cdots R_3\boldsymbol{U}$$

式中，$\boldsymbol{U}$ 为第二层次诸元素相对 z 的权向量。

◎想一想

综合评价结论是一种观点还是一种事实？

有一种认识误区，把综合评价结论当成了千真万确的事实，忘记了综合评价的主观性。其实，综合评价结论是一种观点。凡观点必有所处角度与立场。角度与立场不同，观点自然不同，因此综合评价必然存在主观因素。评价指标体系的设计、评价方法的选择、评价标准值的设定等，无不体现了评价者的观点与立场，因此，认为综合评价结果就是一件“板上钉钉”的事实，显然是不对的，另外夸大评价结论的主观性，全盘否定综合评价结论的

科学性，出于不了解或因评价结果不符合其个人内心预期。我们必须科学地看待综合评价结论，综合评价结论是基于客观事实的一种观点，不是臆造的观点[①]。

本章小结

（1）统计综合评价是对所要研究的对象，建立一个统计指标体系，并利用一定的方法，对反映该现象不同侧面的指标进行综合分析，对评价的对象从整体上做出定量的总体判断，从而揭示事物的本质及其发展规律。

（2）统计综合评价指标体系的选择要遵循科学性原则、全面性原则、敏感性原则、简约性原则、可行性原则等。

（3）不同评价指标具有不同的量纲，在评价中为消除不同量纲的影响，需进行指标无量纲化处理。

（4）常用的综合统计评价方法包括综合指数法、功效系数法、统计打分法等。

（5）对评价结果进行综合常用方法有加权算术平均法和加权几何平均法。

（6）现代综合评价的系统分析方法，主要讨论模糊数学综合评价法、灰色系统评价法、人工神经网络评价法、数据包络分析法、层次分析法等的基本思路、特点及适用条件。

（7）层次分析法的基本特征，其一是要有一个属性集的层次结构模型，它是层次分析法赖以建立的基础；其二是针对上一层某个准则，把下一层与之相关的各个不可公度的因素，通过对比，按重要性等级赋值，从而完成从定性分析到定量分析的过渡。

① 苏为华. 我国多指标综合评价技术与应用研究的回顾与认识. 统计研究，2012，8:98-107.

参考文献

安德森 D R，斯维尼 D J，威廉斯 T A. 2006. 商务与经济统计. 张建华，王健，冯燕奇译. 北京：机械工业出版社.
奥特 R L，朗格内克 M. 2003. 统计学方法与数据分析引论. 张忠占，等译. 北京：科学出版社.
陈上珠. 1997. 应用统计. 北京：经济科学出版社.
陈珍珍. 2007. 统计学. 第二版. 厦门：厦门大学出版社.
戴世光. 1999. 世界经济统计概论. 北京：人民出版社.
丹尼尔 W W，特勒 J C. 2000. 经营管理统计学. 陈鹤琴译. 北京：中国商业出版社.
董逢谷. 2002. 统计学案例集. 上海：上海财经大学出版社.
《概率论及数理统计》编写小组. 1990. 概率论与数理统计. 北京：人民教育出版社.
胡良平. 2002. 现代统计学与 SAS 应用. 北京：军事医学科学出版社.
黄良文. 1988. 抽样调查原理. 北京：中央广播电视大学出版社.
黄良文. 1988. 统计学原理问题研究. 北京：中国统计出版社.
贾俊平. 2000. 统计学. 第二版. 北京：中国人民大学出版社.
贾俊平. 2003. 描述统计学. 北京：中国人民大学出版社.
卡梅尔 P H，波拉赛克 M. 1998. 应用经济统计学. 崔书香，潘省初译. 北京：中国统计出版社.
凯勒登. 2006. 统计学：在经济和管理中的应用. 北京：中国人民大学出版社.
李心愉. 2000. 应用经济统计学. 北京：北京大学出版社.
联合国经济和社会事务统计处. 1999. 社会和人口统计体系. 北京：中国财政经济出版社.
刘易斯 M. 2014. 统计学：在经济中的应用. 谢远涛译. 北京：中国人民大学出版社.
马庆国. 2003. 管理统计. 北京：科学出版社.
穆尔 D S. 2003. 统计学的世界. 第五版. 郑惟厚译. 北京：中信出版社.
庞皓. 2002. 统计学. 成都：西南财经大学出版社.
钱伯海. 1996. 经济统计学概论. 北京：中国财政经济出版社.
宋廷山，吴风庆，尉雪波. 2006. 应用统计学. 成都：西南财经大学出版社.
王志电. 2002. 统计学原理. 北京：中国统计出版社.
吴风庆，王艳明. 2008. 统计学. 第一版. 北京：科学出版社.
吴风庆，王艳明. 2011. 统计学. 第二版. 北京：科学出版社.
吴喜之. 2004. 统计学：从数据到结论. 北京：中国统计出版社.
肖昭媛. 2001. 统计学理论与应用. 上海：上海交通大学出版社.
徐国祥，刘汉良，孙允午，等. 2001. 统计学. 上海：上海财经大学出版社.
杨坚白，莫日达，冯杞靖，等. 1994. 统计学原理. 上海：上海人民出版社.
杨曾武. 1995. 社会经济统计学原理. 天津：天津科学技术出版社.
俞大刚. 1987. 线性回归模型分析. 北京：中国统计出版社.

袁卫，庞皓，曾五一，等. 2010. 统计学. 第三版. 北京：高等教育出版社.

曾五一. 2006. 统计学导论. 北京：科学出版社.

郑德如. 1984. 回归分析与相关分析. 上海：上海人民出版社.

Draper N R,Smith H. 1981. Applied Regression Analysis. New York: John Wiley & Sons.

Freedman D，Pisani R，Purves R，et al. 1997. STATISTICS. 第二版. 魏宗舒，等译. 北京：中国统计出版社.

Hastie T，Tibshirani R，Friedman J，et al. 2004. 统计学习基础——数据挖掘推理与预测. 范明，等译. 北京：电子工业出版社.

Keller G，Warrack B. 2006. 统计学：在经济和管理中的应用. 第六版. 王琪延，等译. 北京：中国人民大学出版社.

Levine D M，Krehbiel T C，Berenson M L，et al. 2005. 商务统计学. 李鹏宇，等译. 北京：中国人民大学出版社.

Lind D A，Marcbal W G，Masob R D，et al. 2005. 商务与经济统计技术. 易丹辉，陈立杰，宋丽，等译. 北京：中国人民大学出版社.

Mendenball W, Reinmutb J E, Beaver R J. 1993. Statistics For Management and Economics. 5th ed. New York: Duxbury Press.

附 录

附表 1 标准正态分布表

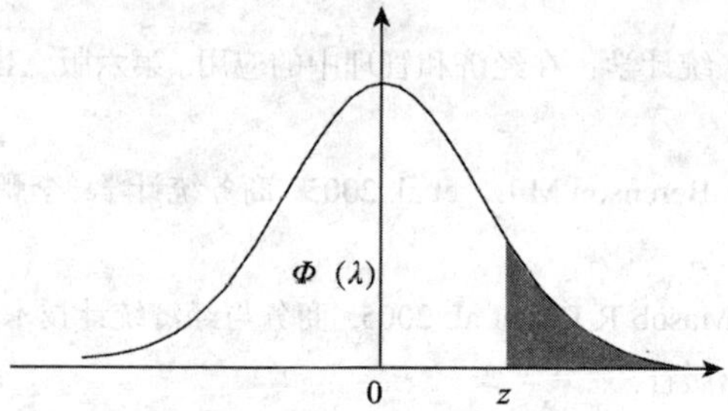

$$\Phi(\lambda)=\frac{2}{\sqrt{2\pi}}\int_{-\infty}^{\lambda}\mathrm{e}^{-\frac{x^2}{2}}\mathrm{d}x(\lambda>0)$$

λ	0.00	0.01	0.02	0.03	0.04	0.05	0.06	0.07	0.08	0.09
0.0	0.500 0	0.504 0	0.508 0	0.512 0	0.516 0	0.519 9	0.523 9	0.527 9	0.531 9	0.535 9
0.1	0.539 8	0.543 8	0.547 8	0.551 7	0.555 7	0.559 6	0.563 6	0.567 5	0.571 4	0.575 3
0.2	0.579 3	0.583 2	0.587 1	0.591 0	0.594 8	0.598 7	0.602 6	0.606 4	0.610 3	0.614 1
0.3	0.617 9	0.621 7	0.625 5	0.629 3	0.633 1	0.636 8	0.640 6	0.644 3	0.648 0	0.651 7
0.4	0.655 4	0.659 1	0.662 8	0.666 4	0.670 0	0.673 6	0.677 2	0.680 8	0.684 4	0.687 9
0.5	0.691 5	0.695 0	0.698 5	0.701 9	0.705 4	0.708 8	0.712 3	0.715 7	0.719 0	0.722 4
0.6	0.725 7	0.729 1	0.732 4	0.735 7	0.738 9	0.742 2	0.745 4	0.748 6	0.751 7	0.754 9
0.7	0.758 0	0.761 1	0.764 2	0.767 3	0.770 4	0.773 4	0.776 4	0.779 4	0.782 3	0.785 2
0.8	0.788 1	0.791 0	0.793 9	0.796 7	0.799 5	0.802 3	0.805 1	0.807 8	0.810 6	0.813 3
0.9	0.815 9	0.818 6	0.821 2	0.823 8	0.826 4	0.828 9	0.831 5	0.834 0	0.836 5	0.838 9
1.0	0.841 3	0.843 8	0.846 1	0.848 5	0.850 8	0.853 1	0.855 4	0.857 7	0.859 9	0.862 1
1.1	0.864 3	0.866 5	0.868 6	0.870 8	0.872 9	0.874 9	0.877 0	0.879 0	0.881 0	0.883 0
1.2	0.884 9	0.886 9	0.888 8	0.890 7	0.892 5	0.894 4	0.896 2	0.898 0	0.899 7	0.901 5
1.3	0.903 20	0.904 90	0.906 58	0.908 24	0.909 88	0.911 49	0.913 09	0.914 66	0.916 21	0.917 74
1.4	0.919 24	0.920 73	0.922 20	0.923 64	0.925 07	0.926 47	0.927 85	0.929 22	0.930 56	0.931 89
1.5	0.933 19	0.934 48	0.935 74	0.936 99	0.938 22	0.939 43	0.940 62	0.941 79	0.942 95	0.944 08
1.6	0.945 20	0.946 30	0.947 38	0.948 45	0.949 50	0.950 53	0.951 54	0.952 54	0.953 52	0.954 49
1.7	0.955 43	0.956 37	0.957 28	0.958 18	0.959 07	0.959 94	0.960 80	0.961 64	0.962 46	0.963 27
1.8	0.964 07	0.964 85	0.965 62	0.966 38	0.967 12	0.967 84	0.968 56	0.969 26	0.969 95	0.970 62
1.9	0.971 28	0.971 93	0.972 57	0.973 20	0.973 81	0.974 41	0.975 00	0.975 58	0.976 15	0.976 70
2.0	0.977 25	0.977 78	0.978 31	0.978 82	0.979 32	0.979 82	0.980 30	0.980 77	0.981 24	0.981 69
2.1	0.982 14	0.982 57	0.983 00	0.983 41	0.983 82	0.984 22	0.984 61	0.985 00	0.985 37	0.985 74
2.2	0.986 10	0.986 45	0.986 79	0.987 13	0.987 45	0.987 78	0.988 09	0.988 40	0.988 70	0.988 99
2.3	0.989 28	0.989 56	0.989 83	0.990 10	0.990 36	0.990 61	0.990 86	0.991 11	0.991 34	0.991 58
2.4	0.991 80	0.992 02	0.992 24	0.992 45	0.992 66	0.992 86	0.993 05	0.993 24	0.993 43	0.993 61
2.5	0.993 79	0.993 96	0.994 13	0.994 30	0.994 46	0.994 61	0.994 77	0.994 92	0.995 06	0.995 20
2.6	0.995 34	0.995 47	0.995 60	0.995 73	0.995 85	0.995 98	0.996 09	0.996 21	0.996 32	0.996 43

续表

λ	0.00	0.01	0.02	0.03	0.04	0.05	0.06	0.07	0.08	0.09
2.7	0.996 53	0.996 64	0.996 74	0.996 83	0.996 93	0.997 02	0.997 11	0.997 20	0.997 28	0.997 36
2.8	0.997 44	0.997 52	0.997 60	0.997 67	0.997 74	0.997 81	0.997 88	0.997 95	0.998 01	0.998 07
2.9	0.998 13	0.998 19	0.998 25	0.998 31	0.998 36	0.998 41	0.998 46	0.998 51	0.998 56	0.998 61
3.0	0.998 65	0.998 69	0.998 74	0.998 78	0.998 82	0.998 86	0.998 89	0.998 93	0.998 96	0.999 00
3.1	0.999 03	0.999 06	0.999 10	0.999 13	0.999 16	0.999 18	0.999 21	0.999 24	0.999 26	0.999 29
3.2	0.999 31	0.999 34	0.999 36	0.999 38	0.999 40	0.999 42	0.999 44	0.999 46	0.999 48	0.999 50
3.3	0.999 52	0.999 53	0.999 55	0.999 57	0.999 58	0.999 60	0.999 61	0.999 62	0.999 64	0.999 65
3.4	0.999 66	0.999 68	0.999 69	0.999 70	0.999 71	0.999 72	0.999 73	0.999 74	0.999 75	0.999 76
3.5	0.999 77	0.999 78	0.999 78	0.999 79	0.999 80	0.999 81	0.999 81	0.999 82	0.999 83	0.999 83
3.6	0.999 841	0.999 847	0.999 853	0.999 858	0.999 864	0.999 869	0.999 874	0.999 879	0.999 883	0.999 888
3.7	0.999 892	0.999 896	0.999 900	0.999 904	0.999 908	0.999 912	0.999 915	0.999 918	0.999 922	0.999 925
3.8	0.999 928	0.999 931	0.999 933	0.999 936	0.999 938	0.999 941	0.999 943	0.999 946	0.999 948	0.999 950
3.9	0.999 952	0.999 954	0.999 956	0.999 958	0.999 959	0.999 961	0.999 963	0.999 964	0.999 966	0.999 967
4.0	0.999 968	0.999 970	0.999 971	0.999 972	0.999 973	0.999 974	0.999 975	0.999 976	0.999 977	0.999 978

附表 2　t 分布上侧分位数表

$$P\left(t(n)>t_{\alpha}(n)\right)=\alpha$$

自由度 n \ α	0.25	0.1	0.05	0.025	0.01	0.005
1	1.000 0	3.077 7	6.313 8	12.706 2	31.820 5	63.656 7
2	0.816 5	1.885 6	2.920 0	4.302 7	6.964 6	9.924 8
3	0.764 9	1.637 7	2.353 4	3.182 4	4.540 7	5.840 9
4	0.740 7	1.533 2	2.131 8	2.776 4	3.746 9	4.604 1
5	0.726 7	1.475 9	2.015 0	2.570 6	3.364 9	4.032 1
6	0.717 6	1.439 8	1.943 2	2.446 9	3.142 7	3.707 4
7	0.711 1	1.414 9	1.894 6	2.364 6	2.998 0	3.499 5
8	0.706 4	1.396 8	1.859 5	2.306 0	2.896 5	3.355 4
9	0.702 7	1.383 0	1.833 1	2.262 2	2.821 4	3.249 8
10	0.699 8	1.372 2	1.812 5	2.228 1	2.763 8	3.169 3
11	0.697 4	1.363 4	1.795 9	2.201 0	2.718 1	3.105 8
12	0.695 5	1.356 2	1.782 3	2.178 8	2.681 0	3.054 5
13	0.693 8	1.350 2	1.770 9	2.160 4	2.650 3	3.012 3
14	0.692 4	1.345 0	1.761 3	2.144 8	2.624 5	2.976 8
15	0.691 2	1.340 6	1.753 1	2.131 4	2.602 5	2.946 7
16	0.690 1	1.336 8	1.745 9	2.119 9	2.583 5	2.920 8
17	0.689 2	1.333 4	1.739 6	2.109 8	2.566 9	2.898 2
18	0.688 4	1.330 4	1.734 1	2.100 9	2.552 4	2.878 4
19	0.687 6	1.327 7	1.729 1	2.093 0	2.539 5	2.860 9
20	0.687 0	1.325 3	1.724 7	2.086 0	2.528 0	2.845 3
21	0.686 4	1.323 2	1.720 7	2.079 6	2.517 6	2.831 4
22	0.685 8	1.321 2	1.717 1	2.073 9	2.508 3	2.818 8
23	0.685 3	1.319 5	1.713 9	2.068 7	2.499 9	2.807 3
24	0.684 8	1.317 8	1.710 9	2.063 9	2.492 2	2.796 9
25	0.684 4	1.316 3	1.708 1	2.059 5	2.485 1	2.787 4
26	0.684 0	1.315 0	1.705 6	2.055 5	2.478 6	2.778 7
27	0.683 7	1.313 7	1.703 3	2.051 8	2.472 7	2.770 7
28	0.683 4	1.312 5	1.701 1	2.048 4	2.467 1	2.763 3
29	0.683 0	1.311 4	1.699 1	2.045 2	2.462 0	2.756 4
30	0.682 8	1.310 4	1.697 3	2.042 3	2.457 3	2.750 0
31	0.682 5	1.309 5	1.695 5	2.039 5	2.452 8	2.744 0
32	0.682 2	1.308 6	1.693 9	2.036 9	2.448 7	2.738 5
33	0.682 0	1.307 7	1.692 4	2.034 5	2.444 8	2.733 3
34	0.681 8	1.307 0	1.690 9	2.032 2	2.441 1	2.728 4

续表

自由度 n \ α	0.25	0.1	0.05	0.025	0.01	0.005
35	0.681 6	1.306 2	1.689 6	2.030 1	2.437 7	2.723 8
36	0.681 4	1.305 5	1.688 3	2.028 1	2.434 5	2.719 5
37	0.681 2	1.304 9	1.687 1	2.026 2	2.431 4	2.715 4
38	0.681 0	1.304 2	1.686 0	2.024 4	2.428 6	2.711 6
39	0.680 8	1.303 6	1.684 9	2.022 7	2.425 8	2.707 9
40	0.680 7	1.303 1	1.683 9	2.021 1	2.423 3	2.704 5
41	0.680 5	1.302 5	1.682 9	2.019 5	2.420 8	2.701 2
42	0.680 4	1.302 0	1.682 0	2.018 1	2.418 5	2.698 1
43	0.680 2	1.301 6	1.681 1	2.016 7	2.416 3	2.695 1
44	0.680 1	1.301 1	1.680 2	2.015 4	2.414 1	2.692 3
45	0.680 0	1.300 6	1.679 4	2.014 1	2.412 1	2.689 6

附表 3　χ^2 分布临界值表

$$P\left(\chi^2 \geqslant \chi_\alpha^2\right)\alpha$$

自由度 n \ α	0.995	0.99	0.975	0.95	0.9	0.75	0.5	0.25	0.1	0.05	0.025	0.01	0.005
1	0.000 04	0.000 2	0.001 0	0.003 9	0.015 8	0.101 5	0.454 9	1.323 3	2.705 5	3.841 5	5.023 9	6.634 9	7.879 4
2	0.010	0.020	0.051	0.103	0.211	0.575	1.386	2.773	4.605	5.991	7.378	9.210	10.597
3	0.072	0.115	0.216	0.352	0.584	1.213	2.366	4.108	6.251	7.815	9.348	11.345	12.838
4	0.207	0.297	0.484	0.711	1.064	1.923	3.357	5.385	7.779	9.488	11.143	13.277	14.860
5	0.412	0.554	0.831	1.145	1.610	2.675	4.351	6.626	9.236	11.070	12.833	15.086	16.750
6	0.676	0.872	1.237	1.635	2.204	3.455	5.348	7.841	10.645	12.592	14.449	16.812	18.548
7	0.989	1.239	1.690	2.167	2.833	4.255	6.346	9.037	12.017	14.067	16.013	18.475	20.278
8	1.34	1.65	2.18	2.73	3.49	5.07	7.34	10.22	13.36	15.51	17.53	20.09	21.95
9	1.73	2.09	2.70	3.33	4.17	5.90	8.34	11.39	14.68	16.92	19.02	21.67	23.59
10	2.16	2.56	3.25	3.94	4.87	6.74	9.34	12.55	15.99	18.31	20.48	23.21	25.19
11	2.60	3.05	3.82	4.57	5.58	7.58	10.34	13.70	17.28	19.68	21.92	24.72	26.76
12	3.07	3.57	4.40	5.23	6.30	8.44	11.34	14.85	18.55	21.03	23.34	26.22	28.30
13	3.57	4.11	5.01	5.89	7.04	9.30	12.34	15.98	19.81	22.36	24.74	27.69	29.82
14	4.07	4.66	5.63	6.57	7.79	10.17	13.34	17.12	21.06	23.68	26.12	29.14	31.32
15	4.60	5.23	6.26	7.26	8.55	11.04	14.34	18.25	22.31	25.00	27.49	30.58	32.80
16	5.14	5.81	6.91	7.96	9.31	11.91	15.34	19.37	23.54	26.30	28.85	32.00	34.27
17	5.70	6.41	7.56	8.67	10.09	12.79	16.34	20.49	24.77	27.59	30.19	33.41	35.72
18	6.26	7.01	8.23	9.39	10.86	13.68	17.34	21.60	25.99	28.87	31.53	34.81	37.16
19	6.84	7.63	8.91	10.12	11.65	14.56	18.34	22.72	27.20	30.14	32.85	36.19	38.58
20	7.43	8.26	9.59	10.85	12.44	15.45	19.34	23.83	28.41	31.41	34.17	37.57	40.00
21	8.03	8.90	10.28	11.59	13.24	16.34	20.34	24.93	29.62	32.67	35.48	38.93	41.40
22	8.64	9.54	10.98	12.34	14.04	17.24	21.34	26.04	30.81	33.92	36.78	40.29	42.80
23	9.26	10.20	11.69	13.09	14.85	18.14	22.34	27.14	32.01	35.17	38.08	41.64	44.18
24	9.89	10.86	12.40	13.85	15.66	19.04	23.34	28.24	33.20	36.42	39.36	42.98	45.56
25	10.52	11.52	13.12	14.61	16.47	19.94	24.34	29.34	34.38	37.65	40.65	44.31	46.93

续表

自由度 n \ α	0.995	0.99	0.975	0.95	0.9	0.75	0.5	0.25	0.1	0.05	0.025	0.01	0.005
26	11.16	12.20	13.84	15.38	17.29	20.84	25.34	30.43	35.56	38.89	41.92	45.64	48.29
27	11.81	12.88	14.57	16.15	18.11	21.75	26.34	31.53	36.74	40.11	43.19	46.96	49.64
28	12.46	13.56	15.31	16.93	18.94	22.66	27.34	32.62	37.92	41.34	44.46	48.28	50.99
29	13.12	14.26	16.05	17.71	19.77	23.57	28.34	33.71	39.09	42.56	45.72	49.59	52.34
30	13.79	14.95	16.79	18.49	20.60	24.48	29.34	34.80	40.26	43.77	46.98	50.89	53.67
40	20.7	22.2	24.4	26.5	29.1	33.7	39.3	45.6	51.8	55.8	59.3	63.7	66.8
50	28.0	29.7	32.4	34.8	37.7	42.9	49.3	56.3	63.2	67.5	71.4	76.2	79.5
60	35.5	37.5	40.5	43.2	46.5	52.3	59.3	67.0	74.4	79.1	83.3	88.4	92.0

附表 4　F 分布临界值表（α=0.05）

$$P\left\{F\left(n_1,n_2\right)>F_\alpha\left(n_1,n_2\right)\right\}=\alpha$$

n_2 \ n_1	1	2	3	4	5	6	7	8
1	161.4	199.5	215.7	224.6	230.2	234.0	236.8	238.9
2	18.5	19.0	19.2	19.2	19.3	19.3	19.4	19.4
3	10.1	9.6	9.3	9.1	9.0	8.9	8.9	8.8
4	7.71	6.94	6.59	6.39	6.26	6.16	6.09	6.04
5	6.61	5.79	5.41	5.19	5.05	4.95	4.88	4.82
6	5.99	5.14	4.76	4.53	4.39	4.28	4.21	4.15
7	5.59	4.74	4.35	4.12	3.97	3.87	3.79	3.73
8	5.32	4.46	4.07	3.84	3.69	3.58	3.50	3.44
9	5.12	4.26	3.86	3.63	3.48	3.37	3.29	3.23
10	4.96	4.10	3.71	3.48	3.33	3.22	3.14	3.07
11	4.84	3.98	3.59	3.36	3.20	3.09	3.01	2.95
12	4.75	3.89	3.49	3.26	3.11	3.00	2.91	2.85
13	4.67	3.81	3.41	3.18	3.03	2.92	2.83	2.77
14	4.60	3.74	3.34	3.11	2.96	2.85	2.76	2.70
15	4.54	3.68	3.29	3.06	2.90	2.79	2.71	2.64
16	4.49	3.63	3.24	3.01	2.85	2.74	2.66	2.59
17	4.45	3.59	3.20	2.96	2.81	2.70	2.61	2.55
18	4.41	3.55	3.16	2.93	2.77	2.66	2.58	2.51
19	4.38	3.52	3.13	2.90	2.74	2.63	2.54	2.48
20	4.35	3.49	3.10	2.87	2.71	2.60	2.51	2.45
21	4.32	3.47	3.07	2.84	2.68	2.57	2.49	2.42
22	4.30	3.44	3.05	2.82	2.66	2.55	2.46	2.40
23	4.28	3.42	3.03	2.80	2.64	2.53	2.44	2.37
24	4.26	3.40	3.01	2.78	2.62	2.51	2.42	2.36
25	4.24	3.39	2.99	2.76	2.60	2.49	2.40	2.34
26	4.23	3.37	2.98	2.74	2.59	2.47	2.39	2.32
27	4.21	3.35	2.96	2.73	2.57	2.46	2.37	2.31
28	4.20	3.34	2.95	2.71	2.56	2.45	2.36	2.29
29	4.18	3.33	2.93	2.70	2.55	2.43	2.35	2.28
30	4.17	3.32	2.92	2.69	2.53	2.42	2.33	2.27

续表

n_2 \ n_1	9	10	12	14	16	18	20
1	240.5	241.9	243.9	245.4	246.5	247.3	248.0
2	19.4	19.4	19.4	19.4	19.4	19.4	19.4
3	8.8	8.8	8.7	8.7	8.7	8.7	8.7
4	6.00	5.96	5.91	5.87	5.84	5.82	5.80
5	4.77	4.74	4.68	4.64	4.60	4.58	4.56
6	4.10	4.06	4.00	3.96	3.92	3.90	3.87
7	3.68	3.64	3.57	3.53	3.49	3.47	3.44
8	3.39	3.35	3.28	3.24	3.20	3.17	3.15
9	3.18	3.14	3.07	3.03	2.99	2.96	2.94
10	3.02	2.98	2.91	2.86	2.83	2.80	2.77
11	2.90	2.85	2.79	2.74	2.70	2.67	2.65
12	2.80	2.75	2.69	2.64	2.60	2.57	2.54
13	2.71	2.67	2.60	2.55	2.51	2.48	2.46
14	2.65	2.60	2.53	2.48	2.44	2.41	2.39
15	2.59	2.54	2.48	2.42	2.38	2.35	2.33
16	2.54	2.49	2.42	2.37	2.33	2.30	2.28
17	2.49	2.45	2.38	2.33	2.29	2.26	2.23
18	2.46	2.41	2.34	2.29	2.25	2.22	2.19
19	2.42	2.38	2.31	2.26	2.21	2.18	2.16
20	2.39	2.35	2.28	2.22	2.18	2.15	2.12
21	2.37	2.32	2.25	2.20	2.16	2.12	2.10
22	2.34	2.30	2.23	2.17	2.13	2.10	2.07
23	2.32	2.27	2.20	2.15	2.11	2.08	2.05
24	2.30	2.25	2.18	2.13	2.09	2.05	2.03
25	2.28	2.24	2.16	2.11	2.07	2.04	2.01
26	2.27	2.22	2.15	2.09	2.05	2.02	1.99
27	2.25	2.20	2.13	2.08	2.04	2.00	1.97
28	2.24	2.19	2.12	2.06	2.02	1.99	1.96
29	2.22	2.18	2.10	2.05	2.01	1.97	1.94
30	2.21	2.16	2.09	2.04	1.99	1.96	1.93

F分布临界值表（α=0.025）

n_2 \ n_1	1	2	3	4	5	6	7	8
1	647.8	799.5	864.2	899.6	921.8	937.1	948.2	956.7
2	38.51	39.00	39.17	39.25	39.30	39.33	39.36	39.37
3	17.44	16.04	15.44	15.10	14.88	14.73	14.62	14.54
4	12.22	10.65	9.98	9.60	9.36	9.20	9.07	8.98
5	10.01	8.43	7.76	7.39	7.15	6.98	6.85	6.76
6	8.81	7.26	6.60	6.23	5.99	5.82	5.70	5.60
7	8.07	6.54	5.89	5.52	5.29	5.12	4.99	4.90
8	7.57	6.06	5.42	5.05	4.82	4.65	4.53	4.43
9	7.21	5.71	5.08	4.72	4.48	4.32	4.20	4.10
10	6.94	5.46	4.83	4.47	4.24	4.07	3.95	3.85
11	6.72	5.26	4.63	4.28	4.04	3.88	3.76	3.66
12	6.55	5.10	4.47	4.12	3.89	3.73	3.61	3.51
13	6.41	4.97	4.35	4.00	3.77	3.60	3.48	3.39
14	6.30	4.86	4.24	3.89	3.66	3.50	3.38	3.29
15	6.20	4.77	4.15	3.80	3.58	3.41	3.29	3.20
16	6.12	4.69	4.08	3.73	3.50	3.34	3.22	3.12
17	6.04	4.62	4.01	3.66	3.44	3.28	3.16	3.06
18	5.98	4.56	3.95	3.61	3.38	3.22	3.10	3.01
19	5.92	4.51	3.90	3.56	3.33	3.17	3.05	2.96
20	5.87	4.46	3.86	3.51	3.29	3.13	3.01	2.91
21	5.83	4.42	3.82	3.48	3.25	3.09	2.97	2.87
22	5.79	4.38	3.78	3.44	3.22	3.05	2.93	2.84
23	5.75	4.35	3.75	3.41	3.18	3.02	2.90	2.81
24	5.72	4.32	3.72	3.38	3.15	2.99	2.87	2.78
25	5.69	4.29	3.69	3.35	3.13	2.97	2.85	2.75
26	5.66	4.27	3.67	3.33	3.10	2.94	2.82	2.73
27	5.63	4.24	3.65	3.31	3.08	2.92	2.80	2.71
28	5.61	4.22	3.63	3.29	3.06	2.90	2.78	2.69
29	5.59	4.20	3.61	3.27	3.04	2.88	2.76	2.67
30	5.57	4.18	3.59	3.25	3.03	2.87	2.75	2.65

续表

n_2 \ n_1	9	10	12	14	16	18	20
1	963.3	968.6	976.7	982.5	986.9	990.3	993.1
2	39.39	39.40	39.41	39.43	39.44	39.44	39.45
3	14.47	14.42	14.34	14.28	14.23	14.20	14.17
4	8.90	8.84	8.75	8.68	8.63	8.59	8.56
5	6.68	6.62	6.52	6.46	6.40	6.36	6.33
6	5.52	5.46	5.37	5.30	5.24	5.20	5.17
7	4.82	4.76	4.67	4.60	4.54	4.50	4.47
8	4.36	4.30	4.20	4.13	4.08	4.03	4.00
9	4.03	3.96	3.87	3.80	3.74	3.70	3.67
10	3.78	3.72	3.62	3.55	3.50	3.45	3.42
11	3.59	3.53	3.43	3.36	3.30	3.26	3.23
12	3.44	3.37	3.28	3.21	3.15	3.11	3.07
13	3.31	3.25	3.15	3.08	3.03	2.98	2.95
14	3.21	3.15	3.05	2.98	2.92	2.88	2.84
15	3.12	3.06	2.96	2.89	2.84	2.79	2.76
16	3.05	2.99	2.89	2.82	2.76	2.72	2.68
17	2.98	2.92	2.82	2.75	2.70	2.65	2.62
18	2.93	2.87	2.77	2.70	2.64	2.60	2.56
19	2.88	2.82	2.72	2.65	2.59	2.55	2.51
20	2.84	2.77	2.68	2.60	2.55	2.50	2.46
21	2.80	2.73	2.64	2.56	2.51	2.46	2.42
22	2.76	2.70	2.60	2.53	2.47	2.43	2.39
23	2.73	2.67	2.57	2.50	2.44	2.39	2.36
24	2.70	2.64	2.54	2.47	2.41	2.36	2.33
25	2.68	2.61	2.51	2.44	2.38	2.34	2.30
26	2.65	2.59	2.49	2.42	2.36	2.31	2.28
27	2.63	2.57	2.47	2.39	2.34	2.29	2.25
28	2.61	2.55	2.45	2.37	2.32	2.27	2.23
29	2.59	2.53	2.43	2.36	2.30	2.25	2.21
30	2.57	2.51	2.41	2.34	2.28	2.23	2.20

F分布临界值表（$\alpha=0.1$）

n_2 \ n_1	1	2	3	4	5	6	7	8
1	39.9	49.5	53.6	55.8	57.2	58.2	58.9	59.4
2	8.53	9.00	9.16	9.24	9.29	9.33	9.35	9.37
3	5.54	5.46	5.39	5.34	5.31	5.28	5.27	5.25
4	4.54	4.32	4.19	4.11	4.05	4.01	3.98	3.95
5	4.06	3.78	3.62	3.52	3.45	3.40	3.37	3.34
6	3.78	3.46	3.29	3.18	3.11	3.05	3.01	2.98
7	3.59	3.26	3.07	2.96	2.88	2.83	2.78	2.75
8	3.46	3.11	2.92	2.81	2.73	2.67	2.62	2.59
9	3.36	3.01	2.81	2.69	2.61	2.55	2.51	2.47
10	3.29	2.92	2.73	2.61	2.52	2.46	2.41	2.38
11	3.23	2.86	2.66	2.54	2.45	2.39	2.34	2.30
12	3.18	2.81	2.61	2.48	2.39	2.33	2.28	2.24
13	3.14	2.76	2.56	2.43	2.35	2.28	2.23	2.20
14	3.10	2.73	2.52	2.39	2.31	2.24	2.19	2.15
15	3.07	2.70	2.49	2.36	2.27	2.21	2.16	2.12
16	3.05	2.67	2.46	2.33	2.24	2.18	2.13	2.09
17	3.03	2.64	2.44	2.31	2.22	2.15	2.10	2.06
18	3.01	2.62	2.42	2.29	2.20	2.13	2.08	2.04
19	2.99	2.61	2.40	2.27	2.18	2.11	2.06	2.02
20	2.97	2.59	2.38	2.25	2.16	2.09	2.04	2.00
21	2.96	2.57	2.36	2.23	2.14	2.08	2.02	1.98
22	2.95	2.56	2.35	2.22	2.13	2.06	2.01	1.97
23	2.94	2.55	2.34	2.21	2.11	2.05	1.99	1.95
24	2.93	2.54	2.33	2.19	2.10	2.04	1.98	1.94
25	2.92	2.53	2.32	2.18	2.09	2.02	1.97	1.93
26	2.91	2.52	2.31	2.17	2.08	2.01	1.96	1.92
27	2.90	2.51	2.30	2.17	2.07	2.00	1.95	1.91
28	2.89	2.50	2.29	2.16	2.06	2.00	1.94	1.90
29	2.89	2.50	2.28	2.15	2.06	1.99	1.93	1.89
30	2.88	2.49	2.28	2.14	2.05	1.98	1.93	1.88

续表

n_2 \ n_1	9	10	12	14	16	18	20
1	59.9	60.2	60.7	61.1	61.3	61.6	61.7
2	9.38	9.39	9.41	9.42	9.43	9.44	9.44
3	5.24	5.23	5.22	5.20	5.20	5.19	5.18
4	3.94	3.92	3.90	3.88	3.86	3.85	3.84
5	3.32	3.30	3.27	3.25	3.23	3.22	3.21
6	2.96	2.94	2.90	2.88	2.86	2.85	2.84
7	2.72	2.70	2.67	2.64	2.62	2.61	2.59
8	2.56	2.54	2.50	2.48	2.45	2.44	2.42
9	2.44	2.42	2.38	2.35	2.33	2.31	2.30
10	2.35	2.32	2.28	2.26	2.23	2.22	2.20
11	2.27	2.25	2.21	2.18	2.16	2.14	2.12
12	2.21	2.19	2.15	2.12	2.09	2.08	2.06
13	2.16	2.14	2.10	2.07	2.04	2.02	2.01
14	2.12	2.10	2.05	2.02	2.00	1.98	1.96
15	2.09	2.06	2.02	1.99	1.96	1.94	1.92
16	2.06	2.03	1.99	1.95	1.93	1.91	1.89
17	2.03	2.00	1.96	1.93	1.90	1.88	1.86
18	2.00	1.98	1.93	1.90	1.87	1.85	1.84
19	1.98	1.96	1.91	1.88	1.85	1.83	1.81
20	1.96	1.94	1.89	1.86	1.83	1.81	1.79
21	1.95	1.92	1.87	1.84	1.81	1.79	1.78
22	1.93	1.90	1.86	1.83	1.80	1.78	1.76
23	1.92	1.89	1.84	1.81	1.78	1.76	1.74
24	1.91	1.88	1.83	1.80	1.77	1.75	1.73
25	1.89	1.87	1.82	1.79	1.76	1.74	1.72
26	1.88	1.86	1.81	1.77	1.75	1.72	1.71
27	1.87	1.85	1.80	1.76	1.74	1.71	1.70
28	1.87	1.84	1.79	1.75	1.73	1.70	1.69
29	1.86	1.83	1.78	1.75	1.72	1.69	1.68
30	1.85	1.82	1.77	1.74	1.71	1.69	1.67